研究阐释党的十九届四中全会精神国家社科基金重大项目
“完善诚信建设长效机制的立法研究”（20ZDA056）阶段性成果

第三届
“信用法治·韶山论坛”
优秀论文集

Social Credit Law - Shaoshan Forum

谭　曼　顾敏康·主编

法律出版社
LAW PRESS·CHINA
北京

图书在版编目(CIP)数据

第三届"信用法治·韶山论坛"优秀论文集 / 谭曼,顾敏康主编. -- 北京 : 法律出版社, 2021

ISBN 978-7-5197-5979-7

Ⅰ. ①第… Ⅱ. ①谭… ②顾… Ⅲ. ①信用制度-建设-中国-文集 Ⅳ. ①F832.4-53

中国版本图书馆 CIP 数据核字(2021)第 196229 号

第三届"信用法治·韶山论坛"优秀论文集
DI-SAN JIE "XINYONG FAZHI · SHAOSHAN LUNTAN" YOUXIU LUNWENJI

谭 曼
顾敏康 主编

策划编辑 沈小英
责任编辑 沈小英
毛镜澄
装帧设计 李 瞻

出版发行 法律出版社
编辑统筹 法治与经济出版分社
责任校对 王 丰 李景美
责任印制 吕亚莉
经 销 新华书店

开本 A5
印张 11.125 **字数** 293 千
版本 2021 年 10 月第 1 版
印次 2021 年 10 月第 1 次印刷
印刷 中煤(北京)印务有限公司

地址:北京市丰台区莲花池西里 7 号(100073)
网址:www.lawpress.com.cn
投稿邮箱:info@lawpress.com.cn
举报盗版邮箱:jbwq@lawpress.com.cn

销售电话:010-83938349
客服电话:010-83938350
咨询电话:010-63939796

书号:ISBN 978-7-5197-5979-7
定价:96.00 元

凡购买本社图书,如有印装错误,我社负责退换。电话:010-83938349

编 辑 委 员 会

主编简介

谭　曼

1975年生于湖南新化，中共党员，法学博士。湘潭大学信用风险管理学院首任院长、特聘教授，湘潭大学信用立法研究中心主任，杜兰-永雄国际信用法律研究中心主任，长沙永雄股权投资管理有限公司董事长，湖南永雄资产管理集团有限公司党委书记、总裁，湖南卫成信用风险管理有限公司总裁。

兼任湖南省消费者权益保护委员会副主任，湖南省法学会诉讼法学研究会副会长，湖南省法学会民营经济法治研究会常务副会长，湖南省法学会法治反腐研究会常务理事、非公企业依法合规经营示范基地主任，湖南省新媒体协会副会长，湖南大学法学院法律硕士实务导师，湖南师范大学法学院兼职教授，中南大学商学院兼职硕士研究生导师等职务。

顾敏康

教授，香港太平绅士，湖北省政协第十二届委员，湘潭大学法学学部部长、信用风险管理学院院长，曾任香港城市大学法律学院教授和副院长。德国波鸿鲁尔大学法律系访问学者、奥地利维也纳大学访问教授、新加坡国立大学访问研究员。

上海华东政法大学第一届“上海东方学者”讲座教授，河北省高级人民法院专家咨询委员会法学类专家委员，苏州国际商事法庭专家委员会委员，香港世界贸易组织研究中心研究员兼副主任，香港“一带一路”国际研究院研究员，香港基本法教育协会执行会长，香江智汇副会长兼秘书长，中国国际经济贸易仲裁委员会、深圳国际仲裁院等多家机构仲裁员，香港国际争议解决及专业谈判研究院顾问。

序

2020 年 10 月 17 日，由湘潭大学主办的第三届“信用法治 · 韶山论坛”在湖南长沙顺利举办。“信用法治 · 韶山论坛”是湘潭大学信用风险管理学院及其捐建方长沙永雄股权投资管理有限公司倾力打造的全国性信用法学术交流平台，目前已成功举办三届，在学界树立了一个品牌，为我国信用法治建设作出了积极贡献，实属难得。

自国务院印发《社会信用体系建设规划纲要（2014—2020 年）》以来，我国社会信用体系建设和信用法治建设呈现蓬勃发展之势。2020 年 12 月 7 日，中央《法治社会建设实施纲要（2020—2025 年）》提出，加快推进社会信用体系建设，提高全社会诚信意识和信用水平，全国范围积极推进信用入法。2021 年 1

月发布的《法治中国建设规划（2020—2025年）》更加明确地指出，要“加快推进社会信用立法，完善失信惩戒机制”。信用法治体系是完善我国诚信建设长效机制的根本保障。截至2020年12月，共有35部法律、48部行政法规规定了专门的信用条款。制定全国性的社会信用法也已经提上日程，第十三届全国人大二次会议主席团交付有关专门委员会审议的制定社会信用法议案涉及的立法项目已列入立法规划（立法工作计划）。目前，《社会信用法（草案）》正在征求各地方和相关部门意见。“信用法治”极有可能成为中国社会贡献给世界法治领域的“中国方案”，成为人类面对风险社会探索科学治理的有益、有效经验。

2018年3月15日，教育部批准新增“信用风险管理与法律防控”（专业代码：030104T）作为法学类特设本科专业。湘潭大学于2018年9月招收全国第一批该专业的本科生，并在短短3年时间内建立了完整的信用法治人才培养体系，即信用法本科、信用法硕士、信用法博士和信用法博士后，并获得两项国家重大研究项目[国家社科基金“把社会主义核心价值观融入法治建设”重大研究专项“中国守信激励与失信惩戒机制立法研究”（18VHJ015）和研究阐释党的十九届四中全会精神国家社科基金重大项目“完善诚信建设长效机制的立法研究”（20ZDA056）]，成绩显著。截至2021年4月，全国已经有5家高校开办或即将开办“信用风险管理与法律防控”法学本科专业，为培养我国信用法治人才奠定了基础。

毫无疑问，我国当前对社会信用法的研究仍然处于起步阶段，从宏观和跨学科角度研究社会信用法的文献较稀缺，国内法学刊物尚未建立社会信用法方面的专栏，不少杂志对青年学者和研究生发表信用法方向的文章缺乏足够支持。这一方面说明了有关部门对社会信用法的教研缺乏足够重视,另一方面也说明需要从事社会信用法教学和研究的人士更多的投入。

应该说,第三届"信用法治·韶山论坛"的成功举办对加快推进湘潭大学在信用法治领域的理论研究和人才培养,助力湘潭大学法学学科的整体发展具有重要意义。与会专家学者以及实务人员积极参与学术探讨,凝聚了大量理论与实践的共识,也使不同的观点在碰撞中得到升华。此次论坛将为我国社会信用体系建设和信用法治相关理论发展贡献智慧与力量。

此次论坛共收到征文投稿论文70余篇,论题涉及信用法治的多个领域,最终择优评出一等奖2名,二等奖6名,三等奖12名。这些获奖论文分为3个主题:守信联合激励与失信联合惩戒机制立法研究、完善诚信建设长效机制的立法研究和我国催收行业监管与立法完善研究,经作者同意,我们将其中的16篇论文汇集成册,与大家分享。

白银在《个人信用信息利用与隐私保护的平衡路径》一文中指出了个人信用信息利用与隐私保护之间的矛盾及成因,主张将隐私信息分为"私密领域""私人领域""社会领域"3个领域,分别对应绝对保护原则、经同意采集原则以及共享使用原则,建议充分利用个人信用信息目录机制,推进个人信用信息分类管理与信息脱敏有机衔接,构建"知情权""异议权""被遗忘权"在内的信用信息权利体系,为个人信用体系中的隐私保护提供请求权基础。蒋都都在《论社会信用法的法律定位及其实现》一文中提出4个观点:首先,应区隔社会信用立法与社会信用体系建设,社会信用立法不是社会信用体系的镜像式对应物,应从法的作用维度审视社会信用体系建设的立法需求,明确立法目标与方向;其次,从法的内在逻辑关系角度,根据社会信用体系各个领域制度的法律性质,在现有法制的基础上,合理选择调整范围;再次,基于法律体系逻辑,厘清并处理好社会信用法与现有法律体系的关系,避免重复立法;最后,从法的内容维度,分析法律定位的具体选择。巢永乐在《行政性失信惩戒措施的性质认定及法律控制》一文中,将行政性失信惩戒类型化为加强管理类措施、行政“黑名单”措施、限制资格权利类措施,并指出要在行政法治的框架内从合法性、程序性及关联性3个层面对其进行严格的法律控制。石珍与邱瑾在《失信联合惩戒的实践检视和理性构建——以国家部委局38份联合惩戒备忘录为研究对象》一文中,运用实证研究方法,对国家发展改革委牵头签署的38份联合惩戒备忘录进行研究,揭示当前失信联合惩戒存在的4个问题,指出必须对失信联合惩戒进行严格审视,从自上而下的协同性、因事制宜的类型化、行政制裁的谦抑论、正当联结的约束力、诉诸救济的可得性五个方面进行科学制约,防止这种行为成为一种新的过度侵犯自由、不当损害权利的异化手段。刘宇飞在《失信惩戒措施的合宪性控制》一文中指出,由于失信惩戒的法律性质尚未明确,加之相关立法层级偏低且较分散,故有必要从宪法学视角检视现行的失信惩戒法律规制体系,对失信惩戒措施进行合宪性控制。这不仅符合我国依宪治国的总要求,同时也彰显了对公民基本权利的尊重。王者也在《论道德因素进入失信惩戒立法之正当性及其限制》一文中指出,道德因素进入失信惩戒立法具有正当性,其目的正当性源于对“政府中立”的探究,手段正当性源于对“适用信用法之原因”的探究,进而探究道德因素进入失信惩戒的“范围限制”以及“力度限制”,具体而言,前者是关于最低限度的信用法化,而后者则是通过关联性约束、等价性约束和比例性约束。周明在《信用法治建设如何对待家庭:失信株连惩戒的反思与调整》一文中指出，基于身份与血缘关系的失信株连惩戒已成为当前中国社会的普遍现象，致使其他家庭成员在入学、从军、就业等方面受到资格限制与权利剥夺，根据比例原则，失信株连惩戒应当仅限于维护紧急且迫切的国家安全考虑，在其他情形下应实现从家庭到个体、从形式到实质、从单一化到多层次的审查转变。洪风在《失信惩戒规则中禁止不当联结原则之适用》一文中指出，禁止不当联结原则可以提供失信惩戒在实质法治层面的规范化路径，对于处罚性惩戒，应当考察其规范目的是否包含制度信任的价值取向，并根据逻辑与经验判断相关事项是否具备风险预防的事实基础。一般性惩戒仍以信用价值为正当性基础，但其考虑因素本身较广泛，故还应强调平等对待。日常性惩戒关乎行政效率提升与相对人负担增加之间的平衡，应科学选择惩戒对象，并设置及时的恢复机制。姚一凡在《失信惩戒行政裁量权实体性控制的立法检视与建构》一文中指出，抑制行政裁量权膨胀是失信惩戒制度推进中的重大命题，有必要在信用立法中通过实体性控制规范失信行为认定与惩戒措施及幅度选择中的行政裁量权，应当明晰并推动央地立法的分工与耦合，在比例原则的统摄下对失信惩戒的裁量基准予以细化和量化的同时注重匹配性，以及设置酌定因素的变通渠道防止裁量基准僵化，以构筑失信惩戒行政裁量权实体性控制的法治框架。王士超在《个人信用法益化及其刑法保护路径》一文中指出，刑法理应将个人信用当作一种法益，纳入刑法保护范围。我国刑法可从保护信用及其载体两条进路构建个人信用刑法保护体系，将盗用和冒用网络信贷产品的行为纳入信用卡诈骗罪规制范围；与此同时，国家亦可通过刑法立法专章设立侵犯个人信用法益罪名，进而做到对个人信用的人格权益和财产权益保护的兼顾，且应保持对我国互联网活动的开放性、自由性。

张琴和龙海燕在《个人信用管理的算法权力与规制路径》一文中，根据实证研究，指出必须慎重对待个人信用规制过程中的算法歧视问题，在内在约束方面，需要强化算法公正的价值认同，规范信用规制的职权限缩，推动奖惩应用的谨慎前行；在外在规制方面，需要切实增强算法的透明度与可解释性，增强算法的程序性与可参与性，增强算法的规范性与可问责性。汪亚枫在《失信联合惩戒的地方立法实践及反思》一文中指出，应当以合法原则、后果与行为相当、必要限度以及责任自负为基本遵循，通过明确区分标准，将失信行为分门别类，完善立法设计，建立失信主体救济机制以及加强法律控制，对相关法律文件进行合法性审查，推进社会信用法律出台，构建统一的失信联合惩戒体系等举措，完善社会信用体系建设，助推国家治理法治化进程。王蒙在《文明行为立法中的诚信治理条款研究——基于84份文明行为促进条例的分析》一文中，在实证研究的基础上指出，文明行为立法中的诚信提倡条款应采用一般加列举的立法技术，以提高条例对公民行为的导向性。为遏制诚信惩戒的泛道德化，地方权力机关应回归提高社会诚信水平的立法目的，完善公民参与的民主立法机制，实现社会诚信治理的现代化。孔鼎仟在《志愿服务在个人信用修复中的适用研究》一文中指出，将志愿服务作为个人信用修复的方式之一存在理论基础，也符合社会需要。但要发展志愿服务在个人信用修复领域的应用，则需要完善立法，整合信用修复职能，充分利用社会资源，尤其是社区资源与志愿服务平台的资源。熊中文和黄水根在《我国个人破产制度中“债务人重生”理念的限度——以相对、有限、附条件的破产免债为中心》一文中提出，应立足人道主义价值观和激励债务人配合的需要，在我国的个人破产制度设计中应允许债务人重生，但切不可将破产免债作为个人破产的出发点和落脚点，我国的个人破产免责应是相对、有限、附条件的。段明在《术业有专攻：中国债务催收职业化的困难与改革》一文中指出，债务催收职业化的进程中仍然面临社会大众的偏见与歧视，催收行业立法相对滞后，催收行业监管较不足及催收职业教育长期缺位等现实困境。为此，有必要从构建催收职业教育体系，设立催收职业资格标准，完善催收职业保障措施和厚植债务催收职业文化等方面着手，实现中国债务催收职业化的发展目标。

以上论文无不闪耀信用法治思想的火花，对完善我国信用法治建设起到了抛砖引玉的作用，为广大从事信用法治教学和研究的人士带来裨益。本人在此呼吁：让我们共同努力，为建设具有中国特色的信用法治作出应有的贡献。

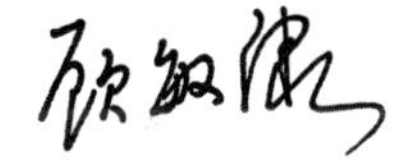

湘潭大学法学学部部长

湘潭大学信用风险管理学院院长

2021 年 4 月于永雄楼

目录

个人信用信息利用与隐私保护的平衡路径[*]

白　银[**]

内容摘要　个人信用信息利用与隐私保护之间的矛盾,源于两者界限的模糊以及利益驱使下的信息滥用。我国个人公共信用信息适用的信息目录管理模式和个人市场信用信息适用的"同意—禁止"管理模式,虽对信用信息的采集范围有所规定,但关于隐私保护的规定尚存阙如。主流的信息自决理论虽为保护信用信息构建了蓝图,但完全自决理论客观

---

* 原载《征信》2021年第7期。本文系国家社科基金重大项目"完善诚信建设长效机制的立法研究"(项目编号:20ZDA056)、湖南省研究生科研创新项目"社会信用信息异议制度运行现状和立法设计研究"(项目编号:CX20200590)的阶段性成果。

** 湘潭大学法学院博士研究生。

上阻碍了信用信息的利用，且对人格尊严相关的核心隐私未作出特别回应，因此该理论存在不足。应当回归“领域理论”，基于“尊重语境”理论并依据人格尊严的相关度进行界限划分，将隐私信息分为“私密领域”、“私人领域”以及“社会领域”3 个领域，分别对应绝对保护原则、经同意采集原则以及共享使用原则。规制和充分利用个人信用信息目录，推进个人信用信息分类管理与信息脱敏有机衔接，并构建“知情权”、“异议权”和“被遗忘权”在内的信用信息权利体系，为个人信用体系中的隐私保护提供请求权基础。

关键词　个人信用信息；生活安宁；个人信息自决权；领域区分

“社会主义市场经济是信用经济、法治经济。企业家要同方方面面打交道，调动人、财、物等各种资源，没有诚信寸步难行。”①当前，我国正处在信用经济发展阶段，亟待构建信用管理社会化、社会管理信用化的国家治理体系。② 通过对个人信用信息的开发利用，为社会信用信息主体（以下简称信息主体）制作记录“善与恶”的“账本”，这不仅可以打破陌生人之间信息不对等的状况，促进市场经济的健康有序发展，而且还具有极其重要的社会治理价值。在中央部署和地方试点的有机结合下，我国社会信用信息体系建设在弘扬诚信文化、构建信用信息平台以及奖惩守信失信行为等方面取得了显著成效。但是，其在个人信用信

① 《习近平：在企业家座谈会上的讲话》，载新华网，http://www.xinhuanet.com/politics/leaders/2020-07/21/c_1126267575.htm。

② 参见关建中：《中国信用体系建设蓝图》，中国金融出版社 2016 年版，第 1 页。

息归集和利用方面对个人隐私的保护还有所欠缺。一方面,部分地方的社会(公共)信用信息管理条例(办法)关于隐私保护的规定存在缺漏,导致实践中大量的个人隐私信息被纳入个人信用信息范畴加以收集和利用,从而侵犯了信息主体的隐私权;另一方面,个人信用信息的利用依赖海量信息的采集、大数据的自动化处理以及储存系统的长期保存,而此过程中的每个环节都存在隐私信息被非法利用或泄露的风险,可能会给信息主体的生活安宁、人身财产利益带来难以修复的损害。因此,在个人信用信息收集和利用的过程中,如何有效地保护个人隐私是一个有待解决的关键问题。

一、个人信用信息与隐私的边界此消彼长

《民法典》对隐私的定义为"自然人的私人生活安宁和不愿为他人知晓的私密空间、私密活动、私密信息"。可见,个人隐私包括私人生活安宁的"空间隐私"、不愿被他人知晓的"信息隐私"以及不愿被他人知晓的"私密活动"3个维度。这不仅扩大了隐私的内涵范围,而且通过"安宁"和"不愿"等词增加了隐私判断的主观性和灵活性。关于个人信用信息的概念,则可以通过《民法典》对"个人信息"①以及地方性社会(公共)信用信息管理条例(办法)对"社会信用信息"②的定义推导出来,是指可用于识别、分析、判断自然人遵守法律、法规和规章,履行法定义务或者

---

① 《民法典》第1034条第2款规定,"个人信息是以电子或者其他方式记录的能够单独或者与其他信息结合识别特定自然人的各种信息"。

② 如《湖北省社会信用信息管理条例》第3条规定,"本条例所称社会信用信息,是指可用于识别自然人、法人和其他组织(以下简称信用主体)信用状况的数据和资料";《河北省社会信用信息条例》第3条规定,"本条例所称社会信用信息是指可用以识别、分析、判断具有完全民事行为能力的自然人、法人和非法人组织(以下简称信用主体)遵守法律、法规和规章,履行法定义务或者约定义务状况的客观数据和资料"。

约定义务状况的客观数据和资料。在地方信用立法中，公共信用信息一般包括以下6类信息：(1)基本情况类；(2)行政行为类；(3)受到表彰奖励和参加社会公益、志愿服务类；(4)拒不履行生效法律文书类；(5)生效判决认定构成犯罪类；(6)其他类。[①] 地方立法虽对公共信用信息进行了类型化缩限，但其具体范围依然缺乏明确界定。

抽象的立法表述模糊了两者的界限且不利于隐私的保护。首先，从范围的角度看，个人信用信息和个人隐私均包含隐私信息，两者在逻辑学上表现为交叉关系。在隐私范围不断扩张以及地方信用立法泛化采集信用信息的背景下，两者所涵盖的范围更模糊，需要保护的交叉区域日益增大，迫切需要更合理和灵活的隐私保护机制。其次，从信息变动的角度看，个人信用信息呈现为变动状态。一方面，信息主体的每一次义务履行情况都能影响其信用信息状态；另一方面，个人信用信息并非长期公开于信息平台，披露期限届满的信息通常被删除或者归入档案，在应然层面归于消失。与之相反，隐私通常表现为静止状态且具有较强的稳定性，自产生之日起一直属于隐私信息。而且动态的个人信用信息在特定场景亦可能转化为个人隐私，如个人的学历信息在工作应聘时是一种信用信息，在疫情中则可能成为信息主体主观不愿被他人知晓的隐私信息。[②] 个人隐私和个人信用信息可能处

---

① 参见《河南省社会信用条例》第12条；《河北省社会信用信息条例》第12条；《厦门经济特区社会信用条例》第8条。

② 2019年年底，国内首例新型冠状病毒肺炎(COVID－19)感染者出现在武汉，使武汉在疫情防控过程中成为全国焦点，疫情前从武汉返乡的高校学生也成为各地防控的重点对象。然而，其中通过检查的未感染者，在疫情中为避免他人过度担心，可能不希望更多的人了解自己正在武汉就读的学历信息，以扰乱自己的生活安宁。

在动态的交融状态,这增加了清晰界定隐私并加以保护的难度。最后,从信息保护的角度看,《民法典》规定,"个人信息中的私密信息,适用有关隐私权的规定;没有规定的,适用有关个人信息保护的规定"。个人信用信息作为个人信息的一部分,其中私密的信息适用隐私权的规定,隐私之外的个人信息则适用个人信息保护的规定。然而,这样依然没有明确规定隐私保护的界限,为隐私信息的保护留下了不确定性因素。

二、个人信用信息利用与隐私权保护抵触现状及其诱因

隐私从归入名誉权保护范畴,到后来的独立成权保护,再到现在的《民法典》将其与个人信息分开保护,一直是我国立法重点关注的问题。但由于实践中信息利用场景的增多,隐私信息被不当利用和泄露的风险也随之上升,隐私保护面临更多的挑战。而本文所讨论的个人信用信息,其出发点在于普遍利用,因此更容易出现隐私被侵犯的情形。

(一)个人信用信息利用侵害个人隐私权的现状

目前,我国地方性社会(公共)信用信息管理条例(办法)对公共信用信息一般实行对隐私信息未作特别排除的目录管理①模式;对市场信用信息则主要适用一般性同意原则②、禁止采集

① 目录管理,即由信用信息主管部门根据国家有关规定和标准组织编制包括公共信用信息的具体内容、提供单位、信息分类、公开属性、归集频率、披露方式、使用权限、记录期限以及数据格式等因素在内的目录,然后据此进行管理的管理方式。

② 一般性同意原则,即归集市场信用信息属于自然人信息的,应当经本人同意并约定用途,未经本人同意不得归集。法律、法规另有规定的除外。参见《河北省社会信用信息条例》第16条第1款;《湖北省社会信用信息管理条例》第17条第2款;《南京市社会信用条例》第29条第1款。

清单[①]和特殊同意采集清单[②]相结合的管理模式（以下简称“同意—禁止”管理模式），[③]该模式虽明文规定了禁止采集包含个人宗教信仰、基因、指纹、血型、疾病和病史信息等客观上极度私密的隐私信息，但实际上，该规定不仅难以涵盖所有极度私密的隐私信息，如通信信息、就业记录、籍贯以及婚姻状况等，而且对于自然人不愿意为他人知晓的主观私密信息更是未作涉猎，如生理信息、开房记录等。因此，一方面，我国目前的管理模式存在涵盖不周和保护欠缺的问题；另一方面，由于个人信用信息与个人隐私之间界限的模糊，许多征信机构、信息提供单位以及信息管理机构通常会超量采集个人信用信息，而忽略了个人信息安全和隐私权、人格权保护问题，导致隐私得不到妥善保护。[④]

个人信用信息的隐私侵权主要包括内部可控的不当采集、滥用和外部不可控的信息泄露。前者主要包括个人信用信息的超量采集、错误记录以及不当使用等问题。后者则主要包括个人隐私信息的外部泄露以及由此产生的一系列问题，相较前者，后者更容易给信息主体带来无法控制、难以恢复的损害。如经常发生的“人肉搜索”和“网络暴力”，即通过对同一对象进行信息搜索和挖掘，使被害人的个人信息能在短暂的时间里聚集和完善，然

① 禁止采集清单，即禁止采集个人宗教信仰、基因、指纹、血型、疾病和病史信息以及法律、行政法规规定禁止采集的其他个人信息。参见《上海市社会信用条例》第14条第3款；《泰州市公共信用信息条例》第12条第1款。

② 特殊同意采集清单，即不得采集自然人的收入、存款、有价证券、商业保险、不动产、纳税数额等信息，但是明确告知信息主体提供该信息可能产生的不利后果并取得其书面同意的除外。参见《河南省社会信用条例》第45条第2款；《福建省公共信用信息管理暂行办法》第14条第2款。

③ 亦有极少数地方对市场信用信息也实行目录管理，如《河南省社会信用条例》。

④ 参见张勇：《个人信用信息法益及刑法保护：以互联网征信为视角》，载《东方法学》2019年第1期。

后对被害人及其亲密的人进行人身攻击而致损害的发生。再如,“广告个性化和精准化”侵扰生活安宁,个人信用信息的采集范围触及隐私范畴,使诸如个人电话号码、电子邮箱、疾病信息等私密的信息被暴露。而此类信息一旦被不当利用,接踵而至的则是陌生主体频繁向信息主体发出准确的骚扰信息,这不仅给信息主体造成“信息轰炸”的侵扰,而且精准信息将给信息主体及相关利害关系人带来未知的恐惧甚至人身和财产的危险。

(二)个人信用信息利用侵害个人隐私的诱因分析

隐私范围的扩大以及认定标准的主观化和灵活化,是隐私屡遭侵害的内在原因之一;将隐私纳入个人信用信息范围进行采集和不当利用,则是个人隐私受到侵害的外在原因之一。

1. 从信息不对等到信用资本的最大化利用。当前最大的资源已不再是煤炭、石油,而是信息资源。个人信用信息经过专门化处理,可用于分析信息主体的资产状况、兴趣爱好、购物需求等,甚至可准确预测信息主体近期的行为活动,进而被转化为社会财富。而这种“信用经济”(reputation economy)所依赖的“大分析”(big analysis),能够从海量数据中获取对个人的预测并将其转为拒绝合作、交易甚至普通社交等行为的新体系。[①] 在这种体系下,市场主体本身在经济交易过程中所形成并反映出来的诚信度在信用经济时代必然具有“资本”价值。一方面,受“吸引力法则”[②]和品牌效应的影响,守信主体通常愿意公开信用信息,以其良好的诚信度,充分发挥信用资本的经济价值和社会价值。但

---

① 参见[美]迈克尔·费蒂克、[美]戴维·C. 汤普森:《信誉经济:大数据时代的个人信息价值与商业变革》,王臻译,中信出版集团2016年版,第4页。

② “吸引力法则”,即人总是倾向与自己的同类待在一起。

此类信息的整合分析若不加以限制，则很有可能导致信息主体的隐私被过度暴露，甚至成为“透明人”。另一方面，市场主体为防控交易风险，通常会过度利用他人个人信息，自己或者委托第三方机构对交易对象的隐私进行非法刺探和收集，从而侵害他人权利。

2. 从个人破产制度构建到举债风险的陡增。2020 年 8 月，深圳市人民代表大会常务委员会正式通过《深圳经济特区个人破产条例》，再次将个人破产制度的立法推上新的浪潮。一方面，个人破产制度将限制高利贷、地下钱庄等非法融资渠道的生存空间，最大限度地帮助“诚信而不幸的债务人”获得成本低廉的救济，为创业失败后的创业者们提供了缓冲机会。另一方面，个人破产制度也可能导致债权人所拥有的合法呆账归于消灭，不可避免地造成债权人的经济损失。鉴于此，债权人为降低经济损失，必然会加强利用个人信用信息以判断债务人的诚信度和还款能力，使个人信用体系逐渐成为个人破产制度的重要基础。[①] 然而，在这种风险交易场景下，全面准确的个人信用信息所具备的市场价值尤为突出，刺激逐利的信用服务机构不当地挖掘信息主体的隐私信息，包括家庭情况等个人身份信息，疾病和病史等个人医疗保健信息以及存款、有价证券、纳税数额等个人财产信息，以全面分析和判断信息主体的财产现状和风险，进而侵害个人隐私。

3. 从失信环境恶化到社会治理的过度干预。由于失信行为的社会影响已不再局限于与失信人联系密切的“熟人”，导致传统借助于道德习俗约束而存在于家族、村落、社区等熟人之间的

① 参见刘冰：《论我国个人破产制度的构建》，载《中国法学》2019 年第 4 期。

诚信维护机制已难以适应如今经济快速发展的社会。“豆腐楼”“地沟油”“毒奶粉”等事件的屡治屡犯，无疑反映出市场经济逐利思想的畸形发展，以及违法成本低廉和纯粹法律责任的威慑力不够。2014年国务院印发的《社会信用体系建设规划纲要(2014—2020年)》(以下简称《纲要》)指出，“社会信用体系是社会主义市场经济体制和社会治理体制的重要组成部分”。社会信用体系建设在社会治理中发挥的价值将越来越大。但由于法律、行政法规等上位法的缺乏以及各地各行业对政策的误读与定性的不准，使包括个人信用信息在内的信用记录出现了泛化采集和利用的问题，如将乱扔废弃物、车窗抛物行为等行为纳入“黑名单”并予以公布。一方面，将交通违法，未尽赡养、抚养义务等行为归为失信信息并公之于众，在某种程度上是对行为人的名誉污损；[①]另一方面，由于社会治理过程中对个人信用信息的泛化使用和不当使用，导致相关组织和个人基于社会治理的需要过度收集和使用他人的隐私信息，如在调查抚养义务履行情况的过程中，可能将被调查家庭成员的家庭关系、婚恋情况以及个人财产状况等信息加以收集和不当披露，进而侵害他人的隐私权。

4. 公权力保护不周和私主体救济不力。隐私最大的挑战是恐惧与便利，其中恐惧是信息主体接受来自政府隐私侵权的原因，而便利则是信息主体允许公司侵犯其隐私的原因。[②] 一方面，公权力机关在信息利用过程中对隐私保护的漠视，助长了以

---

① 参见沈岿:《社会信用体系建设的法治之道》，载《中国法学》2019年第5期。

② 参见[美]布鲁斯·施奈尔:《恐惧与便利》，载[美]马克·罗滕伯格、[美]茱莉亚·霍维兹、[美]杰拉米·斯科特主编:《无处安放的互联网隐私》，苗淼译，中国人民大学出版社2017年版，第165~166页。

个人信用信息公开为名的隐私权侵害。[①] 另一方面，网络数据和浏览痕迹难以被遗忘，导致自然人在微信、微博等网络平台上发表的诸如家庭出身、宗教信仰等相关私密信息无法彻底删除。不仅如此，自然人的权利救济意识亦相对薄弱，据调查，在网络平台上发现自己的信息泄露后，45.9%的受访者会联系网络服务商户或客服寻求方案，40%的受访者仅重新设置密码而不采取其他措施，而仅有14.1%的受访者会联系消费者协会进行维权。因此，一方面，应当限制公权力机构的隐私侵权；另一方面，应当构建完备的信用信息权利体系，为信息主体便利化维权提供请求权基础和途径。

三、个人信用信息利用与隐私保护的法价值剖析和取舍

个人信用信息的利用从根本上是为了推动信用经济的发展和社会治理能力的现代化，但在利用过程中，通常会减损信息主体的个人利益。因此，合理地平衡相关法律关系实质上是解决问题的关键。

（一）个人利益和社会利益的选择与舍弃

个人利益通常，是指个人生存和发展的各种需要。阿德勒理论（Adlerian Theory）将社会利益理论化为“一种社区感，一种与他人合作生活的取向，以及一种重视共同利益而不是自身利益和欲望的生活方式”。[②] 两者之间最棘手的难题是，当两者无法兼

---

① 参见王鹏鹏：《论个人信用信息公开的私法规制》，载《北京理工大学学报（社会科学版）》2020年第3期。

② Guzick D. T., Dorman W. J., Groff T. S., Altermatt E. R., & Forsyth G. A., *Fostering Social Interest in Schools for Long-term and Short-term Outcomes*, The Journal of Individual Psychology, Vol. 60:4, p. 362 (2004).

得时该优先选择何者的问题。[①]

个人信用信息的体系化利用，虽然在促进市场经济发展和社会治理完善等社会利益需求方面发挥重要作用，但也不可避免地减损了个人利益。然而，依据制度经济学、社会契约论和功利主义等理论，个人利益实质上可以做出最小损害的让步。首先，制度经济学认为，“交易费用包括：衡量交换物之价值的成本、保护权利的成本，以及监管与实施契约的成本”。[②] 一方面，个人信用信息的采集和利用，使交易双方主体均可便捷地获取彼此的信用状况，并基于此类信息作出更理性的决策，有助于减少交易成本和降低交易风险；另一方面，存在其中的规范化信用管理作为一种正式约束，“能够补充和强化非正式约束的有效性，从而降低交易的信息、监督以及实施成本”。[③] 其次，社会契约论认为，“人类由于社会契约而损失的，是他们的天然的自由和他们企图取得和能够取得的一切东西的无限权利；而他们得到的，是社会的自由和他们对拥有的一切东西的所有权”，[④]个人信用信息的合法利用为构建完备的社会信用体系所带来的社会利益毋庸置疑，但个人信用信息的利用是基于对大量个人信息的收集和处理。信息主体将信用信息交由信息管理机构管理后，将会丧失对个人信息的控制，甚至承担隐私被泄露和侵害的风险，这可谓个人让渡权利给社会整体时难以完全避免的利益损失所在。最后，功利主义

---

① 参见[美]E. 博登海默：《法理学：法律哲学与法律方法》，邓正来译，中国政法大学出版社 1999 年版，第 415 页。

② [美]道格拉斯·C. 诺思：《制度、制度变迁与经济绩效》，杭行译，格致出版社、上海三联书店、上海人民出版社 2014 年版，第 32 页。

③ [美]道格拉斯·C. 诺思：《制度、制度变迁与经济绩效》，杭行译，格致出版社、上海三联书店、上海人民出版社 2014 年版，第 55 页。

④ [法]卢梭：《社会契约论》，李平沤译，商务印书馆 2016 年版，第 24 页。

代表者边沁认为，法律的全部作用在于供给口粮、达到富裕、促进平等和维护安全，并指出“安全”是主要的和基本的目标，“平等”是一种机会的平等。国家的法律无法直接为公民提供“生计”和指导个人寻求财富，但可以通过奖惩创造驱动力。[①] 收集和利用个人信用信息，利用信用惩戒倒逼生产者、消费者以及投资者等提供满足社会需求、符合安全标准的生产和生活资料，这不仅满足了生计，而且为人们获取稳定的财富提供了条件。因为缺乏诚信的生产和交易将难以确保公民的人身和财产安全，更无法保障良好秩序而提供机会上的平等。

个人信用信息的利用反映的是社会利益的需要，而个人隐私的保护体现的是个人利益的捍卫。正如庞德所言，利益选择的最终目的是“尽可能多满足一些利益，同时使牺牲和摩擦降低到最小限度”。[②] 为了享受信息社会带来的更多便利，信息主体亦应当承担容忍的义务。个人信用信息的利用和隐私权的保护并非完全对立的两种行为，在大多数情况下两者并不冲突。即便有所冲突，也应当是个人利益让渡权益给公共利益，以寻求真正的生活安宁，但这种让渡应当坚持最小损害原则。

（二）行为自由和人格尊严的强化与弱化

1967 年由美国学者艾伦·威斯汀（Alan Westin）提出的强化信息保护的自我决定理论，在 1983 年德国联邦宪法法院“人口普

① ［美］E. 博登海默：《法理学：法律哲学与法律方法》，邓正来译，中国政法大学出版社 1998 年版，第 110 页。

② ［美］E. 博登海默：《法理学：法律哲学与法律方法》，邓正来译，中国政法大学出版社 1998 年版，第 416 页。

查案”中得以应用并被定义为信息自决权(informationelle Selbstbestimmung),[①]即“何时以及在何种范围内公开自己生活事实的自我决定”,[②]旨在赋予信息主体对其信息处理的绝对控制权。该理论对各国的数据保护立法产生了巨大影响,如欧盟《一般数据保护条例》(General Data Protection Regulation,GDPR)把个人信息控制原则简化为“通知—同意”机制。[③]《欧盟基本权利宪章》(the Charter of Fundamental Rights of the European Union)第8条规定,“每个人都有权利查阅收集的关于他或她的数据”。然而,各地信息自决的权利基础有所不同。1983年德国联邦宪法法院裁判“人口普查案”[④]的主要法律依据是《德意志联邦共和国基本法》(Grundgesetz für die Bundesrepublik Deutschland)第1条第1款规定的“人格尊严”和“一般人格权”,其采用的是基于对人尊严保护的个人控制论。而美国采用的是基于个人自由保

① See Gabriel Stilman, *The Right to Our Personal Memories: Informational Self-determination and the Right to Record and Disclose Our Personal Data*, Journal of Evolution and Technology, No. 2, p. 14(2015).

② “The general right of personality encompasses, based on the notion of self-determination, the power conferred on the individual to, in principle, decide themselves whether and to what extent to disclose aspects of their personal life.” https://www.bundesverfassungsgericht.de/SharedDocs/Entscheidungen/EN/1983/12/rs19831215_1bvr020983en.html.

③ 参见刘金瑞:《个人信息与权利配置:个人信息自决权的反思和出路》,法律出版社2017年版,第51页。

④ 基本案情:1983年,政府依据前一年公布的有关法律对公民的各种信息进行收集和调查,这些调查项目囊括个人姓名、年龄等基本信息及职业、住址、信仰等,调查数据覆盖面非常广泛,为此,民众极其不安和不满,向德国宪法法院提起违宪审查。

护的隐私理论，[①]并将个人信息归属于个人隐私的范畴，[②]倡导以隐私权保护个人信息。

我国《民法典》（人格权编）第1038条“未经自然人同意，不得向他人非法提供其个人信息”的个人信息自决条款，以及地方社会（公共）信用信息管理条例（办法）亦对市场信用信息的采集和使用规定了加以范围限制的信息自决权，从《民法典》立法体例上可以分析出我国个人信息和隐私的保护更多的是基于对人格尊严的保护。关于信息自决权的权利属性，学界还存在“财产权说”，认为个人信息自决权是一种明显的个人主义权利（individualistic right），更接近于私有财产的权利，而不是人的尊严平等的权利。[③] 另外还有“物权说”（信息主体对个人信息享有物权）和“债权说”（信息主体和网络服务提供者之间为债权债务关系）理论。[④]

笔者认为，个人信息自决权益既具有人格利益亦具有财产利益，但本质上应当为个人自由处分信息的权利，其“属于人格自由行为的内容”。[⑤]

然而，这种信息自决实际上难以有效地保护隐私。基于工作

---

① 参见高富平：《个人信息保护：从个人控制到社会控制》，载《网络信息法学研究》2018年第2期。

② 参见杨惟钦：《价值维度中的个人信息权属模式考察——以利益属性分析切入》，载《法学评论》2016年第4期。

③ See Gabriel Stilman, *The Right to Our Personal Memories: Informational Self-determination and the Right to Record and Disclose Our Personal Data*, Journal of Evolution and Technology, No. 2, p. 16 (2015).

④ 参见吕炳斌：《论网络用户对“数据”的权利——兼论网络法中的产业政策和利益衡量》，载《法律科学（西北政法大学学报）》2018年第6期。

⑤ 齐鹏飞：《论大数据视角下的隐私权保护模式》，载《华中科技大学学报（社会科学版）》2019年第2期。

和生活的需要，信息主体通常不得已而将自己的隐私透露给处在优势地位的组织或个人，导致客观上所形成的信息主体自由处置个人信息的表象，实质上存在意思表示不真实的可能性。以普遍使用的“百度”移动应用（以下简称百度 App）为例，作为全球最大的中文搜索引擎，当前仅手机“应用商店”上的安装量就超过 4 亿次，其已然成为大部分手机用户赖以使用的搜索工具。在安装百度 App 之前，北京百度网讯科技有限公司（以下简称百度公司）提供的《“百度”移动应用隐私政策》（以下简称隐私政策）虽规定，百度公司可以基于隐私政策直接或间接地采集用户的浏览记录、手机号码、交易状态、IP 地址等信息，并根据偏好、习惯、位置作分析和用户画像以推送个性化内容和广告。但该隐私政策并非基于百度公司和用户之间平等协商后制订的，而是处在优势地位的百度公司提供的格式合同，仅给予用户选择“同意 + 使用”和“不使用”的权利，导致具备需求的用户“被迫”作出“自愿”的决定。这种决定显然为百度 App 获取用户隐私信息并基于此获得商业利益提供了合法基础，但也将导致用户隐私信息被滥用，其生活安宁遭受侵扰。为此，我国有必要限制诸如百度公司等具备优势地位的组织或个人变相迫使信息主体“自愿”处置自己的私密信息，在保障《宪法》第 37 条规定的“公民的人身自由不受侵犯”的同时，保障《宪法》第 38 条规定的“公民的人格尊严不受侵犯”以及《民法典》第 990 条所规定的隐私权和人格尊严利益相关的一般人格权。简言之，在个人信用信息的利用和个人隐私的保护对应的，信息主体行为自由和人格尊严的博弈中，为避免信息滥用，我国法律应当采取“家长主义”，对于与人格尊严及其相关的个人信用信息采集适当干预以减轻对信息主体人格尊严的损害，禁止任何组织和个人利用不对等交易场景以及信息主体自决权采集信息主体的隐私信息。

四、个人信用信息利用与隐私保护的平衡路径选择

"从利益主体角度，个人信息作为权利客体，蕴含个人的人格利益与信息利用者的经济利益。"①对于涉及人格利益的部分应当以保护为主，而涉及经济利益的部分应当以利用为主。

（一）明确与绝对保障人格尊严相关的隐秘领域

信息自决理论为全面保护个人信息构建了蓝图，在理论上固然可行，但实际上存在诸多局限：其一，信息时代的背景下，每个公民每天输入和输出的信息量十分巨大，均由自己控制缺乏现实基础。其二，若采取信息自决权的立法模式，自然人对个人信息享有绝对的支配权和控制权，那么，以公益为目的的个人信用信息利用亦只能通过限制个人信息自决权来实现，这不仅影响信用信息的自由流动，极大地增加了信息收集的难度和成本，而且忽视了网络交流和信息共享的社会价值。其三，"通知—同意"模式难以保障自然人的"同意权"。在实践中信息主体一旦选择"不同意"，则无缘使用诸如"百度""淘宝""当当"等生活需求极大的应用程序，给信息主体带来不便，而且处理协议往往冗长、复杂且难懂，消费者阅读和理解起来都很困难，更难据此作出反映其真实意志的意思表示。其四，该理论忽略了个人信息与人本身的关联，信息自决权几乎保护公民所有的信息，却未突出甚至忽略了与信息主体人格尊严密切相关信息的保护，存在避重就轻的嫌疑。其五，信息自决权并不能完全自决，对于违背公序良俗的信息，即便信息主体自愿提供，也应该被法律所禁止。

---

① 商希雪：《个人信息隐私利益与自决利益的权利实现路径》，载《法律科学（西北政法大学学报）》2020 年第 3 期。

为确保个人信用信息得到充分的利用，应当限制信息自决权的范围，回归到“领域理论”，并在此理论的基础上平衡个人利益与社会利益。“领域理论”，即依据信息与人格尊严的密切关系，将隐私的保护分为“隐秘领域”（Intimshäre）、“秘密领域”（Geheimshäre）及“私人领域”（Indivdualshäre）3 个阶层。[①] 其中“隐秘领域”为核心领域，最直接地反映人格尊严，应受到绝对保护，任何公权力机构和私人均不得侵扰。“秘密领域”涉及的私密性和信息保护力度次之，“私人领域”再次之。该理论强调，对于隐私信息中最核心的与人格尊严最相关的“隐秘领域”信息才纳入绝对保护之中。笔者认为，在个人信用信息的利用过程中，可对个人信用信息依据反映人格尊严的程度加以分级，构建个人生活领域的“同心圆模式”（见图 1）。

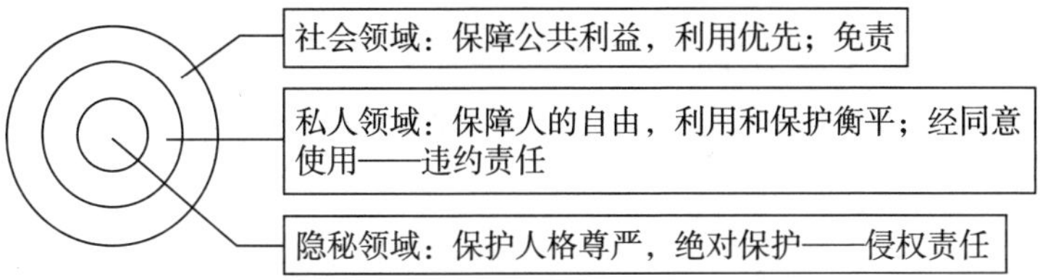

图 1　个人信用信息利用与保护的“同心圆”模式

适用“同心圆模式”，是由其突出的优势所决定的：首先，可妥当保护与人格尊严联系极紧密的隐私信息。通过对个人信用信息中最私密的领域进行绝对保护，从根本上保护信息主体最期待被保护的隐私。其次，可兼顾个人信息自决权。“私人领域”的信息相对“隐秘领域”来说，人格尊严联系更弱，但完全公开可能对自然

---

① 王泽鉴：《人格权的具体化及其保护范围 · 隐私权篇》（上），载《比较法研究》2008 年第 6 期。

人产生不利影响。因此,针对该部分信息可赋予信息主体“同意权”,以保障其决定公开利用或私自保密的信息自决权。最后,可充分利用个人信用信息。对于“社会领域”的信息,我国不宜将其完全纳入隐私的保护之中以阻碍信息的利用,而应当破除此类个人信用信息的保护壁垒,为构建健全的社会信用信息体系提供信用信息基础。因此,此种分领域管理的“同心圆模式”不仅贯彻了信息管理的比例原则,而且合理平衡了个人信用信息利用和保护之间的关系。

不可否认,“领域理论”尚存在其固有弊病,即德国联邦宪法法院扬弃该理论的主要疑虑:其一,各领域间的界限模糊、主观判断泛滥;其二,在实践中不存在可以绝对保护的“隐秘领域”。如德国著名的“日记案”(Tagebuch),[①]联邦宪法法院最终依据“个案特殊情况”、“无意就内容保密”以及“公平审判的必要”,认为被告人的日记在刑事案件中可作为法院认定犯罪的证据。[②] 然而,一方面,个人信用信息和隐私本质上就具有开放性、动态性以及主观性,即便采取信息自决理论,其范围依然难以得到准确的界定。因此,不应据此彻底否认“领域理论”。并且界限难以认定并不能成为不认定界限的理由,否则隐私的概念实际上成了“伪命题”。另一方面,即便是“风能进,雨能进,国王不能进”的“神圣不可侵犯”的房屋(或私有财产)也有其保护语境,对于正在自己房屋内实施严重危害公共利益行为的犯罪嫌疑人,我们不

① 该案普通法院根据犯罪嫌疑人在心理医生建议下所写日记的内容,认定其谋杀了一位妇女。犯罪嫌疑人不服,主张普通法院对其日记所作的认定,侵害其应受《德意志联邦共和国基本法》第1条第1项及第2条第1项所保障的一般人格权,尤其是强调其日记属于应受到绝对保护的个人隐秘部分,无论在任何情况下均不得受到侵犯,国家公权力不得取用此部分的资料,而诉至联邦宪法法院。

② 王泽鉴:《人格权的具体化及其保护范围·隐私权篇》(上),载《比较法研究》2008年第6期。

可能坚持“非请莫入”，各国的处理方式亦为申请搜查令后进入搜查，或者于紧急情况下直接进入并在事后补充相关手续。“隐秘领域”的绝对保护，在于利用国家公权力避免相关主体利用同意原则对行为人的隐私过度侵犯，而非对抗出于包括维护公共利益在内的一切合理使用。因此“隐秘领域”绝对的保护和其在某些特殊情景下的使用之间并没有冲突。

笔者建议，在个人信用信息的利用过程中，应当将明确与人格尊严极其相关的“隐秘领域”作为重点。首先，应当构建人格尊严关联度的统一认定标准。《辞海》将人格尊严定义为“公民作为平等的人的资格和权利应该受到国家的承认和尊重”，①《宪法》第38条亦规定，“中华人民共和国公民的人格尊严不受侵犯”，这里的“人格尊严”是一个极其宽泛的概念。与之不同，“领域理论”中作为区分标准讨论的人格尊严应当是因人性而具有内在的尊严，包括但不限于“性别、年龄、种族、宗教或政治信仰、国籍、地位、性取向、精神以及身体状况”。② 我国地方社会(公共)信用信息管理条例(办法)规定的禁止采集事项范围虽与之存在部分重合，但其仅进行了部分列举而难以涵盖所有。对此，我国宜适用“合理隐私期待”③来制定人格尊严关联度的评定标准，即通过主观标准中信息、风险和范围的披露去判断是否侵犯个人隐

---

① 《辞海》，载辞海之家，http://ciyu.cihai123.com/c/1159874.html，最后访问日期:2020年7月29日。

② Conor O'Mahony, *There is No Such Thing as a Right to Dignity*, Oxford University Press, 2012, p.555.

③ “所谓合理隐私期待是指法律主体期待被保护的隐私是合理的，是一般理性人可以表现出来并能够被外界所识别的隐私，强调在应然状态下一般理性人对隐私的合理期待。”张新平:《智能视频监控之法律与技术的嵌合治理》，载《法制与社会发展》2020年第5期。

私的实际期待,通过客观标准中的社会要素、事实要素去评判社会对个人隐私期待利益是否合理,[①]进而确保个人信用信息中的私密信息得到充分的保护。其次,在领域判断上可参考美国《消费者隐私权法案》所适用的"语境完整性理论",即以信息流动的适当性为基本原则,考虑行为因素(包括涉及人员、信息发出者、信息接收者的相关功能、角色和能力的行为因素)、信息类型和传导原则3个关键参数,[②]以适应自然人私密信息的主观性和开放性。最后,在区分不同领域时应根据场景的不同对具体问题具体分析,可参考《信息安全技术　个人信息安全规范》将个人信息类型化为个人基本资料、个人身份信息、个人生物识别信息、网络身份标识信息、个人健康生理信息、个人教育工作信息以及个人财产信息等13类信息,[③]并基于不同类型的信息划分个人信用信息的不同领域。

(二)规制和充分利用个人信用信息目录

2014年《纲要》明确规定,"制定信用信息目录,明确信用信息分类,按照信用信息的属性,结合保护个人隐私和商业秘密,依法推进信用信息在采集、共享、使用、公开等环节的分类管理。加大对贩卖个人隐私和商业秘密行为的查处力度"。

各地社会(公共)信用信息管理体例(办法)中的信息目录内容,一般分为上文已有说明的,包括基础情况在内的6类信息中

---

①　参见肖中华:《大数据时代"合理隐私期待"主客观标准的适用》,载《江西社会科学》2016年第11期。

②　参见[美]海伦·尼森鲍姆:《"尊重语境":履行白宫报告承诺》,载[美]马克·罗滕伯格、[美]茱莉亚·霍维兹、[美]杰拉米·斯科特主编:《无处安放的互联网隐私》,苗淼译,中国人民大学出版社2017年版,第127~131页。

③　参见国家标准GB/T 35273—2020《信息安全技术 个人信息安全规范》附录A。

反映信息主体信用状况的信息，或者对信用信息作二分法[①]、三分法[②]和四分法[③]的分类，这两种模式均涵盖了“基础信息”，但各地所认定的“基础信息”的范围差异较大，如《广州市公共信用信息管理规定》的基础信息范围包括自然人的姓名、居民身份证号码或者其他有效身份证件号码；《北京市公共信用信息管理办法》包括姓名、身份证号码、婚姻状况、就业就学、资格资质等信息。且以上规定均未对所归集的信用信息如何使用进行明确。笔者认为，通过领域理论划分信用信息后，应将“私人领域”中经信息主体同意使用的信息以及“社会领域”中可以公开使用的信息纳入个人信用信息目录中进行分类利用。而关于上述“基础信息”类信用信息，则属于不存在失信和守信标签的“中性信息”，完全可以进行代码处理，以减小基础信息被无价值使用甚至泄露的风险。

其一，个人市场信用信息应当同个人公共信用信息一样均实施目录管理。在各地现行的管理条例中除《河南省社会信用条例》明确市场信用信息实行目录管理外，其他地方条例均采用

① 《陕西省公共信用信息条例》分为基本信息和提示信息；《无锡市公共信用信息条例》和《泰州市公共信用信息条例》分为基本信息和信用信息。

② 《辽宁省公共信用信息管理条例》、《山东省公共信用信息管理办法》、《汕头经济特区公共信用信息管理办法》以及《武汉市公共信用信息管理办法》分为基础信息、失信信息和其他信息；《浙江省公共信用信息管理条例》分为基础信息、不良信息和守信信息；《内蒙古自治区公共信用信息管理办法》分为基本信息、不良信息和良好信息；《宿迁市社会信用条例》分为基本信息、正面信息和负面信息。

③ 《福建省公共信用信息管理暂行办法》和《福州市公共信用信息管理暂行办法》分为基本信息、良好信息、提示信息和警示信息；《广州市公共信用信息管理规定》分为基础信息、守信信息、失信信息和提示信息；《南京市社会信用条例》分为基础信息、良好信息、失信信息和其他信息；《深圳市公共信用信息管理办法》分为基本信息、监管信息、涉诉涉裁信息和其他信息。

“同意—禁止”清单模式。两种不同的管理模式不仅阻碍了公共信用信息和市场信用信息的互通、共享，而且清单以外的市场信用信息也存在由于缺乏明确的规制而被无限使用的风险。

其二，严格信息目录清单的制订和修改程序。个人信用信息目录是个人信用信息利用和保护的基础性依据，在立法层面决定个人信用信息归集、使用、披露的范围，因此应当广泛向社会公开征求意见，确保各方主体深度参与，对于存在较大分歧意见或者可能造成较大社会影响的信息目录的制定和修改，更应当组织评估，听取相关群体代表、专家等方面的意见。

其三，明确“领域理论”所对应的禁止使用、经同意使用和可直接使用的个人信用信息目录清单。对于禁止使用的信息应当完全禁止使用；对于经同意使用的信息应当规定合理透明的利用程序，需经过信息主体同意才能使用，并充分发挥其市场和监管价值，违反者应当承担相应的民事侵权和违约责任、行政责任和信用责任；而对于可直接使用的信息，应当依据法律的规定和当事人约定的用途最大化利用，实现市场信用信息和公共信用信息之间、公主体和私主体之间的高度共享。

（三）个人信用信息分类管理与信息脱敏有机衔接

为充分利用个人信用信息，我国应当对其进行分类分级别管理。整体上包括以下 3 个层面，即一般信用信息实行常态化管理，较严重的失信信息实行预警管理，严重的失信信息实行联合惩戒管理。

个人信用信息作为一种具有“识别性”和“相关性”的自然人信息，若在收集、处理、使用等过程中不作任何技术处理，即便是非隐私信息也可能被不当挖掘，从而导致“人肉搜索”“精准广告”等网络侵害甚至网络暴力的发生。关于上文提及的常态化信用信息管理，一方面，我国相关信息主管部门应当对收集的原始信息进行加密处理，确保明文（plaintext）通过代码的形式转化为密文（ciphertext）。仅对信息主体的信用评价书及相关必须公开的文件进行实名披露，而对于密文的查询应当赋予监管部门、信息管理部门、信息提供单位、信息主体以及相关利害关系人以“私钥”，为其了解和掌握所记录信息的具体情况提供途径，以确保其知情权、异议权、被遗忘权等信用信息权利。另一方面，为有效地利用个人信用信息并防止信息的泄露。信息主体、用信主体以及信用信息管理单位之间可以采取密码学中的安全双方和多方计算，①即使信用管理机构知道所有信息主体的全部信息，也难分辨具体的某一信息主体的信用信息，更不会侵害该信息主体的隐私。② 而关于较严重的失信信息应当在常态化监管下以内部实名告诫的管理模式为主。此外，严重失信信息应当基于个案化、场景化来确定失信信息应否对外披露以及信息披露的范围，实行各联合惩戒部门内部共享为主，公开为辅的管理模式。总而言之，应当尽可能地减少不必要的信息公示，最大限度地防范信息的泄露以保障信息主体的生活安宁。

（四）信息主体所具有的信用权利应得到保障

截至2020年7月7日，在“中国裁判文书网”上以“个人信用

---

① “所谓安全双方计算，如电话公司A和政府机构B达成安全双方计算方式的合作，一方面B获得其需要的A方数据，而另一方面，A对B的关注对象并不知情。”参见[美]安娜·雷相斯卡娅：《未来发展方向：密码学》，载[美]马克·罗滕伯格、[美]茱莉亚·霍维兹、[美]杰拉米·斯科特主编：《无处安放的互联网隐私》，苗淼译，中国人民大学出版社2017年版，第94～97页。

② 参见[美]安娜·雷相斯卡娅：《未来发展方向：密码学》，载[美]马克·罗滕伯格、[美]茱莉亚·霍维兹、[美]杰拉米·斯科特主编：《无处安放的互联网隐私》，苗淼译，中国人民大学出版社2017年版，第94～97页。

信息”和“隐私权”为关键词可检索到民事案件73个。分析发现:其一,适用的案由分别为名誉权纠纷(43个)、隐私权纠纷(11个)、人格权纠纷(8个)、侵权纠纷(8个)以及其他案由(3个)。然而,依据《民事案件案由规定》,名誉权纠纷和隐私权纠纷为第三级案由,同属于第一级案由“人格权纠纷”,侵权责任纠纷则属于第一级案由;以及一审法院立案时应当根据当事人诉争法律关系的性质,按照第四级案由到第一级案由的递增顺序确定案由的规定。对于上述案情极其相似的案件却适用不同级别和类型的案由,实际上反映了该类型案件诉争法律关系的性质还存在争议。其二,原告均为自然人,被告则为掌握个人信用信息使用和存储状况的商业银行、农村信用合作联社、中国人民银行或其征信中心以及相关资产管理公司,导致实践中原告一般难以对被告的侵权行为或者造成的损害顺利举证。其三,原告诉求中获得法院支持最高的是“请求删除不良记录”,其次是“请求消除影响、恢复名誉以及赔礼道歉”,“请求损害赔偿”最低。其中不予支持的理由为:(1)经信息主体同意或者授权;①(2)未将该查询记录公开,或者查询行为未对信息主体声誉、名誉等造成不良影响,也并未直接导致其信用等级降低、社会评价降低、名誉被侵害,故消除影响、恢复名誉的诉求,没有事实和法律依据;②(3)不能证明

---

① 参见广东省深圳市福田区人民法院民事判决书,(2015)深福法民一初字第3308号;广东省深圳市中级人民法院民事判决书,(2016)粤03民终2634号;广东省深圳市宝安区人民法院民事判决书,(2019)粤0306民初17971号。

② 参见福建省厦门市湖里区人民法院民事判决书,(2016)闽0206民初3754号;天津市武清区人民法院民事判决书,(2014)武民一初字第7281号。

签字及相关材料存在造假;[①](4)债权债务关系未消灭;[②](5)受损情况无法证明或者证据不充分;[③](6)不属于侵害人格权,不适用以赔礼道歉的方式来承担责任;[④](7)记录和撤销不良记录是中国人民银行的权利,信息提供单位不具备直接消除不良记录的权利。[⑤] 以上案件主要涉及信息主体的同意权、查询权、删除权等信用权利保障,以及侵权责任的举证责任认定。

正如耶林所言:"当现在一个新的法律规范出现时,这不仅关涉到真理,还同时涉及新的法律规范反对既存利益的斗争。"[⑥]个人信用信息利用的规范化,必然使公民个人的权益受到直接影响。而确保信息主体的权利得到及时保护,是减少信息主体畏惧自身信息被不当利用甚至泄露的有效措施,也是保障信用信息得到充分利用的基本前提。如被誉为"现代信息隐私法的基石"[⑦]的"公平信息实践原则"(Fair Information Practice Principles, FIPPs),规定了透明原则、使用限制原则、获取和修改原则、数据质量原则以及数据安全原则。[⑧] 1980 年,经济合作与发展组织

---

① 参见嘉善县人民法院民事判决书,(2014)嘉善民初字第 1350 号。

② 参见河北省赤城县人民法院民事判决书,(2019)冀 0732 民初 676 号;山东省惠民县人民法院民事判决书,(2019)鲁 1621 民初 620 号。

③ 参见安徽省合肥市包河区人民法院民事判决书,(2017)皖 0111 民初 4056 号;湖南省常宁市人民法院民事判决书,(2018)湘 0482 民初 1187 号;广东省深圳市中级人民法院民事判决书,(2017)粤 03 民终 7378 号。

④ 参见湖南省永州市冷水滩区人民法院民事判决书,(2018)湘 1103 民初 4635 号。

⑤ 参见江苏省灌云县人民法院民事判决书,(2018)苏 0723 民初 3446 号。

⑥ [德]鲁道夫·冯·耶林:《为权利而斗争》,郑永流译,商务印书馆 2016 年版,第 70 页。

⑦ Paul M. Schwartz, *Privacy and Democracy in Cyberspace*, Vanderbilt Law Review, Vol. 52:6, p. 1614(1999).

⑧ See The Code of Fair Information Practices is based on five principles, https://www.epic.org/privacy/consumer/code_fair_info.html, last visited on Feb. 20, 2019.

(Organization for Economic Cooperation and Development,OECD)制定的《隐私保护与个人数据跨国流通指南》(Guidelines on the Protection of Privacy and Transborder Flows of Personal Data)指出了关于个人数据保护的8项原则,包括收集限制原则、数据品质原则、目的特定原则、使用限制原则、安全保障原则、开放性原则、个人参与原则以及责任原则,为信息的保护提供了最低限度的标准。[①] 一方面,我国应当确立个人信用信息利用和保护的公私利益平衡原则、最小损害原则、安全保障原则等基本原则,在宏观上引导个人信用信息收集、评估以及利用等行为谨慎有序进行;另一方面,应当构建包括“知情权”“同意权”“异议权”“修复权”“被遗忘权”等权利在内的“信用权利体系”,凸显了个人信息的利用有完善的权利体系作为保障。

明确个人信用信息处理机构的信息安全保障义务可以从管理层面降低隐私权被侵犯的可能性。而确保信息主体“知情权”“同意权”“异议权”“被遗忘权”等直接与隐私保护相关的权利,不仅能在信息主体参与下及时地加以救济,而且据此增加和完善后的诉讼案由制度,亦可方便法官快速地确定诉争法律关系的性质从而有助于解决纠纷。其一,“知情权”,确保个人信用信息的收集和利用过程的透明性,信息主体可以自己查询,亦可以授权他人查询个人信用信息的收集和使用情况;其二,“同意权”,关于“私人领域”的处分协议,其内容应当明确个人信用信息的收集范围、适时处理情况、信息可控程度以及违约责任的承担,并通过分项同意的“一事一决”模式来避免处理冗长难懂的协议的弊

---

① 参见许文义:《个人资料保护法论》,台北,三民书局股份有限公司2001年版,第163页。

病,以保障信息主体的“同意权”;[①]其三,“异议权”,异议申请事由应包括所披露的信用信息存在“不准确”“不完整”“不适当”3种情形,对相关机构不当收集、披露和使用的隐私信息的行为应当归入“不适当”,且可由信息主体及相关利害关系人申请异议,予以及时删除;其四,“被遗忘权”,该权利一般认为起源于法语中的“被忘却权”(*droit àl'oubli*),其最初的含义是指“犯人享有的不希望其犯罪档案被公众所获取,以对抗公众之前的权利”,[②]逐渐发展为以欧盟 GDPR 为典型的“被遗忘权”(right to be forgotten)所指代的线上数据之“被遗忘权”。我国《征信业管理条例》对个人不良信息的保存期限为5年,[③]各地社会(公共)信用信息管理条例(办法)对自然人基本信息的公开期限规定为至自然人死亡,而不良信息的公开期限则为3~7年。[④] 虽然各地信息主管机构在信息公开期限届满后予以删除或者转为档案保存,可谓信用信息体系中“被遗忘权”雏形——“被忘却权”,但已然披露的信息很难在客观上归于消失而在网络或相关系统中,其中的不良个人信用信息甚至成为信息主体日后工作、学习的阻碍。对此,应当从管理部门的技术和义务角度以及信息主体个人救济层面来保障个人信用信息的被遗忘权。一方面,由于被记录甚至

---

① 关于“一事一决”模式,百度 App 在设置访问权限时,就仅采取了访问位置、储存器、通信录的分项决定模式,赋予了使用者更大的选择空间。

② 参见段卫利:《被遗忘权的概念分析——以分析法学的权利理论为工具》,载《河南大学学报(社会科学版)》2018年第5期。

③ 《征信业管理条例》第16条第1款规定:“征信机构对个人不良信息的保存期限,自不良行为或者事件终止之日起为5年;超过5年的,应当予以删除。”

④ 如《陕西省公共信用信息条例》第24条第3款规定,“个人提示信息中的不良记录查询期限为五年”;《无锡市公共信用信息条例》第24条第2款和第3款规定,“一般失信信息、较重失信信息的公开期限不超过三年;严重失信信息的公开期限不超过五年”,“一般失信信息、较重失信信息、严重失信信息的查询期限不超过七年”。

披露的数据难以被彻底删除,从而应当通过密码学和数据安全技术予以解决,在法律层面上明确相关机构的安保义务,明文禁止相关行政机构、事业单位和社会组织超期使用个人信用信息记录,否则,需承担相应的行政责任。另一方面,应当赋予信息主体以救济权,对于相关网络平台非法保存公开超期的个人信用信息,相关信息主体可以隐私权遭到侵害而主张停止侵害并要求赔偿。

结　语

隐私权得到妥善保护是个人信用信息利用的前提。实践中存在的“隐私换取效率”的论调,显然违背人权保障原则而不值得提倡,但通过扩大隐私范围或者将个人信用信息一味纳入隐私保护来阻碍个人信用信息的利用则无法满足现实需求。因此,合理平衡两者关系,以保护人格尊严相关的核心隐私信息为基础,辅之“经同意”使用信用信息和完全公开使用信用信息。通过合理、合法的方式利用个人信用信息来满足信用经济和社会治理的需求,才能在不侵犯个人隐私的基础上推进个人信用信息的利用,从而推进我国社会信用体系的建设。

论社会信用法的法律定位及其实现*

蒋都都**

内容摘要　社会信用法之法律定位，首先，应区隔社会信用立法与社会信用体系建设，在理解立法不是社会信用体系的镜像式对应物的基础上，从法的作用维度审视社会信用体系建设的立法需求，明确立法目标与方向；其次，从法的内在逻辑关系角度，根据社会信用体系各个领域制度的法律性质，在现有法制的基础上，合理选择调整范围；再次，基于法律

* 2019年度湖南省哲学社会科学基金青年项目“社会信用法基本理论的体系建构”（19YBQ098）；中国博士后科学基金第67批面上资助项目（2020M672503）。

** 湘潭大学信用风险管理学院/法学院讲师、硕士研究生导师，法学博士，主要研究方向为行政法学、宪法学、信用法学。

体系逻辑，厘清并处理好社会信用法与现有法律体系的关系，避免重复立法；最后，从法的内容维度，分析法律定位的具体选择。面对社会信用体系建设的宏伟蓝图，社会信用法的法律定位关键在于如何既满足信用建设的法治需求，又确保立法的实现，进而化解立法技术难题。具体而言，社会信用法宜定位为以行政组织法、行政程序法为主要内容，适当补充规定信用权利，兼顾信用救济程序，少量补充平等主体之间民商事关系规则的“公”“私”融合但偏行政法性质的法律。

关键词 信用；信用法；社会信用法；社会信用体系；法律定位

一、问题的提出与思路

随着社会信用体系建设与社会信用立法的推进，社会信用法已被列入全国人大常委会立法项目。[①] 社会信用法正由国家发展改革委起草中。[②] 目前，其草案已进入征求意见阶段（以未公开的形式征求各地方和相关部门意见）。[③]

在我国，社会信用体系涉及国家社会的方方面面，而社会信用法所要调整的社会信用关系与现有立法存在诸多交叉与重叠。

---

① 参见《全国人大常委会：制定社会信用法立法项目已列入立法规划或立法工作计划》，载信用中国（云南昆明）网 2020 年 6 月 1 日，http://credit. km. gov. cn/21/78370. html。

② 参见陶凤、彭慧：《社会信用立法在即 2/3 省市已出台或研究地方法规》，载信用中国网 2019 年 9 月 6 日，https://www. creditchina. gov. cn/xinyongyanjiu/xinyongyanjiuhuicui/201909/t20190905_167790. html。

③ 参见《加快推动信用立法进程》，载信用中国网，http://creditchina. gov. cn/home/lfdt/202012/t20201221_221190. html。

更重要的是,根据我国社会信用体系建设的政策目标,①社会信用法将是一项具有中国特色的立法项目。在社会信用法作为一项前所未有之举动且与现有立法存在交叉的现实背景下,论述其法律定位显得尤为重要。其法律定位决定该法在我国法律体系中的坐标,关系其与现有法律的有效衔接,避免立法重复和法律冲突。

根据国家发展改革委组织的社会信用立法系列座谈会及现有社会信用立法规范样态,②社会信用法法律定位的困境主要表现在两个方面:一是规模宏大的社会信用体系建设涉及社会乃至国家制度的方方面面,③各方面在立法中如何规定、协调与兼顾;二是现有社会信用规范与我国现有法律形成大面积竞合和冲突(下文将详述之),社会信用法如何取舍、如何处理与现有法律的关系亦困扰立法者与研究者。前者是立法之动因,后者是法律定位之关键。基于此两点,找准社会信用法之法律定位,须首先明确两个问题,一是社会信用法与社会信用体系之关系,即社会信用法如何处理社会信用体系所涉及的方方面面。对此,文章拟细分为两部分论述,先从法的作用维度论述立法与社会信用体系的关系,再从法的内在逻辑维度论述社会信用体系各个范畴在社会

---

① 参见《社会信用体系建设规划纲要(2014—2020年)》(国发〔2014〕21号),载中央人民政府网,http://www.gov.cn/zhengce/content/2014-06/27/content_8913.htm。

② 关于社会信用立法规范现状,鉴于本文篇幅和主旨,以及笔者在其他文章中已有详述,故在此不再赘述。参见蒋都都:《信用立法的"十三五"回顾与"十四五"展望》,载《宏观经济研究》;蒋都都:《社会信用立的中国语境及其正当性》,载《信用法治·第三届韶山论坛优秀论文集》。沈岿:《社会信用体系建设的法治之道》,载《中国法学》2019年第5期。

③ 参见《社会信用体系建设规划纲要(2014—2020年)》(国发〔2014〕21号),载中央人民政府网,http://www.gov.cn/zhengce/content/2014-06/27/content_8913.htm;国家发展改革委牵头的系列失信联合惩戒与守信激励备忘录。

信用法中的规制;二是社会信用法与现有法律体系之关系。对此,本文拟从法律体系逻辑维度审视。在此基础上本文从法的内容维度论述社会信用法的法律定位及其实现路径。

二、法的作用审视:社会信用体系建设与社会信用立法之区分

社会信用法法律定位困惑产生的重要原因,在于我国社会信用体系建设的复杂性。国务院在《社会信用体系建设规划纲要》(以下简称《纲要》)中将建设社会信用体系定位为“完善社会主义市场经济体制、加强和创新社会治理的重要手段”,其内容涵盖政务诚信、商务诚信、社会诚信和司法公信,[①]并被倡导作为一种新型监管机制。这使社会信用体系的建设不仅涉及社会的方方面面,被行政机关运用于各种社会管理之中,而且也涉及国家制度的各个方面,并渗透至各个部门法之中。[②] 因此,其法律定位不仅引起立法工作者的困惑,而且在一定程度上使信用法的研究无所适从。立法机关、行政部门及学者的困惑在于社会信用法应包含哪些内容,如何处理政务、商务、社会、司法四大领域的信用建设问题,具备何种功能,乃至被归入哪一部门法等。[③] 此种困

---

① 参见《社会信用体系建设规划纲要(2014—2020年)》(国发〔2014〕21号),载中央人民政府网,http://www.gov.cn/zhengce/content/2014-06/27/content_8913.htm。

② 当前,越来越多的新颁布或新修订法律添加了信用条款,信用规制被广泛入法。根据笔者检索2016年以来在法律层面制定或经修订而增加信用条款的法律至少有15部。

③ 信息来源:2019年8月30日国家发展改革委组织的社会信用立法座谈会,会议有立法机关、各地各行政部门及高校科研机构学者代表,笔者所在单位两位老师参与此次座谈,参见《顾敏康院长出席国家发展改革委社会信用立法座谈会》,载湘潭大学信用风险管理学院官网2019年9月20日,https://xyfxgl.xtu.edu.cn/info/1009/1103.html;2019年10月国家社科基金重大项目“中国守信激励与失信惩戒机制立法研究”课题组研讨会,在研讨会上课题组讨论分歧较大,以至于课题组负责人在总结时,决定先不予进行法律定位。

惑根源在于混淆了社会信用立法与社会信用体系建设，未能厘定二者之关系，以致社会信用法的立法遇到了如何描摹与匹配《纲要》的困难。然而，社会信用法绝非社会信用体系的镜像式对应物，立法只是服务和规制社会信用体系，而非社会信用体系本身。为此，对社会信用法进行法律定位，有必要先区分社会信用体系建设与社会信用立法。

社会信用体系是“由每个社会成员信用行为链接起来的社会信用关系集合，是一种存在于社会内部的运行秩序”，[①]是一套多主体、多维度的社会系统，由一系列法律、规则、方法、机构组成。[②] 这显然与立法不同，按照法是“调整社会关系的行为规范”的理解，[③]社会信用法是调整社会信用法律关系的行为规范。因此，社会信用法既是社会信用体系的组成部分，也是调整社会信用体系的规范。由此，对社会信用法进行法律定位，一方面需要考量其作为社会信用体系组成之作用发挥，另一方面需要考量法作为调整者在安排社会信用体系各主体权责义务及其关系的作用发挥。

当社会信用法作为社会信用体系组成部分时，其直接目的是“提高全社会的诚信意识和信用水平”，[④]此时发挥的是其规范作用，即其指引、评价、预测、强制等作用。但此种作用的适用范围是有限的，不能指望作为子集的法规范与作为全集的社会信用体

---

① 关建中：《中国信用体系建设蓝图》，中国金融出版社2016年版，第4页。

② 参见杨弋：《四川省社会信用体系建设的SWOT分析与思考》，载《标准科学》2016年第7期。

③ 张文显：《法理学》（第4版），高等教育出版社2011年版，第45页。

④ 《社会信用体系建设规划纲要（2014—2020年）》（国发〔2014〕21号），载中央人民政府网，http://www.gov.cn/zhengce/content/2014-06/27/content_8913.htm。

系具有相同作用,这也是法的界限之应然。当社会信用法作为社会信用体系调整者时,根据法的一般理论,其作用在于对社会信用体系的确立、保障和规范,以及对社会信用体系中各个主体权力与责任、权利与义务的配置等。

揆诸当前我国社会信用体系建设之立法需求,最突出的,一是需要立法赋予社会信用体系以必要的“牙齿”,即“加大对违法违规行为的惩戒力度、以期减少此类行为”,[①]建立守法诚信褒奖机制和违法失信行为惩戒机制等制度,使尊法守法成为全体人民共同追求和自觉行动;[②]二是亟须立法化解当前社会信用体系建设所面临的合法性困境。[③] 前者之需,已反映在当前正在制定的各类社会信用规范之中,如各地制定的失信惩戒机制;后者之需,反映的问题是我国社会信用体系建设推进过程中,行政权全面介入社会信用,与依法行政、法律保留等原则相龃龉,一些由低位阶立法所创制的信用措施,饱受合宪性与合法性争议,亟须立法赋予现有社会信用体系建设的合法性。综合此两者之需,社会信用立法,一方面,需要设置和完善能够约束社会主体以使其守信守法的信用措施;另一方面,通过授权行政机关与相关组织一定的社会信用体系建设权能,赋予相关机关与组织一定的信用奖惩措施设定权与实施权,规定该权力的行使程序,以化解当前社会信用体系的合法性危机。

---

① 沈岿:《社会信用体系建设的法治之道》,载《中国法学》2019 年第 5 期。

② 参见《中共中央关于全面推进依法治国若干重大问题的决定》,载中央政府门户网站,http://www.gov.cn/xinwen/2014-10/28/content_2771714.htm。

③ 沈岿教授直言社会信用体系建设工程面临合法性危机。一些学者更是指出社会信用法的直接目标是实现信用领域的法治化,参见王伟:《关于社会信用法的学术设想》(上),载《中国信用》2017 年第 6 期。

区分社会信用体系建设与社会信用立法,从法的作用维度探视其立法需求,社会信用法定位中的目标问题得以解决。简言之,社会信用法不必受困于社会信用体系的方方面面,社会信用体系建设所涉及的各个方面、各个领域的具体机制之建设任务,可通过授权的方式授予行政机关和相关社会组织相应的权限并在规定相关信用措施的基础上,交由行政部门和社会组织予以实施。同时,立法应为其划定范围和界限,规定信用措施的设定与实施规则,如此既赋予社会信用体系以必要的"牙齿",化解社会信用体系建设的合法性困难,又确保社会信用体系法治化发展。

三、法的内在逻辑审视:社会信用体系的四大领域与社会信用法之关系

尽管社会信用立法与社会信用体系的关系已经明确,但对于党的十八大和国务院《纲要》提出的"政务—商务—社会—司法"四大诚信建设(以下简称"四大诚信"),社会信用法应如何规定这一问题无不困扰着立法者、决策者及学者,也影响未来对社会信用法的法律定位。因此,有必要探究《纲要》提出"四大诚信"建设之缘由,并分析如何在立法中规定"四大诚信"建设问题。

"四大诚信"建设之提出,尤其是政务诚信、司法公信,一是因社会信用体系建设的宏伟目标所致。当前,我国试图建立一个覆盖全社会的信用体系,不仅意欲提高社会诚信意识,而且尝试借此改善经济社会运行环境和加强社会治理。① 这些目标涉及社会与国家制度的各个方面,将"四大诚信"协同建设,能发挥彼

---

① 参见《社会信用体系建设规划纲要(2014—2020年)》(国发〔2014〕21号),载中央人民政府网,http://www.gov.cn/zhengce/content/2014-06/27/content_8913.htm。

此间相互促进、相得益彰的作用。我国语境下的社会信用体系建设，需要多方面合力，需要引导者、监督者、践行者以及矫正者共同支撑。在“四大诚信”中，政务主体是引导者与监督者，①商务、社会主体是践行者，而司法主体则是矫正者。《纲要》亦指出，社会诚信是建设的基础，商务诚信是建设的重点，而政务行为对其他诚信具有表率和导向作用，司法公信则是底线。② 由此可见，“四大诚信”在《纲要》中提出之用意。二是因为社会信用体系建设“希望借此加强法律的实施”。③ 此种用意，在《纲要》中睹著知微，例如，“政务诚信”部分强调，应坚持依法行政、加强公务员诚信管理和教育；又如，“司法公信”部分指出，深化司法体制和工作机制改革，提高司法工作的科学化、制度化和规范化水平。④ 此类诚信建设并无新意，仅仅只是在社会信用体系场域重述政府法治、司法制度建设一直强调的问题。这些诚信建设，即使无社会信用体系建设之需，亦是我国法治建设题中之义，是现代法治孜孜以求的目标。事实上，我国正在进行的行政体制改革、政府信息公开、监察体制改革，以及司法民主、司法公开等司法体制改革，在某种程度上都是政务诚信、司法公信建设。因此，从这一视角而言，政务诚信、司法公信建设虽然能促进诚信社会的形成，但早已自成体系并仍在各自体系内持续进行。

---

① 政务主体在某种程度上也是践行者。

② 参见《社会信用体系建设规划纲要（2014—2020 年）》（国发〔2014〕21 号），载中央人民政府网，http://www.gov.cn/zhengce/content/2014-06/27/content_8913.htm。

③ 沈岿：《社会信用体系建设的法治之道》，载《中国法学》2019 年第 5 期。

④ 参见《社会信用体系建设规划纲要（2014—2020 年）》（国发〔2014〕21 号），载中央人民政府网，http://www.gov.cn/zhengce/content/2014-06/27/content_8913.htm。

细察“四大诚信”,可发现其并非以法学理论为标准的划分,而是基于生产生活和部门工作类型的简单划分。若以法律关系类型为标准,“四大诚信”可再缩减为3类,即将商务诚信与社会诚信合并为一个中观的社会信用概念。[①] 此两类诚信主体均是“私主体”,即自然人、法人及其他组织,系行政相对人,纵向与行政机关之间形成“权力—权利”的法律关系,横向形成平等的民商事法律关系。因此,将商务诚信与社会诚信予以合并,交由一部法律调整,并不存在理论与技术障碍。由此,社会信用体系建设实质上形成了三大领域,即政务、司法与中观的社会信用。

尽管前文述及“政务”“司法”“社会”几大诚信建设之间能相互促进、相得益彰,但在立法中仍需各守其畛。鉴于商务诚信与社会诚信的相似性以及政务诚信与司法公信的特殊性、高权性,社会信用法只宜规定中观层面的社会信用,至于政务诚信、司法公信之建设,仍然在原有的法律框架内进行,并适当与社会信用法相衔接。如此,社会信用法法律定位的调整范围之困得以化解。

综上所述,对社会信用法进行法律定位,只需围绕商务诚信与社会诚信,并不需要瞄准政务诚信、司法公信,也不可能针对“四大诚信”统一立法。当然,这并不妨碍社会信用法对政务诚信、司法公信建设的促进作用,例如,允许信用评价机构对政府信用进行相关评级评分,以此促进政务诚信。

四、法律体系逻辑审视:社会信用法与现有法律体系之关系处理

根据社会信用立法已有实践与未来目标,社会信用法之制

---

① 有学者也提出了与此类似的中观“社会信用”概念。参见肖卫兵:《我国社会信用立法若干问题探析》,载《电子政务》2017年第6期。

定，即使不涉及政务、司法两大诚信建设，仍将与现有法律体系存在较多交叉和冲突。事实上，现已制定的社会信用规范与现有法律制度的冲突已然饱受诟病，成为社会信用体系建设合法性的主要障碍。因此，制定社会信用法时必须思考其与现有法律体系的关系，避免立法功能重叠与立法冲突，从而准确定位。目前，我国社会信用立法与民商法、行政法及信息保护法密切相关并形成了较大交叉，因此，笔者拟分析社会信用法与此三者之间的关系。

（一）社会信用法与我国现行民商法

根据信用机制的生成原理，平等主体之间的信用关系，主要有信用信息收集、信用评价、信用信息的交换与共享。在这些关系中可能产生的问题主要有评价的客观性与公平性、信用评价主体的资质、信用信息的隐私与信息保护问题。这些社会信用关系，既是传统信用领域关注的主要法律问题，也是我国社会信用体系建设旨在加强立法之处。其中，关于评价的客观性与公平性，《民法典》作了基本性规定：在肯定信用作为公民名誉权内容的基础上规定了信用评价。[①]《民法典》第1029条规定，民事主体可依法查询其信用评价，有权提出异议并请求更正、删除错误的信用评价，即知情权、异议权与删除错误评价的权利。关于信用信息问题，《民法典》第1030条设定了转介条款，指出民事主体与信用信息收集者、控制者之间的关系，适用本编有关个人信息保护的规定和其他法律、行政法规的有关规定。[②] 鉴于后文专门论述该条与个人信息保护法的关系，此处暂且不详述。关于信

---

① 参见《民法典》第1024条，即民事主体享有名誉权。任何组织或者个人不得以侮辱、诽谤等方式侵害他人的名誉权。名誉是对民事主体的品德、声望、才能、信用等的社会评价。

② 参见《民法典》人格权编第6章“隐私权和个人信息保护”。

用评价主体资格,《征信业管理条例》《征信机构管理办法》等征信法规、规章规定,设立经营个人征信业务的征信机构、信用服务机构的应当符合《公司法》。[①] 因此,《公司法》是信用评价主体、信用服务机构主体资格的法律依据之一,但是《公司法》并未对征信和信用评价机构进行特殊规定。

此外,随着社会信用体系建设的推进,我国平等主体之间的信用关系即将产生一种新类型:信用惩戒关系。2016 年国务院提出加强对失信行为的市场性、行业性约束和惩戒。[②] 对于这类新型信用关系之性质,若惩戒一方在一定范围内形成具有垄断性或支配性的权力,那此种关系具有行政法律关系的性质,相反则具有民商事法律关系性质。[③]

总体而言,在内容上,我国民商法肯定了信用的名誉权意义,赋予了民事主体知晓其信用评价和享有其信用评价客观真实性的权利,规定了信用评价者等信用服务组织的一般主体资格,并通过转介隐私权和个人信息保护的条款来调整民事主体与信用信息收集、控制者之间的信息关系。在形式上,我国民商法虽然对信用问题着墨甚少,但基本覆盖了平等主体之间的基础性信用关系所需要的立法,仅未涉及信用惩戒关系。

鉴于此,为避免重复立法,社会信用法无须过多规定平等主体之间的信用关系,在立法中可通过参照性条款和转介条款的方

---

① 参见《征信业管理条例》第 6 条,《征信机构管理办法》第 19 条。

② 参见国务院《关于建立完善守信联合激励和失信联合惩戒制度加快推进社会诚信建设的指导意见(国发〔2016〕33 号)》,载中央人民政府网,http://www.gov.cn/zhengce/content/2016-06/12/content_5081222.htm。

③ 参见蒋都都:《社会信用立法的中国语境及其正当性》,第三届"信用法治·韶山论坛"优秀论文,2020 年 10 月于长沙。

式与民商法进行衔接。当然，现有民商法对平等主体间信用关系的规定尚存诸多不足，但可通过修订相关民商事法律规范的方式来完善。社会信用法只需对平等主体之间特殊性的信用关系作适当补充或细化，如平等主体之间的信用惩戒，重点规定政府对这些平等关系和行为的监管，尤其是对信用服务机构信用信息的收集、记录、提供、分享、披露等信用活动以及信用服务主体资质的监管，并为市场性、行业性信用惩戒规定相关规则以弥补民商法的乏力。

（二）社会信用法与我国现行行政法

现有社会信用规范有相当一部分属于行政法范畴，信用机制日趋被定位为是行政权行使的新型手段，[①]致使一些学者直指“社会信用制度是公法制度”。[②] 诚然，我们不能全然认为社会信用制度只是一项行政法制度或公法制度，但社会信用法厚重的行政法属性表明，未来社会信用法纳入行政法体系、受行政法原则统辖是显而易见的，这也是社会信用体系建设法治化使然。那么，在现行行政法体系下，社会信用法应当如何定位，尤其是在实践中诸多信用规范与《行政处罚法》《行政强制法》等法律存在冲突的情形下，应如何处理与现行行政法的关系是社会信用法法律定位的关键。

检视已有社会信用立法、信用体系建设目标与实践，在行政法范畴内，需要社会信用法所调整的行为：一是行政机关的社会信用体系基础设施建设行为，主要包括信用信息平台、征信系统、

---

① 参见戴昕：《理解社会信用体系建设的整体视角：法治分散、德治集中与规制强化》，载《中外法学》2019年第31期。

② 李林芳、徐亚文：《社会信用体系法治化原理探析》，载《学习与实践》2019年第11期。

标准体系、机构设置等相关信用基础设施建设，以及推动信用服务市场、信用环境的建设，这涉及平台、机构的法律地位与运作规则和行政机关在市场推动与信用环境建设中的权限等；二是行政机关对社会信用关系的直接干预行为，如通过行政性失信惩戒、守信激励、“黑名单”、信用行政评级等信用措施调整社会信用关系；三是行政机关以信用作为工具的市场、社会监管行为，即在市场、社会监管中使用第二点中的信用措施；四是行政机关对信用市场的监管，包括对信用市场主体及其相关行为的监督，如对征信机构主体资格的监管，对征信机构信用信息的收集、加工以及信用报告等行为的监管。其中，第一点具有行政组织法特征，是关于社会信用体系建设中行政机关以及信用平台等的设置、任务、地位、组成、职权、职责等事项的规定；第二点是直接面向行政相对人的行政权行使，属行政行为法的调整范围；第三点是政府在其他监管中对信用工具的使用，即当前理论与实践中普遍使用的“信用监管”①“信用规制”。② 此点与第二点主要在直接目的上存在不同：第二点的直接目的在于促进相对人的诚信意识，而第三点则是侧重提升行政机关的监管能力和水平；③第四点是行政机关对信用行业及信用机制运行的监管，④既是传统信用制度的内容，也将随着社会信用体系建设的推进而进入全新局面。此4项内容，第一项是行政组织法问题，在现有法律层面尚无关于

---

① 如《宁波市企业信用监管和社会责任评价办法》（宁波市人民政府令第244号）。

② 王瑞雪：《政府规制中的信用工具研究》，载《中国法学》2017年第4期。

③ 参见国务院办公厅《关于加快推进社会信用体系建设构建以信用为基础的新型监管机制的指导意见》（国办发〔2019〕35号）。

④ 此处的信用监管是狭义上的信用监管，广义上的包括政府监管对信用工具的使用意义上的监管。

社会信用体系的规定且宪法与政府组织法无禁止性规定的情况下，法律授予行政机关相应的社会信用体系建设职权、增设相应机构或平台不存在合法性问题，也不会与现有行政法形成冲突；第四项是传统行政监管，也是传统信用法的应有内容。虽说随着社会信用体系建设的展开，监管范围会有所变化，但仍然属于传统监管的范畴，因此与现行行政法基本不会产生冲突。需要与现行行政法制度进行协调的主要是第二项和第三项。第二项是当前实践中与现有行政法制度产生冲突最多、受到合法性质疑最甚的部分，其中冲突集中在与现有行政行为法的冲突上，如失信惩戒与《行政处罚法》《行政强制法》等法律的冲突；第三项是政府及相关组织基于其他监管目的而将第二项所涉及的措施作为工具。信用工具的使用，既可能会出现与第二项类似的、与其他法的冲突问题，也可能与相应监管领域的法律产生冲突，比如，食品药品监管中对信用工具的使用会涉及《药品管理法》《食品安全管理法》。后一种冲突可在该具体监管领域的法律修订中予以协调、授权或予以约束和限制，因为在这些监管中，信用措施只是一种手段，理应以该领域的法律为优先，但为确保监管中信用工具的有效运用且符合法治原则，需要对这些工具的使用规定具体的规则，这又回到了第二项的问题。因此，社会信用法在行政法体系中亟待解决的问题，主要在于与现有行政行为法的关系之协调。

（三）社会信用法与信息保护法

信用机制是以信用主体的信用信息为基础的，只有在充分的信息收集与分析基础之上才能发挥信用机制的作用。因此，关于信用信息的规定将是社会信用法的重要内容，也被学者视为社会信用法研究的四大内容之一。[①]

目前,关于信息保护,我国《民法典》《网络安全法》《政府信息公开条例》已经作了相关规定,同时个人信息保护法已被列入立法规划并即将提请审议,[②]《个人信息保护法(草案)》亦已公布并征求意见。可以说,一个完整呈体系的信息法律制度在我国呼之欲出。现有信息保护的立法规定基本上明确了个人信息的定义、规定了信息处理原则和条件、信息主体的权利、信息处理者的安全保障义务以及相关法定机构和工作人员的信息保护、保密义务。[③] 尽管当前有不少学者指出,我国现有信息立法不能满足社会信用体系建设之需,[④]但在法律体系架构的讨论基础上,尤其在个人信息保护法即将出台的背景下,我们应当相信即将建成的信息法律体系能够较全面地涵盖我国的各类信息行为,[⑤]而且从立法进度和研究的成熟度来看,我国信息法律体系的建成将早于社会信用法的出台。因此,基于立法的统整性原则,[⑥]社会信用法无须过多规定信息问题,只需在现有信息法规定的基础上,对社会信用领域中的特殊性问题进行规定,如划定信用信息的范围、可披露的信用信息范围、信用评价中信息的使用方式以及信息保护法一般规则的例外情形等。同时,重点规定公共信用领域

① 参见顾敏康:《试论社会信用法的学科性质》,载《中国信用》2020 年第 4 期。

② 参见《全国人大常委会调整 2020 年度立法工作计划,个人信息保护法等多部法律草案将提请审议》,载中国人大网,http://www.npc.gov.cn/npc/c30834/202006/e16f8d15c9194d799fa50faa2dc97683.shtml。

③ 参见《民法典》第 6 章"隐私权和个人信息保护",《网络安全法》第 4 章"网络信息安全"。

④ 参见顾敏康:《试论社会信用法的学科性质》,载《中国信用》2020 年第 4 期。

⑤ 即使立法出台后,存在不够完善之处,也可通过相应的信息法修订予以完善。

⑥ 统整性原则是指"性质相近的事物应尽可能纳入同一部法律,避免过分切割,造成法律的碎裂化"。

行政机关的信息行为，例如，行政机关的信用信息收集范围、收集程序、信息使用与共享问题等。这是因为市场信用中的信息关系问题可适用信息保护法中的一般规定，[①]但公共信用则具有鲜明的中国语境，是传统与域外信用法所未有的，而且涉及行政机关的权力行使。易言之，在信息法律问题上，社会信用法应以我国信息保护法的实体性规定为基础，就社会信用体系建设中的特殊性问题进行补充规定，重点规制公共信用领域中行政机关的信用信息行为。值得注意的是，社会信用法中的信用信息规定，在性质上主要也将具有行政法属性。事实上，现有社会信用规范中的信用信息规定主要针对公共信用信息。[②] 因此，社会信用法关于信用信息的规定，其主要应定位为关于行政机关信用信息行为的规定，亦属于行政行为法范畴。

五、法的内容审视：社会信用法内容框架之应然分析

前文对社会信用体系与社会信用立法的关系，以及社会信用法与现有法律体系之间的关系进行了厘清，有助于法律定位，但对于社会信用法的准确定位以及如何立法落地的问题仍需进一步明确。法律的定位除依据其目标外，更取决于该法的内容。因此，需要透析社会信用法应有的内容架构，进而对其进行定位。

---

① 事实上，无论是美国分散立法模式的信用法制度，还是欧盟统一立法的信用法制度，其信用信息关系所适用的都是其关于信息的一般规定。美国信用信息问题需要综合《信息自由法》、《隐私权法》、《公平信用报告法》和《统一商业秘密法》等多部法律法规；欧盟信用信息问题则适用《欧盟一般个人信息保护条例（GDPR）》。

② 以《上海市社会信用条例》为例，其第2章“社会信用信息”，有8个条文关于公共信用信息，3条关于公共信用信息与市场信用信息的划分、互通、共享问题，1条关于信息主体及行政机关的查询权利，而关于市场信用信息的条文仅1条。也有学者指出，个人信息权则是完全独立的一项新型公法权利，按此观点信用信息的规定无疑也是公法性质的。参见周汉华：《个人信息保护的法律定位》，载《法商研究》2020年第37期。

根据前文论述，基于我国社会信用体系立法需求、现有社会信用规范和信用机制原理，社会信用法在内容框架上，主要应包括以下五大内容：[①]一是为政府等行政机关以及相关社会组织参与社会信用体系建设提供法律依据的规定。对此，需要社会信用法授予行政机关及相关组织在信用领域的相应行政权限，消除行政权介入社会信用的合法性障碍，为政府的社会信用体系建设提供法律保障和规范依据，此乃行政组织法内容。二是关于信用信息的补充规定。信用机制的运行，有赖信用信息的收集、分类、使用及共享，因此信用信息规定必将是社会信用法的重要内容。三是为行政机关治理失信行为提供必要手段的规定，即规定以信用奖惩为核心的信用措施，如信用评级、信用承诺、信用惩戒等。四是随着信用奖惩等信用措施的实施，随之而来的信用主体权益保护规定。五是信用服务业的规范与促进。信用服务业是社会信用体系的重要组成部分，但由于当前我国信用服务业发展不成熟与法律制度不完善，因此《纲要》将其纳入社会信用体系建设的重要机制，[②]因而对信用服务业的规范与促进亦将是社会信用法的重要内容。

关于第一项内容——行政组织法的内容。就当前的社会信用体系立法需求而言，社会信用法的行政组织法部分，一是应明确社会信用体系中有关行政主体的设置和任务，如明确社会信用事务的主要主管部门，明确各个行政机关在社会信用体系建设中

---

① 类似观点参见顾敏康：《试论社会信用法的学科性质》，载《中国信用》2020 年第 4 期。但顾敏康教授的观点未涵盖本观点的第一点，但此点实属当前我国社会信用体系建设合法性之必要。

② 参见国务院《关于印发社会信用体系建设规划纲要（2014—2020 年）的通知》（国发〔2014〕21 号）。

的相应角色;二是授予行政机关相关的职权、规定其相应职责,如建设相应社会信用体系基础设施、不同主体建立相关信用机制的权力,指导信用服务行业发展、促进信用环境形成的相关信用行政权,同时规定相关职责。

关于第二项内容——信用信息问题,前文已经述及现有信息保护规定以及即将出台的个人信息保护法基本能够覆盖个人信息的基本权利,也将为信用信息的收集和使用提供一般准则。为此,鉴于信息的实体权利问题已经由现有及即将出台的个人信息保护法所规定,社会信用法只需在此基础上划定信用信息的范围,对具有信用特殊性的信息问题进行补充和例外规定。同时,随着公共信用制度建设的推进,公共信用信息的收集、使用、处理、公开及共享已经演化为一种行政行为,而一些私法性质的信用机构和社会组织的信息行为可适用个人信息保护法及《民法典》等。因此,社会信用法需重点规定公共信用信息的收集、使用、公开及共享等行为的程序性要求。① 故此,关于信用信息,社会信用法的主要定位是规范信息行为的行政程序法。

关于第三项内容——信用奖惩等信用措施,当前信用措施存在的主要问题是学界诟病已久的信用泛化、信用措施滥用现象,在实践中几乎任何部门均可实施信用措施,而且信用措施更是千奇百怪。对此,社会信用法首先,需规定信用措施的种类,以便对信用措施、信用工具施以类型化规制;其次,应规定不同主体信用措施的设定权与实施权,以消除当前信用措施的合法性障碍并确

① 其中,国家发展改革委和中国人民银行出台的《关于进一步规范公共信用信息纳入范围、失信惩戒和信用修复 构建诚信建设长效机制的指导意见(征求意见稿)》中关于信用信息的规定,也是强调信用信息的范围与程序。

保法律控制;最后,应规定信用措施的制定与实施程序,以确保信用措施的实施不被滥用。至于各类信用措施具体应用的实体性问题,不必在作为信用基本法的社会信用法中规定,[①]社会信用法仅规定信用措施的种类、设定权与实施权及设定与实施程序性问题即可。这是因为社会信用体系涉及各个领域,无法通过一部法律来规定所有失信、守信行为的实体性问题,而且社会信用体系建设的特点,也决定了需要由不同主体根据其相应的场景规定相应信用措施,因而不宜由统一的法律规定具体的信用措施与实施问题。但是,有必要对信用措施的运用进行授权和控制,而程序性规定可以在信用措施法定化的同时,通过程序标准和条件对其实现统一控制,如此既满足当前社会信用治理中对信用措施的需求,又防止信用措施的泛化与滥用。

关于第四项内容——信用主体权益保护问题,前文述及《民法典》《网络安全法》等法律已经规定了公民的信用权利及信息权利,加之即将出台更完善的个人信息保护法,因此社会信用法无须再重复立法,只需予以适当补充。但由于公共权力全面介入社会信用,使公民权利面临来自公共权力侵犯的可能性上升,因此社会信用法需要为公民规定社会信用领域中的公法权利以及信用措施实施过程中相对人的相关程序权利和保障措施。这些权利在某种程度上是社会信用体系建设中,尤其是信用措施实施过程中所衍生的信用救济权利和程序权利。

关于第五项内容——规范与促进信用服务行业发展,这是一个既新又旧的问题。规范信用服务行业是传统信用监管的内容,

---

① 诸多观点亦指出我国未来制定的社会信用法,应当定位为信用领域的基本法。参见王伟:《关于社会信用法的学术设想》(上),载《中国信用》2017年第6期。

强调行政机关对信用行业的监督管理,对于这一点可通过社会信用法中的行政组织法部分规定相关行政机关监管职责的方式来实现;促进信用服务行业的发展则是我国社会信用现状所需与积极政府理念驱使,对此亦可在社会信用法中的行政组织法部分授予行政机关相关行政指导权能和实施相应授益行政行为的权力。因此,可将这一问题与第一个问题一同在社会信用法的组织法部分予以规定。

综上所述,从社会信用法的应然内容来看,社会信用法的主要任务可归纳为3个方面:一是通过行政组织法化解行政机关社会信用体系建设的合法性问题,为政府规范与促进信用服务行业发展提供权限;二是通过行政程序法规范公共信用信息行为,规定信用措施的种类、设定与实施问题;三是通过规定信用救济权利和救济程序保障公民信用权利,鉴于《民法典》已经规定了相关信用权利,因而社会信用法主要规定行政法方面的救济与程序权利即可。基于此,社会信用法宜以行政组织法、行政程序法(含信用救济程序)为主要内容,适当补充规定信用权利与平等主体之间的信用关系规则。

六、代结语:法律定位之实现路径设想

综合上述可知,社会信用法既是社会信用体系的组成部分,又肩负调整社会信用体系的任务,其制定不必与社会信用体系内容一一对应。故社会信用法不必受困于社会信用体系的方方面面;根据“四大诚信”之间的关系与法律性质,社会信用法宜主要调整社会诚信、商务诚信两大诚信领域;根据现有社会信用规范和社会信用体系建设所需要调整的关系,结合其他部门法对信用的规定,社会信用法宜主要调整社会信用法律关系中的行政法关系,兼补充规定具有特殊性的社会信用民事关系和信用信息关

系,由此形成一部“公”“私”融合的、偏行政法性质的法律;而根据社会信用法的应然内容框架,则宜具体定位为以行政组织法、行政程序法为主,兼顾信用救济权利与救济程序,少量补充平等主体之间信用规则的法律。

将《社会信用法》定位为行政组织法、行政程序法为主的法律,旨在达致社会信用体系的多元目标与立法落地之间的平衡。我国社会信用体系涉及社会的各个领域,不可能仅通过一部法律规定社会信用体系各个方面的实体性问题,因而社会信用法在授予相关组织一定权限的基础上,规定信用范围、信用措施的种类、制定与实施主体,并通过最低程序控制各类社会信用行为,从而既解决了社会信用体系的立法需求,为社会信用体系提供法律支撑和手段,又避免了信用的泛化与滥用,确保社会信用机制的运行符合法治原则。至于社会主体的具体实体性社会信用权利义务以及相关具体信用机制建设,可由相应行政机关或其他立法机构在遵循社会信用法的前提下具体规定。由此可见,既能确保社会信用体系建设的灵活性,也降低立法的技术难题。

社会信用法的落地路径,可参照我国行政处罚制度(行政许可制度亦类似)的立法路径:制定一部社会信用法为社会信用的基本法,赋予相关机构和组织一定的社会信用体系建设权限和职责;明确信用信息的范围,规定信用信息的收集、分类、处理、公开与共享规则;规定信用措施的种类、设定规则以及不同机构的设定权限,规定信用措施的实施机关与最低实施程序标准;规定针对信用奖惩等信用措施的救济制度。在制定社会信用法作为基本法的同时,根据社会信用体系建设需要制定相关特别法,例如,制定《失信惩戒与守信激励法》以惩戒失信行为和激励守信行为,或由其他领域的法律规定相关信用措施。此种立法模式类似行政处罚制度,《行政处罚法》作为基本法,规定基本的组织和程序问题,同时还有《治安管理处罚法》等法律具体规定实体性治安处罚,其他领域立法亦根据其相应领域的实际需求规定相应的处罚。与《行政处罚法》不同的是,社会信用法更复合,不仅需要更多的组织法内容,而且调整的行为种类更多,前者仅调整行政处罚或行政许可行为,而后者需要调整信用信息行为、信用评价、信用奖惩等行为,而且还将包括信用修复等内容。尽管如此,社会信用法的此种定位与立法模式选择,既能最大化满足社会信用体系建设的全方位需求,又能克服社会信用体系建设的复杂性与社会信用法的法律定位困难,予以化解立法的落地难题。

行政性失信惩戒措施的性质认定及法律控制*

巢永乐**

内容摘要 行政性失信惩戒措施作为失信联合惩戒的重要手段之一，能够有效弥补传统失信行为事后监管与处罚的不足，进而提高我国社会信用治理效能。囿于行政性失信惩戒措施并非精准的法律概念，在具体适用中须以不同的形式出现，因此根据此种措施对行政相对人权利义务影响程度的强弱，可将其类型

---

* 本文系2020年湖北省人大研究课“国家治理中地方人大职权行使创新研究”（项目编号：HBRDYJKT2020101）、中南财经政法大学2020年研究生创新项目“最高人民法院司法文件在审判工作中的适用问题研究”（项目编号：202010660）的阶段性成果。

** 中南财经政法大学硕士研究生、湖北地方立法研究中心研究助理。

化为加强管理类措施、行政"黑名单"措施、限制资格权利类措施3种类型。在法律性质上,对行政性失信惩戒措施则可认定为行政指导、行政检查、行政处罚、行政合同等不同的行政行为,并形成了多种行政行为叠加的整体法律制度。鉴于其以公权力为主要支撑,且能够对相对人的权利义务产生较大影响,所以有必要在行政法治的框架内从合法性、程序性及关联性3个层面对其进行严格的法律控制。

关键词 行政性失信惩戒;社会信用立法;行政处罚;行政事实行为;不当联结禁止原则

一、问题缘起:行政性失信惩戒措施的合法性危机

2014年国务院发布《社会信用体系建设规划纲要(2014—2020年)》,推动建立由政府主导、覆盖全社会的社会信用体系,失信联合惩戒制度与守信联合激励制度是落实社会信用体系建设的重要手段。随着社会信用体系的发展与完善,我国社会信用立法亦在不断推进中。其中,失信联合惩戒措施作为社会信用立法的具体制度安排,在我国行政执法的诸多领域被广泛运用且适用范围不断扩张,已成为社会治理的重要手段之一。在现有研究中,围绕行政性失信联合惩戒措施的正当性论述颇多,①至于其合法性及相关法律规制问题却鲜有学者进行讨论。然而,失信联合惩戒并非精准的法律概念,可以直接适用,其包含了行业性惩戒、市场性惩戒、社会性惩戒、行政性惩戒及司法性惩戒等具体惩

① 参见沈毅龙:《论失信的行政联合惩戒及其法律控制》,载《法学家》2019年第4期。

戒措施,[①]其中,来自公权力的行政性失信惩戒措施具有突破基本权利边界并违反依法治国原则的嫌疑,在一定程度上面临正当性与合法性的诘难。在现行地方的社会信用立法中,行政性失信惩戒包含多种具体的惩戒措施,如限制从业、从业警告与批评、降低资质等级、限制开展生产经营活动、不授予荣誉称号等,但此类损益性行政行为是否均属于行政处罚或其他可诉性行政行为则存在颇多争议。囿于近年来行政性失信惩戒措施滥觞于市场经济的浪潮中,其法律属性仍处于模糊不清的状态,具体规制机制尚未完全建立起来,这大大削弱了行政性失信惩戒措施的有效性与权威性。

2020年6月,《行政处罚法(修订草案)》(以下简称《修订草案》)提请十三届全国人民代表大会常务委员会第二十次会议进行初次审议。[②] 其中第9条将现行单行法律、法规中已经明确规定,行政执法实践中常用的行政处罚种类纳入了《修订草案》中,例如,规定了通报批评、降低资质等级、不得申请行政许可、限制开展生产经营活动、限制从业、责令停止行为等行政处罚的种类。其中增加的行政处罚种类与行政性失信惩戒措施的部分行为具有一致性,此类行为纳入行政处罚法的调整范围意味着其需要遵循相应的设定权限和具体的实施程序,这就涉及社会信用地方立法与行政处罚法相衔接的问题。但《修订草案》第9条中增设的行政处罚种类亦为认定行政性失信惩戒措施的性质及对其进行

---

① 参见王伟:《失信惩戒的类型化规制研究——兼论社会信用法的规则设计》,载《中州学刊》2019年第5期。

② 参见《行政处罚法修订草案:增加行政处罚种类扩大地方立法权限》,载中国人大网2020年6月28日,http://www.npc.gov.cn/npc/c30834/202006/e36711df027a41288a0f32e55a95e33d.shtml。

法律控制提供了新的切入点。本文试图通过类型化的方法描摹我国行政性失信惩戒措施的实践样态,在此基础上厘定此类措施的法律性质,并同时检视行政性失信惩戒措施的合法性,最后将其置于行政法治的框架下对其进行合法性控制。

二、规范分析:行政性失信惩戒措施的实践样态

如上文所述,行政性失信惩戒措施仅是失信惩戒制度中的机制之一,但其以公权力为支撑对行政相对人的权利义务造成了较大影响。例如,国家发展改革委与最高人民法院等38个部门联合签署的《失信企业协同监管和联合惩戒合作备忘录》,对失信主体进行了部分从业限制与高消费限制等。另外在行政性失信惩戒措施内部还包含众多性质不一的行政行为。为梳理行政性失信惩戒措施在实践中的运行状况,本文以13部有关社会信用的地方性法规为考察样本,通过类型化方法,将行政性失信惩戒措施进行分类,以此窥探行政性失信惩戒措施在我国地方性法规中的存在形式与具体运作机制,具体梳理、总结内容如表1所示。

表1　行政性失信惩戒措施的类型及具体内容

类型	具体内容
加强管理类措施	1. 列为重点监管对象,增加检查频次,加强现场核查 2. 取消已享受的便利化措施 3. 信用减分,降低信用等级 4. 不适用告知承诺等简化程序 5. 指导、引导其他主体实行失信联合惩戒

续表

类型	具体内容
行政“黑名单”措施	1. 限制从事特定行业或者项目 2. 限制任职资格 3. 限制从事特殊市场交易 4. 限制授予荣誉和融资信贷 5. 限制高消费以及有关消费 6. 限制出境 7. 业内警告、通报批评
限制资格权益类措施	1. 限制享受政府性资金安排等政策扶持 2. 限制参加政府组织的表彰奖励活动 3. 在政府采购、公共资源配置、政府投资工程建设招标投标等活动中作出相应限制 4. 限制参与由财政资金安排的基础设施建设和公共事业特许经营活动

现行有关社会信用的地方立法中,主要以地方性法规、地方政府规章及一般规范性文件 3 种立法形式出现,并且总体数量众多。本文选取了 13 部地方人民代表大会及其常委会制定的地方性法规,包括现行有效的省级地方性法规与设区的市级地方性法规。理由有二:其一,地方性法规之制定程序更加规范,立法质量相较其他两种形式更高,立法内容更具民主性;其二,地方政府规章及一般规范性文件具有一定的部门倾向性,以其为研究样本难以展现行政性失信惩戒措施的客观状态。

根据行政性失信惩戒措施对行政相对人权利义务的影响程度,将其大致划分为 3 种类型,加强管理类措施、行政“黑名单”措施、限制资格权益类措施。根据这一划分标准将行政性失信惩戒措施予以类型化,而这 3 种惩戒措施类型中又各自包含众多子措施:其一,加强管理类措施。加强管理类措施的具体惩戒方式主要有 5 种,其中包括对相对人权利义务影响较轻微的列为重点监管对象、增加检查频次、加强现场核查、取消已享受的便利化措施,还包括信用减分、降低信用等级、不适用告知承诺等简化程序等损益性行为。从具体措施的行为性质上看,加强管理类措施并未对企业的核心经营活动和利益产生影响,相较行政“黑名单”措施及限制资格权益类措施来说影响更小,但仍然能够对企业的边缘利益、生产经营的便利化形成限制,属于负担性行政行为。其二,行政“黑名单”措施。行政“黑名单”措施主要包括7种子惩戒措施,此类措施的规制对象主要是严重失信的行为人且已被列入行政“黑名单”中,相较其他两种类型的惩戒措施,行政“黑名单”的子措施是3种行政失信联合惩戒措施中惩戒力度最大、对行政相对人权利义务影响最深且最具威慑力的。[①] 其三,限制资格权益类措施。此类措施又包含4种子惩戒措施,这4种子措施特点突出,主要是与政府行政管理活动、优惠政策等密切相关的,行政机关根据失信人的失信程度,限制其参与政府组织的相应活动。[②] 例如,限制享受政府性资金安排等政策扶持、限制参加政府组织的表彰奖励活动等。尽管此类措施与行政“黑名单”措施的子措施都属于限制资格权益类措施,但两者对行政相对人具体权利义务的影响程度差异较大。限制资格权益类措施一般是对相对人此前所享有的优惠政策的限制或取消,但并未对相对人的核心利益产生影响,况且两者在惩戒程度、实施程序以及适用范围上都存在差异,因此有必要对其予以区分。

由此可见,行政性失信惩戒措施在实践中的具体应用方式具

---

① 参见白云锋:《论行政黑名单制度的法律属性及其可诉性——基于规范结构的实证分析》,载《重庆大学学报(社会科学版)》2020年第6期。

② 参见孙日华:《信用联合惩戒的检视与制度优化》,载《河北法学》2020年第3期。

有多样化的特点,不同类型的惩戒措施对相对人的影响程度、造成的实际法律效果并不一致。况且3类不同的措施适用的具体情形并不相同。例如,《湖北省社会信用信息管理条例》规定,只有对纳入严重失信名单的行为人方能采取行政“黑名单”的具体措施。① 而对于加强管理类措施的具体适用并无此种限制,而是根据信用评分予以确定。② 因此,对于行政性失信惩戒措施的法律性质认定不能一概而论。在3种措施中,影响程度最深、威慑力最大的是行政“黑名单”措施,其次是限制资格权益类措施,最后是加强管理类措施,具体如图1所示。此外,从基本权利的角度观察,行政性失信惩戒措施所涉及的相对人的基本权利主要包括财产权、隐私权、平等权、人身自由权等。因此,在地方立法中更应当对此部分内容予以法律规制,避免此类措施的盲目扩张与滥用从而侵犯公民的基本权利。

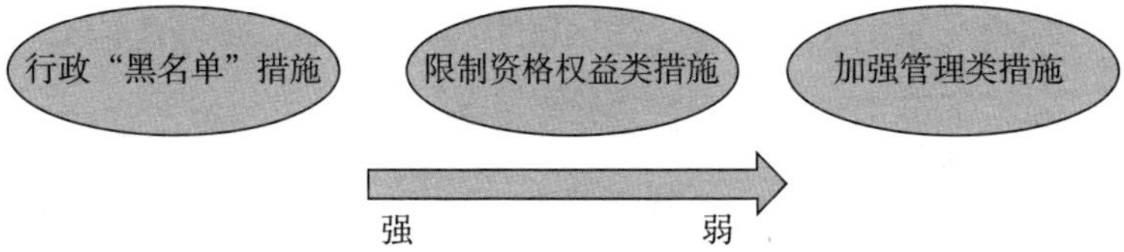

图1 行政性失信惩戒措施影响程度

① 《湖北省社会信用信息管理条例》第30条规定:“对纳入严重失信名单的信用主体,依法可以采取下列特别惩戒措施:(一)限制从事特定行业或者项目;(二)限制任职资格;(三)限制从事特殊市场交易;(四)限制授予荣誉和融资信贷;(五)限制高消费以及有关消费;(六)限制出境;(七)法律、行政法规规定的其他特别惩戒措施。”

② 《山东省社会信用条例》第28条规定:“有关部门和单位在法定权限范围内可以对失信主体采取下列惩戒措施:(一)在行政管理和公共服务中,限制享受相关便利措施;(二)在财政性资金分配、评优评先中,给予相应限制;(三)在公共资源交易中,给予降低信用等次等措施;(四)在日常监督管理中,列为重点监督管理对象,适当提高抽查比例和频次,加强现场监督检查;(五)法律、行政法规规定的其他惩戒措施。”

三、性质认定:行政性失信惩戒措施的行政法属性

围绕行政性失信惩戒措施的法律性质,学者众说纷纭。有学者认为,行政性失信惩戒措施属于行政处罚,应当严格遵循行政处罚的设定权限及处罚原则、程序。[①] 也有学者认为,部分惩戒措施属于行政事实行为,不对行政相对人的权利义务产生实质性影响,不需遵循行政处罚的具体要求。在实践中,行政性失信惩戒措施具体表现为不同形式的行政行为,并作用于失信主体进而达到惩戒的目的。但不同行政行为的法律性质存在一定差异,在具体适用上存在差别。因此,本文从类型化角度厘清行政性失信惩戒措施的法律性质,辨析其中具体措施的性质,以便对其进行精准的法律规制,避免行政相对人的权利因公权力的非理性行使而受到侵害。

(一)以行政事实行为表现形式的行政性失信惩戒措施

在行政性失信惩戒措施中,部分具体措施以行政事实行为的表现形式予以呈现。所谓行政事实行为,是指其不以产生或追求某种法律后果为目标,其关键在于产生一种事实上的效果。[②] 至于如何区分事实效果与法律效果,在于该行为是否对行政相对人法律上的权利义务关系造成实质性影响。行政事实行为是对事实状态的更改,具体体现为对现实直接或间接地产生影响。但有学者对此有更进一步的论述,即行政事实行为可能产生法律效果,但此种效果并非行政机关实施行为所想达到的目标,其中的事实效果才是该行为的核心。[③] 在表1所梳理的3类措施中,加

---

① 参见张晓莹:《行政处罚视域下的失信惩戒规制》,载《行政法学研究》2019年第5期。

② 参见章剑生:《现代行政法总论》,法律出版社2014年版,第218页。

③ 参见王锴:《论行政事实行为的界定》,载《法学家》2018年第4期。

强管理类措施主要是以行政事实行为为表现形式的行政性失信惩戒措施。具体分析如下:

第一,以行政检查为表现形式的"列为重点监管对象,增加检查频次,加强现场核查"。[①] 随着"放管服"改革的不断推进,行政检查在促进"放"与"管"相适应中发挥重要作用,其作为事中、事后的重要监管方式在众多领域中予以适用。[②] 然而,在繁重的执法负荷与有限的执法资源的"夹击"之下,作为发挥行政监管作用的行政检查早已捉襟见肘。因此,加强对重点对象的监管与核查应当是上述"夹击"之下所进行的行政监管行使方式的创新。根据行政相对人的信用状况合理分配执法资源,作出不同的检查安排,实际上是行政执法领域与失信惩戒的有机结合。加强监管并未改变行政相对人的权利义务关系,但检查结果则会对行政相对人产生事实上的影响。无论是肯定的检查结果还是否定的检查结果都是对行政相对人实施法律法规状况的真实反映,并在此种结果之基础上行政主体将进一步考虑是否需要作出其他行政行为。

第二,以行政指导为表现形式的"指导、引导其他主体实行失信联合惩戒"的措施。所谓行政指导,是指行政机关所实施的行政行为以指导、引导、劝告和建议等柔性行政行为为主。[③] 在行政性失信惩戒措施中,存在一种行政机关不直接对失信人予以惩

---

① 相似规定参见《北京市公共信用信息管理办法》第 27 条、《南京市社会信用条例》第 39 条、《陕西省公共信用信息条例》第 32 条等。

② 参见曹鎏:《"放管服"改革背景下行政检查监管目标实现研究》,载《中共中央党校(国家行政学院)学报》2020 年第 3 期。

③ 参见[日]南博方:《行政法》(第 6 版),杨建顺译,中国人民大学出版社 2009 年版,第 83 页。

戒的情形,而是通过行政指导的方式指导或引导其他主体实行联合惩戒。例如,《深圳市公共信用信息管理办法》第32条第2款就是行政性失信惩戒措施中行政机关对商业银行等金融机构所作的行政指导行为,[①]支持金融机构对严重失信的信用主体在部分业务上进行限制。此种倡导性、非强制行为属于典型的行政指导行为。对该条款作文义解释可得知,行政机关并未直接限制失信人的贷款额度、利率、保险等金融性活动范畴,但对金融机构予以支持与建议。

由此可见,行政性失信惩戒措施中部分行政行为以行政事实行为的方式予以体现,针对行政相对人的信用情况作出不同的密度安排,促进惩戒措施在社会治理中发挥其有效性。然而,大部分社会信用的地方立法并未规范对此种惩戒措施的实施适用程序。

(二)以行政处罚为表现形式的行政性失信惩戒措施

以行政处罚为表现形式的“行政‘黑名单’措施”。围绕行政“黑名单”措施性质的讨论成果汗牛充栋,但对其性质之认定尚未统一。有学者根据其功能性质进行了4种类型划分:惩罚性功

---

① 《深圳市公共信用信息管理办法》第32条规定:“支持商业征信机构采集严重失信行为信息,纳入信用记录和信用报告。支持商业银行、证券期货经营机构、保险公司等金融机构按照风险定价原则,对严重失信主体提高贷款利率和财产保险费率,或者限制向其提供贷款、保荐、承销、保险等服务。”

能、警示性功能、备案性功能以及普法性功能。[①] 有学者从行政过程论的视角将“黑名单”制度划分为4个过程行为：拟列入行为、列入行为、公布行为、惩罚行为。[②] 从不同角度划分具有其意义，功能性质划分着眼对社会产生的效果，以行政过程为划分标准能全面展示行政活动各个过程以及每一具体过程的法律属性，进而厘清其中的权利义务关系。行政机关将义务主体列入“黑名单”制度被定性为行政处罚，但有的学者认为，“黑名单”制度的阶段构造不同，其法律属性亦呈现一定的差异，认为其中的惩罚行为才具有行政处罚的性质，在学理上属于“资格罚”或“人身罚”。

行政“黑名单”措施所包含的6种子措施分别是：限制从事特定行业或者项目，限制任职资格，限制从事特殊市场交易，限制授予荣誉和融资信贷，限制高消费以及有关消费，限制出境。其中的部分子措施与本次《修订草案》增加设定的行政处罚种类具有一致性。增设的种类列举如下：通报批评、降低资质等级、不得申请行政许可、限制开展生产经营活动、限制从业、责令停止行为

---

① 参见周琳等：《我国信用黑名单建设主体五花八门惩戒形同虚设》，载腾讯新闻网2014年11月25日，https://news.qq.com/a/20141125/002009.htm。最高人民法院建立失信被执行人名单制度，实行公开曝光中国人民银行的信用“黑名单”、环保部门的环评“黑名单”、安监部门针对重特大事故的企业“黑名单”、商务部门针对侵犯知识产权的企业“黑名单”、食品药品监督部门针对食品药品安全的“黑名单”、住建部等10部委针对房企囤地违规信贷违规销售等行为的“黑名单”（房地产开发企业诚信信息共享系统）、最高人民检察院针对行贿犯罪的“黑名单”（行贿犯罪档案库）、证监会针对证券业内违法违规案件的“黑名单”（中国证监会诚信档案数据库）、教育部门针对招生和办学秩序有不良记录的学校“黑名单”，以及工信部意在整治泄露个人隐私、垃圾广告等安全隐患拟推的《移动互联网黑白名单规范》等一系列“黑名单”管理制度。

② 参见范伟：《行政黑名单制度的法律属性及其控制——基于行政过程论视角的分析》，载《政治与法律》2018年第9期。

等。通报批评、降低资质等级、限制开展生产经营活动、限制从业4项措施与行政“黑名单”措施中的子措施具有重合之处。2021年修订的《行政处罚法》放宽了地方性法规设定行政处罚方式的限度。该法第12条第3款规定,法律、行政法规对违法行为未作出行政处罚规定,地方性法规为实施法律、行政法规,可以补充设定行政处罚。但此种增设行为应当严格遵循听证、备案等法定程序。否则其设定不符合法律的明确规定。至于限制出境,则具有限制人身自由行政处罚的外观,亦是地方性法规无设定权限的范围。[①] 此种情形造成了地方立法实践中“在法律之外增加新的行政处罚”的违法状况的出现。在理论层面,学界一般倾向将行政“黑名单”措施定性为行政处罚,并进一步指出对其予以法律控制的必要性。从识别行政处罚的层面观察,王贵松教授一般以是否具有“制裁性”或“惩罚性”等特征为标准对行政行为进行甄别与研判。[②] 在行政“黑名单”措施包含的子措施中,通报批评、降低资质等级、限制开展生产经营活动、限制从业在本质上对行政相对人的权利义务造成了实质性影响,并且此种影响属于一种负担性的不利后果,具有明显的制裁性。由此可见,行政“黑名单”措施的行政处罚属性已较明晰。[③] 本次《行政处罚法》的修改能够为有关社会信用的地方性立法中设定行政“黑名单”措施提供上位法依据。但是,其具体实施则需要在行政法治的框架下予以进一步控制。

---

① 参见王太高:《论地方性法规行政处罚设定权的构造及适用》,载《江海学刊》2020年第2期。

② 参见王贵松:《论行政处罚的责任主义》,载《政治与法律》2020年第6期。

③ 参见胡建淼:《“黑名单”管理制度——行政机关实施“黑名单”是一种行政处罚》,载《人民法治》2017年第5期。

(三)以行政处理行为为表现形式的行政性失信惩戒措施

所谓行政处理的行政性失信惩戒是以行政相对人之具体信用状况作为构成要件要素或裁量因素,并在此基础上对行政相对人进行法律处理的不利负担。在限制资格权益类措施中,行政机关根据失信人的信用状况对其进行不同程度的限制。[①] 例如,在政府性资金安排等政策扶持方面,行政机关增设失信状况作为享受政策扶持的消极条件。《山东省社会信用条例》第30条规定,对纳入严重失信主体名单的信用主体限制参与由财政资金安排的基础设施建设和公共事业特许经营活动。[②] 又如,在行政许可中,行政机关在行政相对人信用评价之基础上,针对信用状况较差的行政相对人采取不适用告知承诺等简化程序的惩戒措施,还存在限制其参加政府组织的表彰奖励活动的行政处理行为。再如,在政府采购、公共资源配置、政府投资工程建设招标投标等活动中对信用状况不佳的行政相对人作相应限制。在上述限制资格权益类措施中,主要以行政处理的形式予以体现,并非以制裁性、惩戒性为特征的行政处罚的形式出现。

综上所述,行政性失信惩戒措施中的惩戒措施,不能一概而论地将其定性为行政处罚或者具有处罚性质的其他行为。根据

---

① 《厦门经济特区社会信用条例》第20条规定:"对失信的社会信用主体,公共信用信息提供单位应当在法定权限范围内采取下列惩戒措施:……(三)在政府采购、公共资源配置、政府投资工程建设招标投标等活动中作相应限制;(四)限制其享受财政资金补助、政策支持以及参与表彰奖励;……其他惩戒措施。"

② 《山东省社会信用条例》第30条规定:"对纳入严重失信主体名单的信用主体,有关部门和单位应当依照法律、行政法规和国家有关规定采取下列惩戒措施:……(四)限制参与由财政资金安排的基础设施建设和公共事业特许经营活动;(五)限制参加政府采购、政府投资项目招标投标以及国有土地招标、拍卖、挂牌等公共资源交易活动……其他惩戒措施。"

其对行政相对人权利义务的不同作用与影响,其既可以行政检查、行政指导等行政事实行为的形式出现,又可以具有制裁性、惩戒性特点的行政处罚行为的形式出现,还可能通过行政合同、行政许可、行政补贴等行政处理行为的形式出现。具体如表2所示。

表2 行政性失信惩戒措施的行政法属性

<table>
<tr><th>行政法属性</th><th>具体行政行为种类</th><th>特征</th></tr>
<tr><td rowspan="2">行政事实</td><td>行政检查</td><td rowspan="2">直接目的为
事实上的改变</td></tr>
<tr><td>行政指导</td></tr>
<tr><td>行政处罚</td><td>行政处罚</td><td>制裁性、惩戒性</td></tr>
<tr><td rowspan="3">行政处理</td><td>行政许可</td><td rowspan="3">权利义务的减损等
不利负担,但不具有
制裁性和惩戒性</td></tr>
<tr><td>行政补贴</td></tr>
<tr><td>行政合同</td></tr>
</table>

四、完善路径:行政性失信惩戒措施的法律控制

行政性失信惩戒措施具有多重行政法属性,不能简单将其认定为行政处罚。囿于此类措施已成为社会治理的重要手段,且适用范围、对象较广泛。因此,在地方制定社会信用法律规范的过程中,行政性失信惩戒措施应当在行政法治的框架内予以设定。

(一)对行政性失信惩戒措施的立法控制

从立法模式的层面观察,社会信用的地方立法属于典型的“地方立法先行,中央立法随后跟进”的创制性立法模式。尽管“地方先行”的立法模式能够推动中央立法并为其提供有益经验,但此种立法模式也因无明确的上位法依据而面临合法性危机,特别是在加重公民义务、减损公民权利的事项中,更是争议不断。在有关社会信用的地方立法中,大部分地方性法规都设定了

具有行政处罚性质的行政“黑名单”措施或诸多限制权利资格的措施，但根据《行政处罚法》之规定，仅有法律或经法律授权的行政法规方有权限进行设定。由此可见，缺乏明确上位法依据下的社会信用地方立法发展受到阻碍。

从修改《行政处罚法》的层面观察，通过修改《行政处罚法》中有关行政处罚类型及地方性法规设定行政处罚的权限，以此为地方性法规设定行政性失信惩戒措施提供法律依据。2020 年 6 月的《修订草案》中增加了行政处罚的种类，以及为地方性法规设定新类型提供了新路径。《修订草案》第 12 条第 3 款规定：“地方性法规为实施法律、行政法规，对法律、行政法规未规定的违法行为可以补充设定行政处罚。地方性法规拟补充设定行政处罚的，应当通过听证会、论证会等形式听取意见，并向制定机关作出说明。”就《修订草案》而言，此种修改不能为社会信用的地方立法设定新的行政处罚类型提供合法性依据。因此，推进中央层面的社会信用立法应该是破除合法性危机的最佳路径。

从推进中央立法的层面观察，全国人民代表大会及其常委会应当加快推进全国性社会信用立法的制定，并明确行政性失信惩戒措施的具体类型。根据《十三届全国人大常委会立法规划（共116 件）》的有关规定，社会信用立法被列入立法规划的第三类立法项目，[①]属于短期之内不会出台的法律。但亦有学者认为，中央层面的社会信用立法制定条件已经成熟，应当尽快开展立法工

---

① 参见《十三届全国人大常委会立法规划（共 116 件）》，载《中国人大》2018 年第 18 期。

作。① 随着我国社会信用体系建设的不断推进,包括信用信息采集、共享以及联合惩戒措施实践的不断丰富,社会信用立法已经具备了较成熟的条件。具体而言,中央层面的社会信用立法应当从信用信息的搜集、整理、共识、共享、惩戒、退出与救济等维度进行框架设定,而地方层面的立法在设定行政性失信惩戒措施时应当在中央立法的框架内进行,并严格遵循法律保留原则、比例原则等行政法治原则。同时,还应当通过立法论证、立法协商等公众参与形式,提高立法过程的民主性与科学性,避免因民主性不足而产生实施上的障碍。

(二)对行政性失信惩戒措施的程序控制

目前,行政性失信惩戒措施以地方性法规、地方政府规章及一般规范性文件为主要立法形式,主要对行政性失信惩戒措施的具体类型进行列举规定,鲜有有关程序制度之设计,这既不利于行政性失信惩戒措施的规范化与法治化实施,同时还存在因非理性适用而可能导致相对人的权利受到侵犯。因此,应当建立完善行政性失信惩戒措施的具体适用程序,具体而言,可从以下 3 个方面进行建构与完善:

1. 告知、听取陈述与申辩

在实践中,对行政相对人适用行政性惩戒措施,一般会进行相应的告知,但在告知程序后则没有其他的程序性规定。从权利保护的角度出发,基于对权利人享有充分的知情权与参与权的考量,应当在对行政相对人进行信用评级、实施惩戒措施时履行告

① 参见《王伟教授:社会信用立法条件已基本成熟》,载信用中国网 2019 年 4 月 28 日,https://www. creditchina. gov. cn/chengxinwenhua/chengxindajiatan/201904/t20190428_153929. html。

知义务，告知权利人并听取其陈述和申辩，在沟通交流后，所作决定才更具科学性与民主性。听取陈述和申辩应当限于因行政性失信惩戒措施造成实质性影响的行政相对人，如此一来，既保障了行政相对人的合法权益又兼顾了行政执法的效率，避免了浪费紧缺的执法资源。

2. 引入听证程序

《行政处罚法》规定了 3 种情形可以启动听证程序，分别是：责令停产停业、吊销许可证或执照、较大数额罚款。在作出这 3 种决定前，行政相对人有权要求听证。听证制度是对行政机关所作决定合法性、科学性以及民主性的有效把关。个案中的听证所要达到的是一种互惠互利的目标，听证程序可以作为参与者双方利益之间的协调、平衡的一种方法，以求双方利益达至最大化。行政性失信惩戒措施中的行政“黑名单”措施属于行政处罚，可以在实施过程中引入听证程序，作为参与方之间的沟通机制。最高人民法院指导性案例 6 号（2012 年）也确认了听证程序范围的扩展，在该案中认为没收数额较大的财物也应当启动听证程序。听证制度在行政机关作出行政决定的过程中能够发挥其有效的制约作用，主要听取利益各方的意见，在沟通交流中进行利益协调与平衡，是一种开放、有效的沟通交流机制。

3. 健全移出修复程序

移出修复程序对激励被实行行政性失信惩戒措施的信用主体遵纪守法有良好的促进作用。目前，对于行政性失信惩戒措施应当实行动态化管理，既有实施惩戒、限制的程序又应当设置信用修复程序。但有关移出与修复的规定过于原则化，鲜有管理办法对移出标准或修复标准进行规定，同时对于移出修复也较少采取列举式的规定，一般只确认该程序的存在，但是具体如何启动移出修复程序、哪些情形适用移出与修复以及确认移出后是否需要公告等问题都不明确。这就亟须对移出修复程序作出更详尽的规定以促进激励机制发挥作用,使失信主体自觉遵纪守法,进而不断促进社会信用体系的完善。

(三)对行政性失信惩戒措施联合性的控制

行政性失信惩戒措施是将失信状况嵌入各类行政事务之中,以此对失信的行政相对人进行惩戒,包括从业禁止、交易限制、不予给付、限制表彰或获奖等不利法律后果。然而,实行联合惩戒应当有其边界,并非所有的事项都能够进行联合惩戒。因此,在实施联合惩戒时应当严格遵守行政法上的不当联结禁止原则与比例原则,以此对其予以必要的控制与规范。

1.严格遵守不当联结禁止原则

不当联结禁止原则起源于大陆法系中的法治国原则与禁止恣意原则等,其核心要义主要在于规范公权力机关公权力的行使。不当联结禁止原则反对采取的行为措施与欲达到的目的之间不存在实质性的关联关系,以此避免行政公权力行使上的恣意与非理性。[①] 具体到行政性失信惩戒措施当中,则体现为具体惩戒措施与目的是否存在关联性。例如,难以在行政“黑名单”措施中的“从业限制”措施与促进诚信交通的目的之前发现合理的、实质性的关联。[②] 又如,难以判断“限制参加摇号”与提高个

---

① 参见周佳宥:《行政法基本原则》,台北,三民书局股份有限公司2016年版,第151页。

② 《江苏省机动车驾驶人文明交通信用管理办法(试行)》规定了具有较重或严重的交通失信记录的人可能会受到禁止报考、应聘公务员、工勤人员、事业单位工作人员的惩戒。

人信用之间是否存在合理性关联。[①] 事实上,现行的行政性失信惩戒措施在进行联合惩戒时存在不当关联的现象。有论者则认为,实施行政性失信联合惩戒的行政机关应当被允许在法定的裁量范围内,对行政相对人进行必要的限制和约束。但法定裁量应当建立在合理的基础上,行政机关应当自我证成实施裁量的合理性与必要性。但笔者认为,联合惩戒的惩戒性较深远,应当严格遵守不当联结禁止原则,行政机关不得假借行政裁量之名,行侵犯公民基本权利之实。因此,实施联合惩戒应当具备实质的关联性,否则应当予以禁止。

2. 严格遵守比例原则

行政性失信惩戒措施进行联合惩戒应当接受比例原则的合理审查。比例原则作为公法领域的常用原则,是对限制基本权利的国家权力的限制。具体而言,应当从以下两个方面进行审查:(1)联合惩戒之对象限制。对象范围的限定对于实施联合惩戒具有重要意义。联合惩戒是否能够适用于所有的失信人?根据"手段"和"目的"之间的合比例性,联合惩戒应当仅适用于严重失信者,对于一般失信者不应实行联合惩戒方才合乎比例。根据信用评级结果,一般会将失信人划分为两类,分别是严重失信者与一般失信者。其中,一般失信者再次实施失信行为的可能性较小,若对其进行联合惩戒这一影响较大的措施,显然有失合理性的。(2)联合惩戒之期限限制。就目前而言,大部分社会信用的地方立法将联合惩戒的期限规定为 5 年,5 年以上的信用信息不

---

① 参见《北京市行政机关归集和使用公共信用信息管理办法(草案送审稿)》,其第 27 条列举的 12 项失信惩戒措施中,就包括限制失信主体参加小客车摇号登记等。

再作为信用评级及联合惩戒的依据。[①] 此种做法亦属于一种反向的激励措施，倘若联合惩戒不设置期限限制，严重失信者的信用状况则难以得到自我改善。5 年的有效年限既能防止联合惩戒过度限制公民的基本权利，又能对严重失信者予以惩戒，是一个较妥当的期限。

结　语

失信联合惩戒措施是我国社会信用体系建设的关键，而行政性惩戒措施作为失信联合惩戒的重要组成部分被广泛运用于社会治理中，能够有效弥补传统事后监管、处罚的不足。为推进社会信用体系建设与社会信用立法的发展与完善，从保护公民基本权利的角度予以考量，应当在促进行政性失信惩戒措施的有效性与防止其过度扩张而面临合宪性与合法性问题之间进行平衡与协调。为此，应当加快推进中央层面的社会信用立法，将行政性失信惩戒措施置于法治框架内，以此促进其法治化、规范化运行。同时，中央层面的社会信用立法出台，能够为各地方人民代表大会及其常委会制定社会信用地方性法规提供直接的上位法依据，有效防止地方立法规范面临合法性问题。但也应当对推进中央层面立法是否具备成熟的条件与环境进行考量，方可最大限度地发挥立法的引领与规范作用。

---

① 《上海市社会信用条例》第 35 条规定："向市公共信用信息服务中心、信用服务机构等申请查询信息主体失信信息的期限为五年，法律、法规和国家另有规定的除外。"《辽宁省公共信用信息管理办法》第 20 条规定："失信信息的保存和披露期限一般为 5 年，自失信行为或者事件终止之日起计算，但依法被判处剥夺人身自由的刑罚的，自该刑罚执行完毕之日起计算。"

失信联合惩戒的实践检视和理性构建

——以国家部委局38份联合惩戒备忘录为研究对象

石　珍[*]　邱　瑾[**]

内容摘要　从国家发展改革委牵头、各部委局联合签署的38份联合惩戒备忘录来看，

---

* 湖南邵阳人，西南政法大学宪法学与行政法学硕士，现任中共深圳市纪律检查委员会办公厅四级主任科员，曾在《中国市场监管研究》《行政法学研究》《法律适用》《人民司法》《天津行政学院学报》《岭南学刊》等刊物上发表论文若干，曾在“全国法院系统学术讨论会”、“中国法学家论坛”、“执法公信力论坛”、“青年法学论坛”、“京津沪渝法治论坛”、“泛珠三角合作与发展法治论坛”、审判管理专业委员会年会、全国副省级城市法学会年会、行政审判专业委员会年会、中国案例法学研究会年会、国家赔偿审判委员会年会、“十三五”市场监管改革与创新主题征文等比赛中获得50余个省部级及其以上奖励。

** 湖北武汉人，现任深圳市光明市场监督管理局三级主办。

当前失信联合惩戒存在几大问题：一是在谁来惩戒方面国家统筹不够，各部委签署的备忘录数量不同，各备忘录签署单位的数量差异也非常大；二是在惩戒什么方面各部委各自为政，不少部委基于加强自身领域法律实施的目的，不仅将联合惩戒与一般的失信行为进行了联结，更是将制裁手段加之于更广泛的个人，甚至呈现过度滥用惩戒权的嫌疑或倾向；三是依据哪方面的规范，呈现已有立法法律位阶过低的现实困境，这种困境与信用惩戒的严苛性格格不入；四是在怎么惩戒方面混乱无序，各单位的惩戒措施不仅随意性态度较明显，手段适当性亟须检视，而且裁量的公正性也需要制约。接下来，必须对失信联合惩戒进行严格审视，从自上而下的协同性、因事制宜的类型化、行政制裁的谦抑论、正当联结的约束力、诉诸救济的可得性5个方面进行科学制约，防止这种行为成为一种新的侵犯相对人自由、不当损害相对人权利的异化手段。

关键词　国家治理；失信联合惩戒；合作备忘录；社会信用体系；权利保障

自党的十八大以来，我国社会信用体系建设走上了高速突进、蓬勃发展的轨道，全国各地各部门都在各自地域、各自领域，甚至跨地域跨领域，探索创建出了极为丰富且确有裨益的制度经验与实践经验。就以信用体系之核心环节的失信惩戒为例，发布“黑名单”、实施联合惩戒、进行社会联防似乎成为一试便灵的妙药。无论是政府部门，还是社会组织，抑或是私人企业，都在纷纷“抢滩”实施，尤以法院系统发布的失信被执行人名单效用最明显。本文将以国家部委局联合签订的38份联合惩戒合作备忘录为对象，在法律层面对之进行检视与分析，希望能够对未来完善信用惩戒制度有所助益。

一、基本样态：联合惩戒合作备忘录的文本梳理

（一）为什么选择联合惩戒合作备忘录

随着简政放权、“放管服”改革进入后半期，作为行政审批手段不断压缩后的替代性规制工具，失信联合惩戒受到了超乎异常的关注。在短短的5年时间内，各种政策制度连续出台并实施，但一些制度规范缺乏统一协调，尤其是在惩戒举措具体落地上缺乏细致规定，影响了制度效果的实现。有以“黑名单”制度之名加以规范，如原食品药品监督管理总局、原文化部、原工商行政管理总局、体育总局、人力资源和社会保障部都在各自领域出台了相关“黑名单”管理办法，但其重点在纳入“黑名单”的范围上，大部分文件都仅粗略地提及“将……黑名单的经营主体或从业人员通报有关部门，实施联合惩戒”，难以形成对其他部门的具体约束，不适合作为文本分析的对象。也有以信用综合类管理文件加以规定的，比如，有些省市出台了诸如社会信用、公共信用信息管理办法（条例）等制度，但其主要是对信用信息的归集、披露、查询、使用、法律责任等进行整体性规范，在如何使用、如何惩戒上规定得不够细致，即便个别联合惩戒暂行办法类的文件对惩戒措施进行了规定，但诸如实施惩戒的责任单位、法律依据的指引等仍不够具体，且类似文件绝大部分是各省各地在各个时期因地制宜探索制订的，横向比较的维度也会有时空条件的限制，故同样不是实证分析的最佳样本。而联合惩戒合作备忘录是各部委自上主动联合签署的、在全国层面均有影响力的制度文本，不仅对联合惩戒的具体措施、实施部门、事实依据等进行了细致描述，且大部分备忘录密集地签署于2017年、2018年，单个备忘录签署部门数量最多达到了72家，能够充分代表在失信惩戒上各

部委的态度。[①] 故本文选择以38份联合惩戒合作备忘录作为研究对象,希望能够管中窥豹、有所发现。

(二)怎么分析联合惩戒合作备忘录

根据国家公共信用信息中心披露的数据,截至2020年1月1日,国家部委局层面共签署了联合奖惩合作备忘录51份。经过初步梳理,除去仅包含联合激励内容以及惩戒内容过于简单的备忘录,内容较全面的联合惩戒合作备忘录共38份(详见表1),涉及各类联合惩戒措施100多大项。由于个别惩戒措施的句式较多、内容庞杂、难以一言定性,且个别差异化表述使其定性也发生了改变,为了便于进行类型化分析,本文在尽量求同去异的原则下对相关举措进行了拆分。比如,“获得政策支持限制”这一大项中,个别备忘录的描述为“在审批投资、进出口、科技等政策支持的申请时,将严重失信企业作为其享受该政策的审慎性参考;与严重失信企业相关的科技项目暂停审批”。其中,“……审慎性参考”留有裁量空间,而“……暂停审批”并无裁量空间,二者性质并不相同,故本文将其进行了拆分,分为了“……审慎性参考”与“……暂停审批”两个部分加以研究。但诸如“招录(聘)为公务员或事业单位工作人员时,依法予以限制”这种完全并列式表述,故没有将之拆分至最小为“公务员”和“事业单位工作人员”两个部分。经过细致分拆,纳入本文分析对象的惩戒措施一

① 需要注意的是,有关政府采购、知识产权、社会保险、科研、会计、文化市场、旅游、医疗秩序8份备忘录签订于2018年党和国家机构改革之后,签署单位有变化、有新增,比如,原国家工商行政管理总局、原国家质量监督检验检疫总局、原国家食品药品监督管理总局等合并为国家市场监督管理总局,但为了便于统计分析,以“工商/市场监管总局”来统称,不算一个新的签署部门;但医疗保障局属于新成立单位,依然纳入了签署单位统计。

共307个小项。

表1 38个联合惩戒备忘录名称统计

文件名称	文件简称
《对文化市场领域严重违法失信市场主体及有关人员开展联合惩戒的合作备忘录》	文化备忘录
《对统计领域严重失信企业及其有关人员开展联合惩戒的合作备忘录(修订版)》	统计备忘录
《对会计领域违法失信相关责任主体实施联合惩戒的合作备忘录》	会议备忘录
《对政府采购领域严重违法失信主体开展联合惩戒的合作备忘录》	采购备忘录
《对知识产权(专利)领域严重失信主体开展联合惩戒的合作备忘录》	产权备忘录
《对社会保险领域严重失信企业及其有关人员实施联合惩戒的合作备忘录》	社保备忘录
《对科研领域相关失信责任主体实施联合惩戒的合作备忘录》	科研备忘录
《对严重危害正常医疗秩序的失信行为责任人实施联合惩戒合作备忘录》	医疗备忘录
《对旅游领域严重失信相关责任主体实施联合惩戒的合作备忘录》	旅游备忘录
《对公共资源交易领域严重失信主体开展联合惩戒的备忘录》	资源备忘录
《对家政服务领域相关失信责任主体实施联合惩戒的合作备忘录》	家政备忘录
《对婚姻登记严重失信当事人开展联合惩戒的合作备忘录》	婚姻备忘录
《对慈善捐赠领域相关主体实施守信联合激励和失信联合惩戒的合作备忘录》	慈善备忘录

续表

文件名称	文件简称
《对出入境检验检疫企业实施守信联合激励和失信联合惩戒的合作备忘录》	检疫备忘录
《对严重拖欠农民工工资用人单位及其有关人员开展联合惩戒的合作备忘录》	欠资备忘录
《对国内贸易流通领域严重违法失信主体开展联合惩戒的合作备忘录》	贸易备忘录
《对对外经济合作领域严重失信主体开展联合惩戒的合作备忘录》	经合备忘录
《对保险领域违法失信相关责任主体实施联合惩戒的合作备忘录》	物流备忘录
《对运输物流行业严重违法失信市场主体及其有关人员实施联合惩戒的合作备忘录》	保险备忘录
《对石油天然气行业严重违法失信主体实施联合惩戒的合作备忘录》	石油备忘录
《对房地产领域相关失信责任主体实施联合惩戒的合作备忘录》	房产备忘录
《对盐行业生产经营严重失信者开展联合惩戒的合作备忘录》	盐备忘录
《对电力行业严重违法失信市场主体及其有关人员实施联合惩戒的合作备忘录》	电力备忘录
《对电子认证服务行业实施守信联合激励和失信联合惩戒的合作备忘录》	电子备忘录
《对海关失信企业实施联合惩戒的合作备忘录》	海关备忘录
《对涉金融严重失信人实施联合惩戒的合作备忘录》	金融备忘录
《对农资领域严重失信生产经营单位及其有关人员开展联合惩戒的合作备忘录》	农资备忘录

续表

文件名称	文件简称
《对严重违法失信超限超载运输车辆相关责任主体实施联合惩戒的合作备忘录》	运输备忘录
《对重大税收违法案件当事人实施联合惩戒措施的合作备忘录(2016版)》	税收备忘录
《对财政性资金管理使用领域相关失信责任主体实施联合惩戒的合作备忘录》	财政备忘录
《对电子商务及分享经济领域炒信行为相关失信主体实施联合惩戒的行动计划》	电商备忘录
《对严重质量违法失信行为当事人实施联合惩戒的合作备忘录》	质量备忘录
《失信企业协同监管和联合惩戒合作备忘录》	失信备忘录
《对食品药品生产经营严重失信者开展联合惩戒的合作备忘录》	食药备忘录
《对环境保护领域失信生产经营单位及其有关人员开展联合惩戒的合作备忘录》	环保备忘录
《对安全生产领域失信生产经营单位及其有关人员开展联合惩戒的合作备忘录》	安全备忘录
《对失信被执行人实施联合惩戒的合作备忘录》	执行备忘录
《对违法失信上市公司相关责任主体实施联合惩戒的合作备忘录》	上市备忘录

(三)联合惩戒合作备忘录的大致素描

从备忘录签署时间来看,有关上市公司、失信企业这2个备忘录签订于2015年,有关被执行人、质量、电子商务、财政性资金、重大税收、环境保护、食品药品领域的7个备忘录签订于

2016年，有关对外经济、盐行业、拖欠工资、国内贸易、安全生产、农资、金融、海关、电子认证、电力、房地产、石油天然气、运输物流、保险领域的14个备忘录签订于2017年，有关出入境、统计、慈善捐赠、婚姻登记、交通运输、公共资源、家政、政府采购、知识产权、社会保险、科研、会计、文化市场、旅游、医疗秩序领域的15个备忘录签订于2018年。具体分布如图1所示。

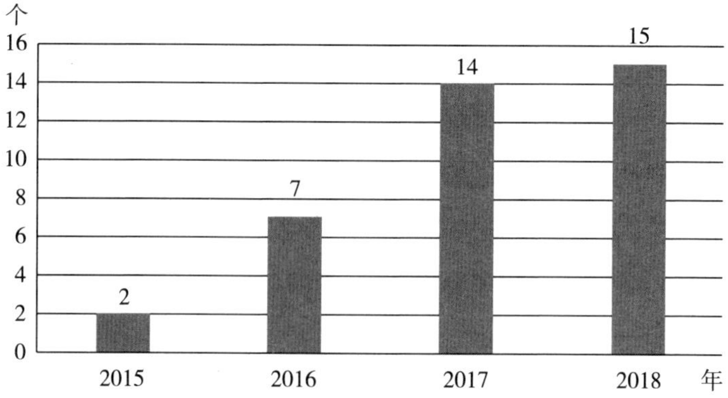

图1 联合惩戒备忘录签署时间分布

从备忘录签署单位来看，具体单位统计情况如表2所示。签署单位在40~50个的备忘录有2个，签署单位在30~39个的备忘录有12个，签署单位在20~29个的备忘录有17个，签署单位小于20个的备忘录有7个。从签署备忘录个数的单位来看，签署备忘录个数超过30个的单位有12个，签署备忘录在20~29个的单位有11个，签署备忘录11~19个的单位有18个，签署备忘录个数不到10个的单位有12个。

表 2　各领域联合惩戒备忘录签署单位统计

领域	签署单位个数	领域	签署单位个数	领域	签署单位个数	领域	签署单位个数	领域	签署单位个数
失信被执行人	44	知识产权	33	家政	28	盐行业	26	运输物流	19
科研	40	环境保护	31	质量	27	医疗秩序	26	安全生产	17
出入境	39	国内贸易	30	财政性资金	27	统计	24	电子认证	17
慈善捐赠	39	房地产	30	对外经济	27	公共资源	24	电力	16
失信企业	36	保险	30	拖欠工资	27	旅游	24	文化市场	16
交通运输	35	婚姻登记	30	政府采购	27	上市公司	21	电子商务	8
重大税收	34	农资领域	29	社会保险	27	石油天然气	20	—	—
海关	33	会计领域	28	食品药品	26	涉金融	19	—	—

从联合惩戒措施的性质来看，绝大部分举措是行政性惩戒，具体如图2所示，行政性惩戒一共有256项，占比83%，比4/5还多。这一点也和备忘录的签署单位紧密相关，毕竟签署单位主要是各部委局。诸如中华全国总工会、中国铁路总公司等部门非常少，它们也不是备忘录签署的牵头单位，更多的是扮演配合的角色。市场性惩戒措施有23项，占比为8%，主要集中在电子商务领域的联合惩戒备忘录中，其他备忘录基本没有涉及。司法性惩戒措施有10项，占比为3%，主要是最高人民法院牵头的失信被执行人备忘录，其个别内容在其他备忘录也有所体现。至于行业性惩戒、社会性惩戒几乎可以忽略不计，且都是倡导性的表述，并无约束力。

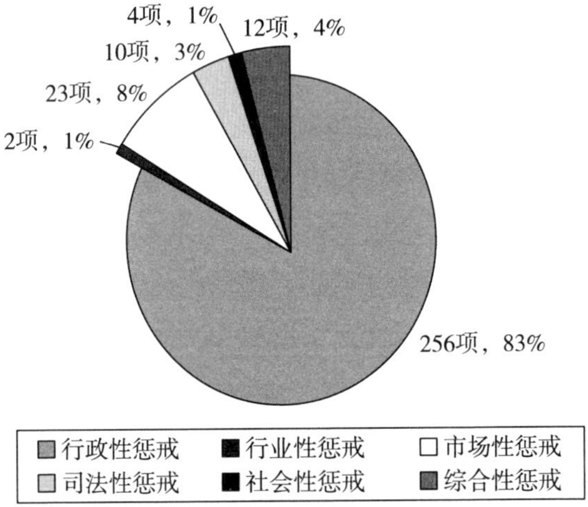

图2　联合惩戒措施类型化分析

从联合惩戒措施的影响力来看，具体如图3所示，在307项惩戒措施中有多达215项必然会给被惩戒主体带来某种不利益，占比超过了2/3，这种不利益可能是行为的限制和禁止、权利的减损、资格的剥夺、利益的不授予、政策的不享受、优惠的不给予以及资格利益优惠的撤销等;其他 92 项举措仅可能会给被惩戒主体带来某种不利益,大部分以从严审核/审查、重点监管、信用监管、约谈、公示、给予关注/重点关注、作为审慎性参考/重要参考/参考等形式表现。

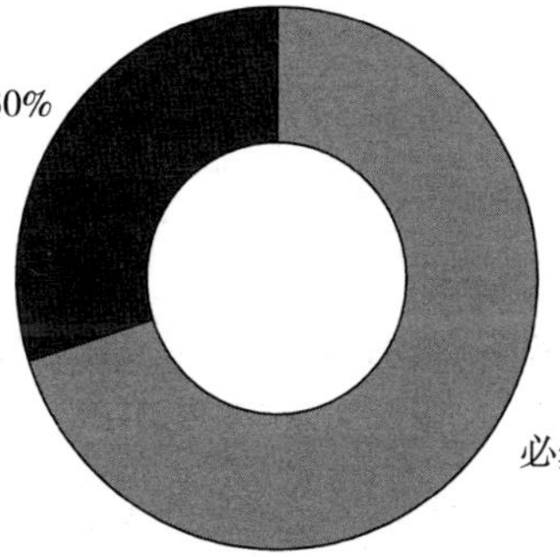

图 3　联合惩戒措施后果分析

二、实践状况:联合惩戒合作备忘录的现状检视

(一)谁来惩戒:统筹不够

作为社会信用体系建设的主要负责部门,国家发展改革委这几年不遗余力地在推进和落实国有信用体系建设的决策部署,尤其是联合奖惩方面,在 2016～2018 年牵头密集地签署了 50 余份备忘录。没有奖惩落地,其他的信用信息归集、公示、评价可能都只能停留在纸面上,信用制度就发挥不了社会联防的应有作用。可以说,备忘录的签订为"打通社会信用体系最后一公里"奠定了坚实基础。但是,将 38 份联合惩戒备忘录作为一个整体去观察,就不由得产生一个疑问,即为什么某单位签署了 A 备忘录,却不签署 B 备忘录?签与不签的界限与标准在哪?各部委联合惩戒备忘录的签署情况如表 3 所示,从数据上看,除国家发展改革委作为牵头单位签署了全部备忘录外,各部委签署的备忘录数

量都不同,最多的中国人民银行签署了37个备忘录,最少的审计署、社科院等9个单位只签署了1个备忘录;各备忘录签署单位的数量差异也非常大,有44个单位签署了关于失信被执行人的备忘录,但电子商务领域的备忘录却只有8个单位签署。这在一定程度上说明了统筹协调工作还不够全面,在应不应签、要不要签等问题上立法没有明确要求,造成了某些领域的违法失信行为被纳入了联合惩戒范围,但某些领域的违法失信行为却游离在联合惩戒范围之外。

表3 各部委联合惩戒备忘录签署情况统计

签订单位	签订次数/次	签订单位	签订次数/次	签订单位	签订次数/次	签订单位	签订次数/次
国家发展改革委	38	全国总工会	23	广播电视总局	12	国家邮政局	3
中国人民银行	37	共青团中央	22	农业农村部	11	国家国际发展合作署	3
原银监会	37	中国铁路总公司	22	文化和旅游局	11	外交部	2
证监会	37	住房和城乡建设部	21	国家公务员局	11	中央统战部	2
国家税务总局	35	最高人民法院	20	全国工商业联合会	9	中国消费者协会	2
工商/市场监管总局	35	中央组织部	19	原文化部	7	国家机关事务管理局	2

续表

签订单位	签订次数/次	签订单位	签订次数/次	签订单位	签订次数/次	签订单位	签订次数/次
财政部	33	全国妇联	19	林业局	7	国务院扶贫办	2
商务部	31	科学技术部	18	司法部	6	中国科学技术协会	2
中央文明办	31	生态环境保护部	18	最高人民检察院	6	医保局	2
国土资源部/自然资源部	31	外汇局	18	教育部	5	安全部	1
国资委	30	民航局	18	民政部	5	供销合作总社	1
海关总署	30	中宣部	16	知识产权局	5	体育总局	1
工业和信息化部	28	公安部	16	统计局	4	军委装备发展部	1
人力资源和社会保障局	28	水利部	16	国家能源局	4	审计署	1
质检总局	28	安全/应急监管总局	16	贸促会	4	军委科学技术委员会	1
中央网信办	27	卫计/健委	14	原法制办	3	中科院	1
交通运输部	26	食品药品监管总局	14	海洋局	3	社科院	1
原保监会	23	中央编办	13	文物局	3	中医药局	1

(二)惩戒什么:为政不一

联合惩戒是以信用信息的收集、处理与传播为基础,在终端对违反信用者实施惩罚的核心手段,对社会成员和组织的惩戒力度与约束权威是不言而喻的。它本身也具有路径依赖的自我强化性质,如果缺乏强大的法权体系和行政体系为依托,其造成的结果异化也会产生灾难性的后果。而首当其冲的便是惩戒对象的问题,即什么样的主体实施了什么样的行为,才会被纳入联合惩戒的范围。但从备忘录的文本来看,不少部委基于加强自身领域法律实施的目的,各自设定惩戒对象的范围。

一是从惩戒行为对象来看,家政等 13 个备忘录将对象范围的失信程度限定为“严重失信”,海关等 5 个备忘录将之限定为“失信”,社保备忘录将之限定为“严重失信失范”,财政备忘录将之限定为“失信失范”,采购等 11 个备忘录将之限定为“严重违法失信”,上市、欠资 2 个备忘录将之限定为“违法失信”,电商备忘录将之限定为“违法违规”,税收备忘录将之限定为“重大违法”,资源备忘录限定了违法情形并将之限定为“被依法实施行政处罚”,医疗备忘录限定了处罚种类与处罚机关,至于失信备忘录则将“吊销营业执照、列入经营异常名录或严重违法失信企业名单”纳入了惩戒行为对象的范畴。

二是从惩戒对象及于个人的情况来看,仅食药等 11 个备忘录区分了违法失信主体是个人还是企业或其他组织,明确惩戒对象及于“自然人本人”。家政等 23 个备忘录明确惩戒对象及于“企业法定代表人”,家政等 15 个备忘录明确惩戒对象及于“企业主要/相关负责人”,电力、失信备忘录明确惩戒对象及于“企业自然人股东”,上市、金融、知产、海关备忘录明确惩戒对象及于“企业控股股东、实际控制人、持股 5% 以上的股东、董监事等责任人员”，还有16个备忘录明确惩戒对象及于其他难以归类的个人。

由上观之，对于什么行为需要惩戒、什么主体承担责任，各部委并未形成一致意见。不少单位为了更大范围地实施惩戒措施，更大力度地确保本部门本领域的法律义务得到遵守，更大效果地解决违法违规行为屡禁不止等问题，不仅将联合惩戒与一般的失信行为进行了联结，并将制裁手段加之于更广泛的个人。不同领域性质相似的违法行为，就因为所处领域行政主体签署备忘录的不同，是否得到联合惩戒的结论就相异。这种不一致放在更大层面的平等体系中加以考察，无疑是人为地增加不平等结果的实质因素。

（三）依据在哪：规范不足

信用机制通过对既定事实的失信行为及责任人进行严厉的惩戒，在市场和社会上起到了一定的警示和威慑作用，改变了人们的机会主义行为，从而形成良好预期，主动将失信行为消灭在萌芽之中。[①] 作为一种警示和威慑手段，信用惩戒同样需要法律规范的约束，不能任性妄为。这也是联合惩戒备忘录将惩戒对象、实施主体、实施内容、实施依据一一列明的原因。但是，尽管每一项惩戒措施都对应了有关的规范依据，但仔细分析，某些惩戒手段的规范依据存在严重不足。据统计（见图4），在307项惩戒措施中，有105项举措援引的依据只有规范性文件，其中60项举措援引的依据只有国发〔2014〕21号、国发〔2014〕20号与国发

---

① 参见陈文玲：《透视中国：中国社会信用体系与文化报告》，中国经济出版社2016年版，第33页。

〔2016〕33 号这 3 份文件。[①] 但众所周知,这 3 份文件仅是国务院印发实施的有关信用体系建设的纲领性文件,本身并未对"如何惩戒、惩戒什么"作出细致规定。仅仅以这 3 份文作为实施依据,确实不够充分。以统计备忘录中"依法限制申请设立保安服务公司"为例,该项举措是对公司设立的一种限制。虽然举措中有"依法限制"的表述,但依据哪部法律却未列明,缺乏清晰的法律依据指引,也造成了其可能背离行政许可法要求的印象。再以发行企业债券为例,《企业债券管理条例》已经明确了申请发行企业债券的条件,但文化备忘录却以发改财金〔2013〕920 号[②]、国发〔2014〕20 号、国发〔2016〕33 号、发改办财金〔2013〕957 号[③]这 4 份规范性文件为依据,要求"对申请发行企业债券不予受理",并且该 4 份文件并未对发行企业债券作出禁止性要求,这说明惩戒手段援引依据存在疏漏或不足。

---

① 参见国务院《关于印发社会信用体系建设规划纲要(2014—2020 年)的通知》(国发〔2014〕21 号)、《关于促进市场公平竞争维护市场正常秩序的若干意见》(国发〔2014〕20 号)、《关于建立完善守信联合激励和失信联合惩戒制度加快推进社会诚信建设的指导意见》(国发〔2016〕33 号)。

② 参见关于印发国家发展改革委、中国人民银行、中央编办《关于在行政管理事项中使用信用记录和信用报告的若干意见的通知》(发改财金〔2013〕920 号)。

③ 参见国家发展改革委办公厅《关于进一步改进企业债券发行审核工作的通知》(发改办财金〔2013〕957 号)。

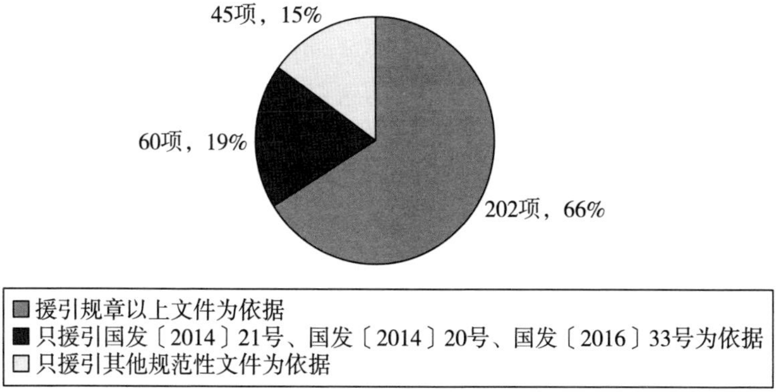

图4　联合惩戒措施援引规范统计

(四)怎么惩戒:杂乱无序

失信惩戒机制的作用就是综合利用各种惩戒手段和方式,打击市场上的失信组织及相关行为责任人,维护市场秩序,提高失信成本。[①] 失信惩戒机制是我国现代社会信用体系的核心和关键环节,而如何惩戒、在什么程度内实施惩戒就是失信惩戒机制的核心与关键。但是,对 38 个失信惩戒备忘录进行体系性的细致分析,可以发现,目前的失信惩戒处于杂乱无序的状态。

一是随意性态度较明显。作为一种格外严格的规制手段,规制主体在使用联合惩戒手段进行规制时,不能随意进行,从而维护政府公共信用,体现政府的公信力和合理性,防止政府不合理干预,警惕出现“政府信用悖论”。按照禁止随意的基本要求,同一个惩戒实施单位自己实施基本相同的惩戒措施应该是一以贯

① 参见陈文玲:《透视中国:中国社会信用体系与文化报告》,中国经济出版社 2016 年版,第 32 页。

之的,但在备忘录中却呈现了多种样态。以资金支持方面实施惩戒措施为例(具体可参见表4),就有"依法限制、从严审核、不予受理、重要参考、依法限制暂停、参考、加强管理、予以限制"8种惩戒类型,并且惩戒措施还有不同组合,比如,有"限制发行公司债券、限制发行企业债券",有"限制发行公司债券、从严审核企业债券",有"从严审核公司债券、从严审核企业债券"等,很少有表述完全一致的惩戒措施。同为国家发展改革委、证监会实施的惩戒手段,在时间跨度非常短的38个备忘录中就存在这么多种不同表达,有失严谨性与规范性。"依法限制"与"从严审核"怎么区分,"参考"与"重要参考"的界限在哪,为什么有的是"直接不予受理",有些却只是"加强管理",这种疑问不仅会萦绕于普通公众与企事业单位心中,更会让具体的下级实施单位无所适从,最终影响惩戒措施的落地。

表4　债券发行方面惩戒措施的具体表述

依法限制公开发行公司债券、企业债券	将违法失信信息作为审核或注册公司信用类债券的重要参考
在申请发行企业债券、公司债券时,将其列入"从严审核"类	对失信主体注册银行间非金融债务融资工具加强管理,并按照注册发行有关工作要求,强化信息披露,加强投资人保护机制,防范有关风险
对申请发行企业债券不予受理	限制注册非金融企业债务融资工具
作为申请发行企业债券及公司债券,在银行间市场发行债券的重要参考	作为公开发行其他公司信用类债券核准或注册的参考

续表

依法限制、暂停企业债券、公司债券	将失信信息作为公开发行公司信用类债券核准或注册的参考,依法从严审核
依法将失信责任主体的违法失信记录作为公司债券核准或备案的参考	—

二是手段适当性亟须检视。以列入经营异常名录为例,这种状态并非严重违法的制裁状态。2013 年之前,公司不按照规定接受年度检验的,将被处以行政处罚。但自 2013 年 3 月 1 日《深圳经济特区商事登记若干规定》实施之后,深圳率先将年检制度改为年报制度,同时也调整了相应的制裁手段。未按照规定年报的,不再通过行政处罚手段予以规制,而是通过信息公示的方式予以制约。也就是说,最早实施的经营异常名录制度是将相关违法行为视为轻微违法行为,交由市场而非行政处罚来自主调节解决的。但在失信备忘录中,原国家行政管理总局却联合其他部委对该种行为实施比行政处罚更严厉的惩戒措施,确实有滥用联合惩戒权的嫌疑。

三是裁量公正性需要制约。就联合惩戒备忘录而言,目前大部分惩戒举措都采取了具有建议性而非强制性的措辞。具体表述分析可参见图 5,在 307 项举措中,有 105 项采取的是诸如"重要参考""审慎性参考""参考""从严掌握""重点关注""予以关注""加强管理""引导""查询""关注""鼓励""从严审查""加强自律""予以公示""约谈""标注风险""行业监管"等裁量空间较大的建议性表述,有 109 项采取的是诸如"予以限制""依法限制"等裁量空间较小的表述,只有 93 项采取了"暂停/停止""撤销/取消""禁止""不得/不予/不能""停止执行""阻止""从严从重”“辞退”“扣减”“降低/”等明显带有强制性要求的措辞。这在一定程度上符合合法行政原则的要求，即不得随意减损、剥夺公民或法人和其他组织的权利，不得随意干预、限制公民或法人和其他组织的行为。但留有的裁量空间仍然需要受到严格制约，否则可能因为界限不清、要求不具体，反而增加了“寻租”空间。

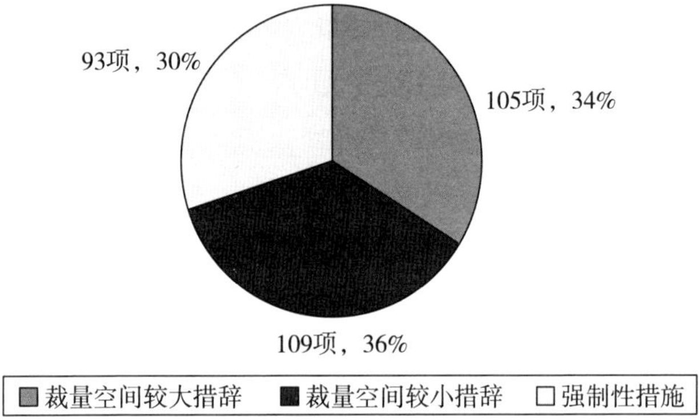

图 5 联合惩戒措施措辞强烈程度分析

三、体系构建：失信联合惩戒的理想出路

法律是维护社会秩序的刚性手段，不仅在制定法律过程中存在立法成本，而且在执行过程中存在执法成本。[①] 据统计，在推进商事登记制度改革之后，2018 年全国市场主体实有量已经达到了 11，020 万户。如何对“放管服”改革之后海量新增的商事主体进行有效的执法监管，已经成为政府部门不得不研究的问题。特别是行政审批制度近年来发生改革性变化之后，传统审批手段已经无法在事前对商事主体的市场准入资格进行筛选、约束、管理。此时，社会信用体系建设作为创新行政管理和服务方式的一

---

① 参见刘肖原等：《我国社会信用体系建设问题研究》，知识产权出版社 2016 年版，第 31 页。

种规制手段开始登上历史舞台。借鉴发轫于金融领域征信服务在客观上起到的惩戒失信的效用,社会信用体系基于政府监管和社会监督的视角,以信用信息的收集、处理与传播为基础,以对违法失信者实施联合惩戒为手段,对信用主体的信用价值进行衡量、评价与规制。可以说,政府制定公共政策和行政法律制度,以此为依据干预和纠正违约失信行为,这是一种成本相对较低的纠偏机制,对于目前处于社会主义市场经济初级阶段和经济社会全面转型期的我国来说显得尤为重要。① 其中,失信联合惩戒制度是能否有效打击违法失信行为的核心与关键。失信联合惩戒通过采集和公示企业和个人的失信违法记录,将失信者与授信人之间的矛盾激化到形成失信者与全社会的矛盾的程度,从而协调和组织政府部门、公共事业单位、授信单位、商户和雇主共同参加社会联防,对失信违法者进行实质性打击。但正因如此,就必须反过来对之进行严格审视与科学制约,防止这种行为成为一种新的过度侵犯行政相对人自由、不当损害行政相对人权利的异化手段。

(一)自上而下的协同性

当前,我国社会信用体系建设蓬勃发展于党的十八届三中全会之后,尤其是在国发〔2014〕21 号、国发〔2014〕20 号与国发〔2016〕33 号文印发之后,才迅速发展成一种显性的国家治理手段。但也应看到,在此之前部分省市已经自发性地探索利用信用手段进行科学治理。比如,上海市在 2003 年和 2005 年就分别出台了《个人信用征信管理试行办法》《企业信用征信管理试行办

① 参见陈文玲:《透视中国:中国社会信用体系与文化报告》,中国经济出版社 2016 年版,第 30 页。

法》。且在2014年之后,各省各地如火如荼地出台、实施的相关政策已经为失信联合惩戒制度的形成积淀了丰富的经验,比如,湖北、上海、河北、浙江、深圳、北京等地相继出台了地方性信用法规。此时,为了防止政出多门、政出多层,以及防止部门利益、地方利益在失信联合惩戒过程中的过度表达,在国家层面必须对实践经验进行提炼,对失信联合惩戒的惩戒对象、实施主体、实施举措、实施依据、实施程序、法律责任、救济渠道等进行更细致的统一与规范。否则,失信惩戒可能异化为一种推进政府管理的工具,异化为一种减损甚至剥夺行政相对人权利的手段。这种统一与规范体现在两个方面:一是需要更高层级的制度规范来创设部分惩戒手段,尤其是属于行政处罚法之"其他行政处罚"情况的制裁手段,更需要以法律或者行政法规作为创设依据;二是需要更高层级的部门对实施联合惩戒的主体进行整合,尤其是在2018年党和国家机构改革之后,相关部委的职能已经发生了改变,甚至还组建了新的部门,更需要及时对联合惩戒备忘录进行再完善和再修改。比如,之前的联合惩戒备忘录怎么实施?新组建的部门如何参与联合惩戒?此时就需要国家发改委结合之前取得的成功经验,对50余个联合奖惩备忘录进行再梳理、再完善、再修订,在统一性、体系性、协同性上下功夫,有效克服既有备忘录的问题,减少各种表述随意任性等不一致问题,给各省各市各部门更清晰的指引,给社会主体更明确的预测。否则,各地各部门步调不一,必然招致社会质疑,进而影响制度权威。

(二)因事制宜的类型化

失信联合惩戒之内在机理实际上就是在严厉惩戒失信行为的同时,通过其失信记录(信用报告)在全社会进行广泛传播,扩大失信的成本,使失信行为在一次交易中的失信行为(一方对一方或者一方对多方)扩大为对全社会的失信行为。[①] 较之一般的行政处罚,其后果之严厉性更苛刻,其制裁之长期性更深刻。尤其是当前的联合惩戒措施无序的状态下,社会公众对其中隐约可见的权力滥用也产生了极大的担忧,诸多学者更是从行政法原理的角度提出了反思与批评。因此,必须对纷繁复杂的失信惩戒过程进行"解剖麻雀"式的分析,以类型化的视角对之进行法治构建。

一是必须依法严格限制行政处罚、行政许可、行政强制等法定化行政处理行为的制裁举措。该种行为的设置与实施已有法律明确规定,作为规范性文件的联合惩戒备忘录不能随意突破,否则就构成了违法行为。比如,进入特定职业或行业从业的资格、获得许可从事某种活动的资格,就需要严格遵守行政许可法的规定,省级地方政府规章以下的文件无权设立准入条件。二是必须因事制宜地实施行政协议、行政奖励等制裁举措。此类行为本身就是惩戒实施主体基于比较选择的结果,违法失信情况本身就应当纳入其决策的考量范围。对于何种失信违法行为不符合评优评先的条件、对于何种失信违法者不与之合作,制裁实施主体本身也有裁量的余地,因此只有规范性文件对其明确要求才会有规范性的依据。但值得注意的是,此类举措本身就属于形式化的具体行政行为,遵循基本的行政法原则实属应有之义。比如,对于被惩戒主体是否符合采购条件,就需要一视同仁,需要通过程序告知被惩戒主体相关事实、理由和依据,不得随意裁量。三是必须审慎对待信用评级评价等制裁举措。对失信主体给予降

---

① 参见颜少君:《我国失信惩戒机制构建研究》,中国经济出版社 2013 年版,第 120 页。

低信用等级的制裁，虽然其表征上没有直接造成失信主体的实质性利益损失，但也应当纳入具体行政行为的规制范畴，遵循具体行政行为既有的规则与要求。比如，信用评级的评价原则、方法、程序、标准等必须公开，信用评级的应用范围、监督机制以及救济渠道应该明确，相关制度的形成、修改也应该赋予公众以参与的程序性权利。如果是通过算法自动计算评定信用等级的，为了避免产生算法歧视或“算法黑箱”，算法本身也需要接受检视与制衡。四是必须合理把握失信记录、提醒告诫、重点监管、关注参考等未形式化的制裁举措。这种行为虽然没有对失信主体直接造成权利减损，也没有额外增加义务，可以在自由裁量全范围内实施，甚至不需要赋予其提起行政诉讼的权利，但却应遵守基本的平等原则。

（三）行政制裁的谦抑论

失信惩罚机制的实质是社会联防，是社会综合治理，这个机制本身可以由市场自发形成。我国正处于现代社会信用体系初创阶段，立足于以往行政管理的历史观念与秩序状态，确实需要政府在社会信用体系构建过程中发挥主导作用。作为社会信用体系建设的主导力量，政府部门应该牵头构建起广覆盖、多领域的对失信行为及相关责任人惩戒的信用网络，使信用约束机制渗透到我国社会的每个层面，潜移默化地改变每一个企业、组织和个人的生活和社会文化，直至重建社会信任，从根本上改善信用环境。毕竟，从某种意义上看，虽然失信联合惩戒可能是最有效的行政治理手段，但它却不是最优的可供行政管理选择的手段。在现有的执法框架下实施更有效的执法，减少运动式执法、选择性执法，减少权力“寻租”、减少行政执法上的不作为，这既不突破行政法治既有规范，又能震慑违法主体。

政府应该在推动制定系列信用管理制度和政策,统筹信用数据的归集、共享和披露,扶持和推动信用产业的市场化,规范和监督信用数据市场等方面着力下功夫,把如何具体实施惩戒交给社会、交给市场、交给行业。即联合惩戒主要应由社会、市场、行业主体根据不同的应用场景,针对失信主体采取不同的惩戒手段。只有在社会、市场、行业利用广泛的信用惩戒手段难以有效规制的领域,或者事关民生安全等重大事项的领域,才由政府部门主动实施行政性惩戒加以规制。此时,就不适合通过行政性联合惩戒去治理因年报等被纳入异常名录的行为,否则就没必要取消原有的处罚手段了。再以信贷融资为例,金融机构已经建立起了较成熟的风险防控体系,在决策时参考征信情况已经是一种惯性式的操作程序。因此,对于此类制裁,应该交由金融机构自主参考决策,不应通过联合惩戒明确禁止或限制信贷融资。

(四)正当联结的约束力

随着现代市场经济的逐渐成熟,信用交易成为主流交易方式,社会信用体系作为维持市场秩序、改善信用环境的配套制度应运而生。[①] 但是,作为政府实施社会管理的一种规制手段,信用惩戒本身就明示了可能对失信主体权利行为的制约,特别是作为公权力之表现的行政性制裁,更加有可能加剧行政相对人权益不当受损、行为不当受限的风险。因此,在实施联合惩戒行为时,不能将之视为推进本部门本地区所有行政任务得以完成的手段,不能期盼通过构建起"一处失信、处处失信"的联合惩戒网来一劳永逸地解决法之不彰的问题。即便在需要公权力介入的联合

① 参见李善民等主编:《中国自由贸易试验区发展蓝皮书(2016—2017)》,中山大学出版社2017年版,第103页。

惩戒领域，也应受到不当联结禁止原则的制约与约束。这种限制不仅表现为信用归集范围的有限性，更表现为制裁措施与实施目的的关联性。前者如《湖北社会信用信息管理条例》第10条第1项规定，将信用信息与“婚姻状况、职业、学历等”信息挂钩，就难言属于正当联结；后者如将家政领域的失信违法行为作为上市公司或者非上市公司收购的重要参考，就难言其监管措施与监管目的有合理关联。

（五）诉诸救济的可得性

最后的——或许是最难以付诸实现的——方案，是确保社会信用规范本身及其实施是具有可审查性、可救济性的。[①] 从信用惩戒的实施过程来看，其本身就包含信用归集、公示、评价、惩戒等多个环节、多个阶段。作为结果的失信联合惩戒往往处于末端环节，且后阶段惩戒距离前阶段行为可能历时多年，如果待至惩戒行为被真正实施，被惩戒主体可能因对前阶段行为难以诉诸救济，而不得不承受不利后果。这一点以“丁某与南京市秦淮区市场监督管理局登记上诉案”[②]为例予以说明。他人冒用原告身份证，在2010年9月2日将原审原告登记为某公司的法定代表人，后因案涉公司未正常申报纳税等问题被吊销了营业执照。与此同时，原审原告也被纳入“黑名单”。原审原告至2017年2月20日因无法正常办理业务时才获知该情况，诉诸法院纠正登记错误行为，但一审、二审法院均以超过了最长起诉期限为由，最终驳回了起诉。这就需要政府在赋予失信主体信息消除权、申请暂时性权利保护、强化行政内部救济、提起行政诉讼等方面加以完善，而

① 参见沈岿：《社会信用体系建设的法治之道》，载《中国法学》2019年第5期。

② 参见江苏省南京市中级人民法院(2017)苏01行终526号。

异议处置、信用更正与修复、过期删除、自行纠纷等制度应当成体系地发挥保障被惩戒主体的积极作用。对于此种前后行为交织且特别不易被发现的失信惩戒行为来说，至少不宜简单地以超过了5年诉讼期间为由阻却受惩戒主体救济之路。

四、勇于前行：失信联合惩戒之未尽之路

社会信用体系建设是一项系统性工程。从实践来看，我国所欲通行的社会信用体系之路，领域更广、格局更大、视野更远，其实质是在走一条与其他各国实践不同的特殊道路。这就更加加剧了社会信用体系构建的复杂程度，失信联合惩戒只是其中一个环节与组成部分。囿于研究对象所限，本文也只对国家发展改革委牵头、各部委局联合签署的联合惩戒备忘录进行了分析，没有将地方实践纳入研究范围，更没有将信用归集、公示、信用评价等全过程加以考量，因此，相关观点难免挂一漏万，甚至可能存在以偏概全之可能。但必须肯定的是，法律制度既是失信惩戒的坚实基础，又是维护失信惩戒的有力手段，更是实施失信惩戒的有力保证，希望本文能够对以法治化为特征的社会信用体系模式构建有所助益。

失信惩戒措施的合宪性控制*

刘宇飞**

内容摘要　失信惩戒措施是社会信用法律体系建设中尤为重要的一项内容，其作为一种主要基于公权力的新型社会治理手段，在实践中得到了广泛运用。中央各部门、各地方纷纷出台失信惩戒措施，意欲在全社会形成“一处失信、处处受限”的信用惩戒格局。然而，在失信惩戒措施层出不穷、推动社会信用建设的同时，也存在泛化与滥用的状况，这也使失信惩戒措施在一定程度上受到质疑。不少专家

* 2019年中南财经政法大学中央高校基本科研业务费专项资金资助（项目编号：201910640）。本文系2019年中南财经政法大学研究生教育创新计划项目硕士生实践创新课题“社会信用地方立法探究”部分研究成果。

** 湖北地方立法中心研究助理，中南财经政法大学法学院2018级宪法学与行政法学硕士研究生。

学者也注意到了此种现象并对其展开研究，但遗憾的是，这些研究更多的是从行政法的角度出发，甚少有人从宪法的视角探讨这一问题。由于失信惩戒的法律性质尚未明确，加之相关立法层级偏低且较分散，故有必要从宪法学视角检视现行的失信惩戒法律规制体系，对失信惩戒措施进行合宪性控制。这不仅符合我国依宪治国的总要求，同时也彰显了对公民基本权利的尊重。

关键词　失信惩戒；合宪性；基本权利；平等原则

此前，国家卫健委会同多部门提出，各地应探索将无偿献血纳入社会征信系统，并对献血者使用公共设施等方面提供优惠待遇的问题。[①] 此举一出便在网上引发轩然大波，不少人质疑这是否是在滥用征信"软性强迫"公民参与无偿献血，如果未献血是否会影响个人征信？尽管后来官方出面澄清，将无偿献血纳入征信系统只是个人信用的加分项目，不参与无偿献血并不会受到惩戒，但这一解释并不能让公众完全信服。无独有偶，之前有地方将在地铁上进食、外放音乐等行为也纳入个人信用不良记录进行失信惩戒，[②]同样引起了较大争议。这些现象说明，作为新型行政监管工具的失信惩戒措施存在泛化的嫌疑，会不可避免地对信用主体合法权益造成过度限制，甚至是对公民基本权利造成侵犯。因失信惩戒措施与现有法律规制缺失之间的巨大张力，需要从合宪性的角度对其进行剖析，以为消解失信惩戒措施的合法性障碍提供些许智力支持。

---

① 参见李亚男：《国家卫健委：探索将无偿献血纳入社会征信系统》，载人民网2019年11月20日，http://m.people.cn/n4/2019/1120/c2211-13417003.html。

② 参见北京市交通委员会《关于对轨道交通不文明乘车行为记录个人信用不良信息的实施细则》第2条。

一、失信惩戒措施合宪性控制的必要性

(一)现有失信惩戒法律规制体系的局限性

1. 立法层级较低且立法分散

失信惩戒作为基于公权力的社会治理手段,其实效性归根结底应以自身合法性和合理性为基础,最直接的体现便是需要有充分的法律依据。然而,目前关于失信惩戒措施的规定以政策、法规、规章及规范性文件为主,缺少专门、核心的基本法律的指引,呈现立法位阶过低的状态。从立法现状来看,首先,在中央层面上,失信惩戒规范多以中央或国务院文件的形式呈现,如国务院2014年的《社会信用体系建设规划纲要(2014—2020年)》和2016年的《关于建立完善守信联合激励和失信联合惩戒制度加快推进社会诚信建设的指导意见》等;其次,散见于一些法律和行政法规之中,如国务院的《企业信息公示暂行条例》及《公务员法》《个人所得税法》《疫苗管理法》等;最后,便是中央部委签署的繁多的联合奖惩合作备忘录。在地方层面上,失信惩戒规范则见诸各地有关社会信用的地方性法规及政府规章、规范性文件。

整体来看,我国目前尚没有统一的信用立法,现有的失信惩戒措施,多数规定要么源于法律效力尚不明确的政策、中央文件,①要么来自层级较低的地方立法、部门规章及规范性文件,直接源于法律甚至是行政法规的措施占比过低。失信惩戒的立法层级偏低,无形中扩大了行政自由裁量权,导致该机制的合法性与正当性无法得到有力的法律保障。

---

① 如国务院下发的《社会信用体系建设规划纲要(2014—2020年)》,并非具有规范性的命令或决定,仅仅只是指导性文件。

2. 基础概念及价值取向不明

“失信惩戒”究竟为何？目前，并没有明确的官方或学术定义。我国已经出台的地方信用立法、规范性文件或者部门之间签订的联合惩戒备忘录，往往径直从失信惩戒的实施主体、惩戒对象、惩戒措施等操作方面作出规定，对于什么是失信惩戒、失信惩戒的特征有哪些都未涉及。故有学者认为，失信惩戒只是一个抽象的实践用语，并非严谨的法律术语。[①] 而基本概念界定不明带来的直接后果便是，影响失信惩戒适用范围的把握，继而可能导致对其规制路径的设计有失偏颇。

失信惩戒的价值取向究竟是要定位为利用公共信用信息充分实施失信惩戒，还是通过限制社会信用领域公权力的行使最终保护信用主体权益？从现有立法来看，失信惩戒措施更多地体现的是“惩罚工具”的价值，即强调该机制对失信主体的惩罚作用，而公权力行使的限制与信用主体合法权益的保障往往处于被忽略的状态。然而失信惩戒除却惩罚功能外，尚具有震慑功能和引导功能。[②] 除强制失信主体履行法定或约定义务的工具价值外，该机制还有其独特的自身价值，如转变政府职能，加强政府对市场的事中、事后监管；完善和创新社会治理方式；引导诚信意识和信用社会的建设；等等。因此，失信惩戒措施的价值取向亟须统一明确，否则理念上的偏差会对社会信用法律制度的整体运行造成不利影响，在实践中也会偏离既定的立法目的。

---

① 参见王伟：《失信惩戒的类型化规制研究——兼论社会信用法的规则设计》，载《中州学刊》2019年第5期。

② 参见史玉琼：《关于建立失信惩戒机制的研究》，载《征信》2018年第9期。

3. 失信惩戒的性质有待澄清

失信惩戒措施作为行政管理手段，对信用主体的权益造成了减损，其性质究竟为何？能否将其归类为《行政处罚法》中规定的“其他行政处罚”，学界目前尚无定论。但大致可将学者观点划分为3种：(1)“行政处罚说”。如有学者认为，政府部门或者具有公共管理职能的其他组织将失信行为人纳入“黑名单”，从而连锁地限制其一系列权利的行为，实质上属于一种行政处罚。① (2)“非行政处罚说”。有学者认为，失信惩戒有别于行政处罚，就失信惩戒措施而言，失信主体不存在主观过错，其“过错”来自社会对其信用状况的负面评价。② 尽管其否认失信惩戒属于行政处罚，却未能具体指明失信惩戒的法律性质。(3)“具体分析说”。该种学说目前逐渐成为主流观点，也最具科学性，其认为失信惩戒措施种类繁多，而行政处罚只是众多失信惩戒方式之一，且占比很小，不能将二者完全混淆。③ 正确的分析路径应依据不同惩戒措施对失信主体权益的不同限制程度，将其类型化后再逐一分析各类失信惩戒措施的法律性质。例如，有学者重点关注行政性失信惩戒，将其划分为加强管理类措施、不予授益类措施、行政“黑名单”措施、限制或减损资格权益类措施，并进一步分析之后认为，只有行政“黑名单”措施、限制或减损资格权益

---

① 参见胡建淼：《“黑名单管理”制度——行政机关实施“黑名单”是一种行政处罚》，载《人民法治》2017年第5期。

② 参见崔凯：《上海社会信用立法：促进与路径》，载《地方立法研究》2019年第2期。

③ 参见袁文瀚：《信用监管的行政法解读》，载《行政法学研究》2019年第1期。

类措施方属于行政处罚。[①]

（二）宪法控制失信惩戒措施的积极意义

1. 有助于规制失信惩戒措施中的公权力

由上可知，虽然失信惩戒措施在实践中运用广泛，但其有效性与合法性之间存在不小张力，且随着其适用范围泛化的态势，对公民基本权利领域的楔入程度也在逐渐加深，从而导致失信惩戒措施也面临越来越多的合法性问题。失信惩戒措施的实施既是社会信用信息应用中最重要的环节，也是社会信用法律制度中的关键着力点，故以完善的信用立法对其进行规制甚为必要。然而在社会信用立法进程中，本身便伴随不少质疑。故而在社会信用立法整体定位尚不明朗的情况下，单纯以立法来规制失信惩戒措施的实效是要大打折扣的。

基于现行失信惩戒措施法律规制存在的诸多问题，有必要转换仅从部门法（主要是行政法）的角度寻找解决本领域法律问题的思维，要看到宪法在调控整个法律体系中的地位与功能。[②] 在对失信惩戒措施进行合宪性控制的过程中，宪法便是整个失信惩戒措施的根本价值基础与最高遵循原则，相较部门法来说，发挥着难以替代的作用：一方面，宪法有助于明确失信惩戒措施中公权力的行使范围，当前信用立法中的失信惩戒措施存在泛化趋势，这也使信用监管中政府公权力的“触角”越来越长，甚至突破

---

① 参见王伟：《失信惩戒的类型化规制研究——兼论社会信用法的规则设计》，载《中州学刊》2019 年第 5 期。赞同此种观点的还有张晓莹：《行政处罚视域下的失信惩戒规制》，载《行政法学研究》2019 年第 5 期，其将失信惩戒措施分为限制获得行政奖励、限制政府支持或补贴、加强行政监管、限制参与财政性资金项目、限制高消费、“黑名单”措施、从业限制措施 7 种，并认为只有“黑名单”措施和从业限制措施属于行政处罚。所谓从业限制本质上也属于限制或减损信用主体资格权益的失信惩戒措施。

② 参见刘茂林：《警察权的合宪性控制》，载《法学》2017 年第 3 期。

法律框架延伸到公民道德领域；另一方面，宪法有助于对社会信用立法准确定位，目前我国现有的社会信用立法多为“授权法”，即规定政府有权进行公共信用信息归集，并基于此对失信主体实施各种惩戒措施。这也是失信惩戒措施中公权力行使的正当性来源，但仅有对公权力的授权而无限制是不符合宪治理念的，故社会信用立法尤其是失信惩戒立法的相关内容应更多地体现为“限权法”。可见，合宪性控制的主要目标便在于将失信惩戒措施中公权力的法律任务整合至宪法义务范畴之中。

2. 有助于保障信用主体的合法权益

无论失信惩戒措施是不是行政处罚，不容置疑的是，失信惩戒措施的实施总会直接或间接地对信用主体的权益造成不同程度的限制，这些限制是否正当还有待商榷，更何况与公权力行使相比，信用主体合法权益的保障容易处于被忽略的状态。毋庸置疑，失信惩戒措施有利于促进社会信用信息披露，确保信用主体自觉履行法定或约定义务，推动诚实守信社会环境的形成。但失信惩戒措施的设定与实施不能仅仅考虑其实效性，还应关注以保障信用主体合法权益为主的正当性与合法性基础，这一观点在全国人大常委会法工委在2018年所作的备案审查工作情况的报告中也有明确体现。①

在公法领域，宪法规定的公民基本权利具有防御国家公权力

---

① 参见朱宁宁：《收到公民组织审查建议来信来函1229件》，载《法制日报》2018年12月26日，第2版。全国人大常委会法制工作委员会主任沈春耀指出，“有关方面通过出台规范性文件，建立信用惩戒制度，推动社会信用体系建设，同时也引发了一些滥用信用惩戒侵犯公民隐私权和其他合法权益的担忧……针对这些情况，我们加强对有关规范性文件的审查研究，跟踪了解有关立法动态，防止出现侵犯公民合法权利的情况，防止出现超越立法权限和违背上位法规定的情形”。

侵犯的功能,即国家首先负有不作为义务,不得任意限制公民的基本权利;此外,公民的基本权利还具有国家的保护义务功能,即要求国家积极作为。在我国基本权利保障体系中,国家保护义务功能和防御权功能应当处于同等重要的地位。[①] 着眼失信惩戒措施的设立与实施过程,一方面,信用主体可借助宪法中的基本权利来抵御公权力及其他私主体(如信用服务机构、行业协会等)的侵犯;另一方面,国家也应积极履行保护义务,如立法机关应在社会信用立法的过程中将基本权利的价值内化其中,及时完善、修改与失信惩戒措施相关的法律规范,而司法机关则应正确适用相关法律条款来保护信用主体的合法权益。[②]

二、失信惩戒措施合宪性检视标准不统一

近年来,各地社会信用立法此起彼伏,[③]中央各部门也频繁出台失信联合惩戒备忘录,"一处失信、处处受限"的信用惩戒格局稍现雏形。然而,层出不穷的失信惩戒措施在有效规制社会失信现象的同时,也不可避免地对公民的基本权利产生了一些重大影响,导致其合法性饱受争议。故有必要立足基本权利

---

① 参见陈征:《基本权利的国家保护义务功能》,载《法学研究》2008 年第 1 期。

② 从司法实践来看,与失信惩戒相关的行政诉讼案件数量虽不多,但已有失信主体胜诉的先例。如在 2017 年"杭州元智玩具有限公司(以下简称元智公司)诉杭州高新技术产业开发区(滨江)市场监督管理局(以下简称滨江区市监区)案"中,滨江区市监局依据国务院 2015 年下发的《关于"先照后证"改革后加强事中事后监管的意见》中有关信用约束的基本原则,对存在违法行为的元智公司采取暂不办理迁移申请的"临时性措施"。最终二审法院认定,该措施无法律依据且违反《公司登记管理条例》等法律规定,责令滨江区市监局为元智公司办理企业迁移手续。

③ 2019 年 8 月 30 日,国家发展改革委副主任连维良主持召开社会信用立法座谈会,会议中提及目前全国已有 2/3 以上的省区市出台或正在研究出台地方信用法规。参见《社会信用立法在即 2/3 省市已出台或研究地方法规》,载信用中国官网,https://www.creditchina.gov.cn/home/xinyongyanjiu/201909/t20190905_167773.html。

的视角检视失信惩戒措施的合宪性,以避免失信惩戒措施突破法治的框架。

(一)形式合宪性标准

形式合宪性标准主要为法律保留原则,该原则是现代国家构建以宪法为最高规范的法律秩序的重要支撑。[①] 宪法上的法律保留原则主要是指国家某些重大事项只能通过立法机关制定法律来规定,毫无疑问,对一些关键的基本权利进行限制应当属于重大事项之一,必须依据法律的规定或者必须有法律的授权。这主要是缘于民主正当性和法治国两大原则。[②] 法治国家又可划分为形式意义上的法治国与实质意义上的法治国,前者侧重法律的形式要件,而后者除却形式外,还要求法律必须具有正义这一实质要素。但无论是形式法治国还是实质法治国,都要求国家事务皆归于法律调整。

我国宪法并未专门规定法律保留原则,但在一些基本权利条款中仍可觅得踪迹,如《宪法》第 40 条关于公民通信自由和通信秘密的条款,便有“依照法律的规定”方可对公民通信进行检查的表述。[③] 而《立法法》则在第 8 条和第 9 条中明确规定了法律

---

① 参见汪庆华:《法律保留原则、公民权利保障与八二宪法秩序》,载《浙江社会科学》2014 年第 12 期。

② 参见[德]哈特穆特·毛雷尔:《行政法学总论》,高家伟译,法律出版社 2000 年版,第 104~105 页。

③ 类似的表述有《宪法》第 34 条选举权和被选举权条款中的“依照法律被剥夺政治权利……”、第 37 条人身自由条款中的“禁止非法搜查……”、第 39 条住宅不受侵犯中的“禁止非法搜查或者非法侵入……”等,有学者将该类表述概括为“明示的法律保留”。参见张翔:《基本权利的规范建构》,高等教育出版社 2008 年版,第 60 页。

保留原则,[①]对宪法中关于公民基本权利限制的法律保留予以了进一步落实。由此可知,若要对公民的人身权、财产权等基本权利进行限制,必须有明确的法律规定,否则便有违宪法、立法法的相关规定,此点也应作为失信惩戒措施设定及实施的基本界限。此外,失信惩戒措施是社会信用法律体系中的重要组成部分,而我国目前信用立法采取的是地方先行试验立法、中央立法随后跟进的模式,这一模式下,一方面,国家有较充分的试错空间,如果地方立法偏离法治轨道,其影响也仅限于局部地区,中央立法可臻于完善,止损成本较低;另一方面,地方先行试验立法也弥补了当前的法制空白,为中央立法的出台积累了有益经验。然而,该模式也存在地方越权立法,损害整体法律体系的稳定性、权威性之风险,遵循法律保留原则可有效避免该风险,实现法律体系内部的协调统一。

失信惩戒措施当前备受质疑之处便在于,法律依据不足、适用范围泛化,并对公民基本权利造成了不当限制,而立足法律保留原则检视现行失信惩戒法律规范体系,可以达到对其进行合宪性控制之效果。

(二)实质合宪性标准

法律保留原则只能为检视立法的合宪性提供形式标准,实质合宪性标准则有赖比例原则和平等原则。

发轫于德国的比例原则是宪法与行政法的核心原则,通说认

---

① 不少学者将我国《立法法》中的法律保留称为"有限法律保留"或"部分法律保留",因其承认对于《立法法》第8条规定的某些事项,国务院有一定范围的立法权。参见汪庆华:《法律保留原则、公民权利保障与八二宪法秩序》,载《浙江社会科学》2014年第12期;刘连泰:《评我国〈立法法〉第八条、第九条关于"法律保留"制度》,载《河南省政法管理干部学院学报》2003年第3期。

为其包含3项子原则:妥当性、必要性与狭义比例性。[①] 从基本权利的限制角度出发,所谓妥当性即国家公权力对公民基本权利进行限制的手段与所欲达成之目的之间须相适当,简单来说,即通过限制基本权利可以达成既定目的;必要性即对公民基本权利的限制以达成目的之必要为限,在可供选择之多种手段中应选择对公民基本权利损害程度最小的手段,不得对公民基本权利造成过度限制;狭义比例原则是比例原则的核心,要求对受限制的公民基本权利与所追求之法益进行衡量,二者须合乎比例,在一般情况下将要达成之目的价值要大于基本权利的受限程度。此外,还有学者认为,应当将目的正当性作为子原则纳入比例原则之中,以实现实质正义,有效保障民主与人权。[②]

我国宪法中未有规定比例原则的一般条款,而对于宪法文本中是否存在比例原则的规范依据,学界也是众说纷纭。[③] 但毋庸置疑的是,比例原则可以为限制公民基本权利提供正当性基础,但更多的是具有限制公权力过度干涉私权的重要作用,只有对公民基本权利的限制符合比例原则,这种限制方能具有宪法上的正

---

① 参见饶龙飞、陈建晖:《比例原则的中国宪法规范依据》,载《山东科技大学学报(社会科学版)》2016年第4期。

② 参见刘权:《目的正当性与比例原则的重构》,载《中国法学》2014年第4期。

③ 有学者否认我国宪法中有比例原则的规范依据,如胡锦光:《中国十大宪政事例研究》,中国人民大学出版社2009年版,第130页。但持肯定意见的学者也不在少数,且观点各异。如有人提出《宪法》第5条的社会主义法治国家原则应包含比例原则。参见周佑勇:《紧急状态下的人权限制与保障》,载《法学杂志》2004年第4期;还有学者认为,《宪法》第33条的人权条款才是比例原则的宪法规范基础,参见翟翌:《比例原则的中国宪法规范基础新论——以宪法第33条为中心》,载《新疆社会科学》2012年第5期;另有学者认为《宪法》第5条第5款、第33条第2~4款与第51条,及第10条第3款、第13条第3款共同形成了一个可用以证立比例原则的中国宪法规范群。参见饶龙飞、陈建晖:《比例原则的中国宪法规范依据》,载《山东科技大学学报(社会科学版)》2016年第4期。

当性。比例原则应当成为我国合宪性审查制度中检验公权力机关对公民基本权利的干预是否适度的基础性原则,并在立法上对基本权利的界定、规制和限定提供具体的裁量基准。[①]

平等既是一项宪法权利,也是一项宪法原则,而且首先是一项宪法原则。[②] 所有的基本权利中都有平等之含义,即公民都应被平等对待,在允许有合理差别的前提下实现实质平等,区别对待必须具备正当性。我国《宪法》中有明确规定平等条款,即第33条第2款"公民在法律面前一律平等"之规定,这是对公民基本权利的一般性、原则性规定,其既是公民基本权利体系中的基本原则,也是一项具体的基本权利即"平等权"。该款规定既包括了公民基本权利在法律适用上的平等,也体现了立法平等。[③] 即立法机关制定法律规范时,也应当受到平等原则的约束,法律文本中的分类在涉及公民基本权利时,必须禁止不合理的差别对待,否则其便有违平等原则,属于违宪。我国的失信惩戒相关立法中,无论是中央部委的联合惩戒备忘录,还是各地地方性法规抑或者是地方政府规章,均有对公民乃至其他私主体的分类,并分别赋予其不同的权利、义务或限制条件,如将失信主体分为一般失信主体与严重失信主体,分别施以严格程度不同的失信惩戒措施,而对守信主体则采取激励措施。这些分类标准及守信激励、失信惩戒措施是否构成对公民基本权利不合理的差别对待,

---

① 参见赵宏:《限制的限制:德国基本权利限制模式的内在机理》,载《法学家》2011年第2期。

② 参见马岭:《宪法中的平等权》,载张庆福、韩大元主编:《中国宪法年刊》2007年,法律出版社2008年版,第57~71页。

③ 参见江登琴、胡弘弘:《论我国现行宪法文本中的"平等"》,载《山东社会科学》2013年第2期。

需要接受宪法中平等原则的拷问。

三、失信惩戒措施对公民基本权利的限制

分析失信惩戒措施对公民基本权利的限制,有必要先对种类繁多的失信惩戒措施进行类型化处理。一般而言,失信惩戒措施可以粗略地分为基础性惩戒措施与非基础性惩戒措施。所谓基础性惩戒措施即将失信主体纳入失信名单(“黑名单”措施),此为其他惩戒措施的前提与基础,只有失信主体被列入“黑名单”并经公布,才会被施加后续性措施。但此种分类方式较粗糙,难以表现不同失信惩戒措施的各自特点,中共中央办公厅、国务院办公厅在2016年发布的《关于加快推进失信被执行人信用监督、警示和惩戒机制建设的意见》(以下简称《意见》)中关于失信惩戒措施的分类较详尽,[①]故本文对其进行借鉴并进一步整合,将失信惩戒措施分为以下6类(见表1),来探讨各类惩戒措施对公民基本权利造成的可能限制。

表1　失信惩戒措施的分类

类型		具体措施举例
基础类失信惩戒措施	纳入失信名单	一般失信主体名单、严重失信主体名单

① 该意见将失信联合惩戒措施分为11类:从事特定行业或项目限制、政府支持或补贴限制、任职资格限制、准入资格限制、荣誉和授信限制、特殊市场交易限制、限制高消费及有关消费、协助查询、控制及出境限制、加强日常监管检查、加大刑事惩戒力度、鼓励其他方面限制。

续表

类型		具体措施举例
非基础类失信惩戒措施	限制资格类	1. 限制相关任职资格(如国企高管、金融高管、事业单位法人代表、人大代表、政协委员、公务员等) 2. 限制进入相关市场、行业 3. 限制特殊市场交易(国有产权、国家资源利用项目) 4. 限制企业资质(房地产、建筑等企业) ……
	加强监管类	1. 列为重点监管对象,增加检查频次 2. 在行政许可等工作中重点审查、不适用简化程序 3. 公共资源交易中,信用减分 4. 书面警示、约谈告诫 5. 列入重点关注名单 6. 限制出境 ……
	限制授益类	1. 限制评奖评优 2. 取消享受公共政策、行政便利 3. 限制融资信贷 4. 限制获取政府补贴、政策支持 ……
	限制高消费	1. 限制乘坐高级交通工具 2. 限制进入高消费场所 3. 限制高消费旅游 4. 限制子女就读高消费学校 ……
	其他限制	行业协会、社会组织、市场主体等施加的惩戒措施

（一）对人格尊严的限制

我国《宪法》第38条规定，“公民的人格尊严不受侵犯”。虽然此处使用的是“人格尊严”一词，但并不能简单将之等同于德国基本法上“人的尊严”，而是应理解为宪法中的一般人格权。[①]其并非一项具体的权利，而是作为一个概括性的权利群或者是未列举的人格权集合，是人格权利一般价值的集中体现，具有补充具体人格权利立法不足的重要作用。[②] 关于“人格尊严”究竟是指哪些权利，有宪法学者指出，应当包含姓名权、肖像权、名誉权、荣誉权和隐私权。[③] 这一理解无疑与我国《民法典》的规定不谋而合，2020年通过的《民法典》第990条详细列举了我国公民享有的具体人格权，与上述学者的理解基本一致。民法中的人格权是宪法上一般人格权适用于民法的产物；同时，也是立法者履行基本权利的国家保护义务的结果。[④]

将失信主体纳入“黑名单”并予以公布的惩戒措施必然会导致信用主体的社会评价降低，涉及对公民名誉权的限制；再有对失信主体限制获得奖项荣誉，涉及对公民荣誉权的限制；而失信信息的归集、披露有可能侵犯公民的隐私权。名誉权、荣誉权、隐私权皆属于宪法中一般人格权下的具体权利，失信惩戒措施对这些权利加以限制是否构成违宪，有必要进一步论证。

---

① 参见王锴：《论宪法上的一般人格权及其对民法的影响》，载《中国法学》2017年第3期。持此观点的还有石毕凡：《作为基本权利的人格尊严及其规范意涵——以“卖淫女示众事件”为例》，载《现代法学》2008年第5期。

② 陈现杰：《人格权司法保护的重大进步和发展》，载《人民法院报》2001年3月28日，第3版。

③ 参见胡锦光、韩大元：《中国宪法》（第2版），法律出版社2007年版，第280页。

④ 参见王锴：《论宪法上的一般人格权及其对民法的影响》，载《中国法学》2017年第3期。

我国《立法法》第8条规定的“中央专属立法事项”并不包括名誉权、荣誉权等具体人格权，说明行政法规、地方立法皆可对其进行合理限制，只不过需贯彻保障人权之宪法精神。由此可见，失信惩戒措施并不违反法律保留原则这一形式合宪性标准。但从比例原则这一实质合宪性标准来看，似有违宪之嫌。理由有二：其一，对失信主体荣誉权的限制是否有划定恰当之范围？关于此问题，众多地方立法并未明确，只是笼统地规定限制授予荣誉或限制获得相关荣誉。[①] 而《意见》则把范围限制在道德模范、慈善类荣誉，[②]但此范围仍有失精准。试举一例，如果一名被列入失信名单的公民路见不平，作出了见义勇为行为，能否被授予“见义勇为英雄”或“见义勇为模范”称号？私以为二者是不冲突的，其信用状况如何并不能影响与信用无关的荣誉奖项授予，真正受限的应当是类似“诚实守信道德模范”这样的荣誉授予。其二，失信“黑名单”无疑对公民名誉具有负面影响，而由于目前社会信用相关基础概念和内涵并未明晰，失信惩戒措施又有泛滥之嫌，许多与信用无关的行为都被视为失信，这并不符合人们对失信的一般理解。[③] 此种情形下一些被列入“黑名单”的信用主体或许本不构成失信，但因失信“黑名单”具有的标签化作用，自然对其名誉权造成了不当影响。

---

① 参见《上海市社会信用条例》第31条、《湖北省社会信用信息管理条例》第30条、《河北省社会信用信息条例》第32条。

② 《关于加快推进失信被执行人信用监督、警示和惩戒机制建设的意见》规定：“失信被执行人为个人的，不得参加道德模范、慈善类奖项评选，列入失信被执行人后获得的道德模范荣誉称号、慈善类奖项予以撤销。”

③ 如《上海市社会信用条例》将行政处罚等违法信息列为失信信息，但有学者反对此种做法，认为违法信息未必是失信信息。参见沈毅龙：《公共信用立法的合宪性考察与调整》，载《行政法学研究》2019年第1期。

(二)对平等权的限制

前文已提及平等既是一项宪法原则,也是一项宪法权利。我国《宪法》第33条所规定的"公民在法律面前一律平等"便是作为公民基本权利的平等权的宪法规范依据。失信惩戒措施产生的直接后果之一便是,对信用状况不同的公民进行区别对待,即对守信者进行激励,对失信者进行惩戒。此种基于信用评价高低对信用主体所作出的区别对待是否具有正当性仍有待深入论证。

法律保留原则是立法限制公民基本权利所必须要考虑的形式要件。而我国宪法和立法法并未将平等权作为绝对法律保留事项,因而目前出台的与信用奖惩相关的部委规章、地方性法规、政府规章及其他规范性文件对信用主体区别对待从形式上来看并无违宪,且对失信者予以差别对待是出于提升社会信用水平的公益考量,并无不妥。然而从实质角度来看,失信惩戒措施中的这些"区别对待"仍有不合理之处:其一,区别对待也必须在合适的领域中进行,即对失信者的惩戒需有适当范围。例如,对失信主体施以诸如限制授予荣誉、限制获取政府补贴等措施是可行的,但在行政处罚、行政许可中对失信者进行限制未必妥当。如有地方立法规定,在行政许可中将失信主体列为重点审查对象,不适用简化程序。[①] 此种限制便有违平等权之嫌,因为政府简化行政许可手续并非出于社会信用建设的目的,而是为了提高行政效率,减轻行政相对人的负担。故在行政许可中,"公民是否存在失信行为"与"能否享受简化程序"实无直接关联,政府及其部门理应一视同仁,而不是根据行政相对人的信用状况进行区别审

① 参见《上海市社会信用条例》第30条、《浙江省公共信用信息管理条例》第23条。

查。另有一些文件规定,严重失信者违反相关法律法规的,要对其“从严从重”处罚。[①] 此举将相对人的信用状况作为有关部门行使行政处罚自由裁量权的考虑因素,是否在适用法律时对公民造成了不平等对待?合理的做法应当是明确“相关”法律的范围,只有当违法事项与信用状况存在密切联系时,方可对失信人从重处罚。如有经营者因违法使用食品添加剂被予以行政处罚,并列入了失信“黑名单”,日后只有该当事人再次违反了与食品安全相关的法律法规,才能对其在法定幅度内从重处罚。其二,当前我国失信惩戒措施缺乏统一标准,各地方对于何种行为应予以失信惩戒,以及采取何种惩戒措施都没有统一规定。例如,北京将在地铁上进食、外放视频音乐、推销产品等不文明行为记入个人信用不良信息,江苏将房屋出租人未及时申报登记信息记入信用记录,而在其他地区是没有这些规定的。故很可能出现某地被列入失信“黑名单”的公民在其他地方不属于失信主体的情形,此种乱象的根源在于统一的国家信用监管立法、标准的缺席,无疑也会造成对平等权的不当限制。

(三)对公民政治权利的制约

限制资格类失信惩戒措施中有涉及对公民相关任职资格的限制,其中便包括担任人大代表、政协委员以及录用为公务员的限制,然而在不同层级的法律、文件中关于该措施的表述却不尽相同。2016 年《关于加快推进失信被执行人信用监督、警示和惩戒机制建设的意见》(以下简称《意见》)中提及要“限制”招录(聘)失信人员为公务员或事业单位工作人员,如果是在职公务员的,失信情况应作为其评先、评优、晋职晋级的“参考”。可见,

① 参见《关于对食品药品生产经营严重失信者开展联合惩戒的合作备忘录》。

按照《意见》的文义理解，公民信用状况对其能否担任、晋升公职并不具有决定性作用。而在地方立法中，也基本贯彻了公民失信信息对其录用、晋升公职的结果不具决定性作用这一精神。① 然而，在2018年新修的《公务员法》第26条第4项中，却变成了失信联合惩戒对象“不得”被录用为公务员，即此处加深对失信者的限制程度，信用状况对公务员录取结果具有了决定性效力。

那么，《公务员法》规定，失信者不得被录用为公务员是否具有合宪性？北京大学教授沈岿向全国人大常委会提请对《公务员法》第26条第4项进行合宪性审查，其认为“被依法列为失信联合惩戒对象的”公民不得被录用为公务员，该项规定中的“依法”这一表述不够严谨，有将公民政治权利的剥夺授权给法规、规章之嫌，违反了宪法的依法治国原则与立法法的绝对法律保留原则，从而对公民担任公职这一基本政治权利构成了侵犯。② 笔者原则上赞同此观点，依《立法法》第9条的规定，对公民政治权利的剥夺属于绝对法律保留事项，只能由全国人大及其常委会制定法律予以规定。而目前失信联合惩戒的相关规范集中呈现于部委规章、地方立法及其他规范性文件之中，故《公务员法》第26条第4项中的“依法”2字确有不妥，应进一步限缩“法”的范围为“法律”，否则便构成违宪。但沈岿教授认为，目前尚未有一部法

---

① 例如，《上海市社会信用条例》第28条、《浙江省公共信用信息管理条例》第21条都只规定了在国家工作人员招录时应查询其信用信息，但该信息的效力如何却未作规定。而《湖北省社会信用信息管理条例》第24条则明确规定，信用信息在国家工作人员招录、任用、管理监督中只作“参考依据”。当然，此处仅仅是从立法规范的语义出发所作的理解，至于实践做法如何，暂且不论。

② 参见沈岿：《关于提请对〈公务员法〉第二十六条第(四)项进行合宪性审查的建议》，载微信公众号“博雅公法”2019年12月12日，https://mp. weixin. qq. com/s/viWoV6ETkkCea6G7 qyj8Yw。

律规定在何种情形下将公民列为失信惩戒联合对象，这一说法显然有误，只能说目前缺失专门的中央信用立法来规制失信惩戒，而在一些其他法律中已有相关的失信惩戒条款。①

以上分析都是基于法律保留这一形式合宪性标准而言的，目前《公务员法》的相关规定首先在形式上便难以合宪。但即使立法修改使其符合了形式法治要求，也并不意味着“限制公民担任公职”这一失信惩戒措施当然合宪，由于该惩戒措施涉及对公民基本政治权利的制约，故还需符合实质合宪性标准所要求的比例原则与平等原则。

四、失信惩戒措施的合宪性控制路径

（一）明确社会信用立法的价值取向

价值取向是一部立法的灵魂，反映了该立法的核心价值追求，也决定了其具体内容及实践走向。如果立法理念偏离了法治价值，则据此制定的法律肯定不是良法，更不会有助于法治建设。我国宪法将“尊重和保障人权”作为公民基本权利的一般性、原则性条款，这一理念应当在立法中，尤其是涉及运用公权力手段限制公民基本权利的法律中得以贯彻。

而之所以特别强调社会信用立法应树立正确的立法价值取向，另一重要原因是我国社会信用立法采取地方先行试验立法的模式。各地作为国家立法的“试验田”，在进行先行先试立法时并没有直接的中央立法可以遵循，甚至也没有太多的其他地方立

---

① 如2018年8月31日修订的《个人所得税法》第15条第3款规定：“有关部门依法将纳税人、扣缴义务人遵守本法的情况纳入信用信息系统，并实施联合激励或者惩戒。”2019年6月制定的《疫苗管理法》第72条第3款规定：“药品监督管理部门应当建立疫苗上市许可持有人及其相关人员信用记录制度，纳入全国信用信息共享平台，按照规定公示其严重失信信息，实施联合惩戒。”

法以资借鉴。虽然是“先行先试”,有试错空间,可一旦其立法价值取向有误,不仅会影响自身的立法实效,也会给其他地区乃至中央信用立法带来错误的示范作用,严重阻碍社会信用治理的法治化进程。因此,地方立法主体在进行信用立法的过程中,应当基于立法目的条款这一载体的指引,树立科学的、符合法治精神的立法价值取向,并将其渗透到每一条款中。

纵览多部社会信用地方性法规的立法目的,大致可以归纳为以下 4 个方面:(1)政府视角,即直接、首要目的:规范社会信用信息的归集、披露、使用,加强社会信用信息管理,维护社会信用信息安全,实现社会信用信息资源共享;(2)个体视角:保障信用主体合法权益;(3)经济视角:降低市场交易成本,完善社会主义市场经济体制;(4)社会视角:创新社会治理机制,增强诚信意识,营造社会诚信环境,提高社会信用水平。这 4 个方面的立法目的中最重要的是,强化公权力主体的信用监管与保障信用主体的合法权益,简单来讲,依然是公权与私益之间的利益衡量。

失信惩戒措施的设计与运用关涉政府公权力的行使和信用主体权益保障之间的博弈,是社会信用立法中备受关注的组成部分,自然要受到信用立法整体价值取向的影响。为此,失信惩戒措施乃至社会信用立法必须首先明确其正当的价值取向——遏制公权、保护私益,将重点立足限制政府权力之上,实现公权行使与私权保护之间的平衡。① 原因在于,通过信用信息归集来进行失信惩戒仅仅只是手段而非目的,最终目的仍应着眼促进社会信用水平的提升,保障信用主体的合法权益。如果在信用监管方面

---

① 2019 年中山大学公法研究中心“国家治理与信用立法”学术研讨会,四川大学徐继敏教授观点。

公权力不受限制，只会让其更多地楔入私权领域，[1]对信用主体的权益造成更大损害。故信用监管除需服从行政法规制体系外，还需遵循宪法的一般原理及基本原则，使其在法治框架下实施或运行，以防其有悖于宪法保障人权的基本精神，形成对“良法善治”的损害。[2]

（二）基于法律保留原则对失信惩戒措施的改进

与法律明确性原则关注法律规范的内容不同，法律保留原则更侧重法律规范的形式合法性考察。而与法律优先原则相比，法律保留原则的要求更严格，它要求行政机关只有在取得法律授权的情况下才能实施相应的行为。也就是说，行政行为必须具有法律依据。就立法而言，重要的事项应由法律规定，未经法律授权，行政机关不得以行政立法代为规定。[3] 该原则主要是对失信惩戒措施的设定进行限制，失信惩戒措施会对失信主体权益造成减损，甚至有限制公民基本权利之嫌。[4] 我国《立法法》第 8 条和第 9 条只限定了“公民政治权利的剥夺、限制人身自由的强制措施和处罚”必须由法律制定，对于其他基本权利并未涉及。但有学者认为，对公民基本权利的限制必须由法律规定或法律授权的行政机关规定。[5] 依此观点，凡涉及限制公民基本权利的失信惩戒措施必须由全国人大及其常委会通过法律设定，或者由法律授权国务院制定行政法规。然而，当前我国并未出台统一的国家信用

① 参见袁文瀚：《信用监管的行政法解读》，载《行政法学研究》2019 年第 1 期。

② 参见罗培新：《善治须用良法：社会信用立法论略》，载《法学》2016 年第 12 期。

③ 参见曾祥华：《法律优先与法律保留》，载《政治与法律》2005 年第 4 期。

④ 如有学者认为，当前公共信用立法中的公共信用信息归集、评价、应用等活动会对公民的个人信息权益、人格权、平等权及其他基本权利产生重大的影响。参见沈毅龙：《公共信用立法的合宪性考察与调整》，载《行政法学研究》2019 年第 1 期。

⑤ 参见张翔：《基本权利的规范建构》，法律出版社 2017 年版，第 109 页。

立法,失信惩戒措施更多地存在于地方性法规、规章甚至是规范性文件之中。如果基于法律保留原则来进行检视,失信惩戒措施的合法性与有效性之间无疑存在一定的张力,现有的信用立法也很难为之提供坚实的法律依据。因此,一方面,应加速国家统一信用立法的出台,为失信惩戒机制的实施寻求更充实的上位法依据;另一方面,地方信用立法在设定失信惩戒措施时,也应在地方行政机关的职权和裁量范围内进行自主创设,至于超越其职权的惩戒措施应尽量是对上位法或政策的援引,从而减少自主创设。①

（三）基于比例原则对失信惩戒措施的改进

作为政府信用监管行为的失信惩戒必须遵循比例原则,不得对失信主体的权益进行过分、不正当的限制。而基于比例原则对现行失信惩戒措施的调整主要包括以下 3 个方面:

1. 失信惩戒的目的须具有正当性

失信惩戒措施最突出的是惩罚功能,但惩罚本身不是目的,只是手段。失信惩戒应当以提高社会诚信水平作为其合宪性目的。② 即通过合理限制失信者的权益促使其纠正失信行为,履行法定或约定义务,进而警示社会公众,最终营造公平诚信的社会环境,建立健全社会信用体系。然而,目的具有正当性并不意味着公权力机关可以为了此目的而对失信主体采取任意的惩戒措施,即还需进行手段与目的之间的衡量。

---

① 参见李振宁:《信用惩戒的特性和运行机理》(下),载《中国市场监管报》2019 年 9 月 10 日,第 4 版。

② 参见沈毅龙:《公共信用立法的合宪性考察与调整》,载《行政法学研究》2019 年第 1 期。

2. 惩戒手段应具有适当性、必要性

在确认惩戒措施的目的具有正当性之后，下一步需要考虑的是，惩戒措施是否具有“适当性”，即合目的性。其要求所采取的惩戒措施能够促成提升社会信用水平之目的即可，此时无须考虑是否对公民基本权利造成了过度限制。从实践来看，现有失信惩戒措施的实施的确卓有成效，这一点是毋庸置疑的。但这并不代表失信惩戒措施都是正面的，恰恰相反，目前的公共信用立法对于“信用”“失信惩戒”等基本概念内涵界定不清，且存在公共信用记录范围的泛化，这些都导致公共信用信息的归集与评价无法真实反映信用主体的信用状况。[①] 在此种情况下，失信惩戒措施即使再严厉、再有效，也无助于社会信用水平之提升，反而会让社会公众对失信惩戒措施乃至社会信用体系之建设产生极大的困惑与误解。故未来信用立法有必要对诸如“信用”等基础概念的内涵加以明晰，并尽可能地明确划定失信惩戒措施的适用范围，如此方能使失信惩戒措施更好地助力社会信用体系建设。

必要性原则要求在能够达成目的之手段中首先应当选择“相对损害最小的手段”，即在多种方案中选择对权利主体权益损害最小、最具有合理性的方案。[②] 从地方社会信用立法的经验来看，应当依据失信程度将失信主体分为一般失信和严重失信两种类型，即实行“灰名单”“黑名单”制度。同时对惩戒措施进行分级管理，根据惩戒措施对当事人造成限制的程度，可以将惩戒措施分为警示措施和限制措施两类，分别对纳入“灰名单”“黑名

① 例如，江苏省人民政府出台的《江苏省租赁住房治安管理规定》规定：“出租人未能在规定期限内申报登记信息的，将被处罚并记入信用记录。”对于出租房屋登记，我们似乎很难将之与信用挂钩。

② 参见刘权：《论必要性原则的客观化》，载《中国法学》2016 年第 5 期。

单”的失信主体采取不同内容、渐进升级的惩戒措施。惩戒措施清单一旦确定，就具有法律效力，执行部门不得随意增加或减少，不得升级或降级采取惩戒措施，不得因不合理的因素采取差别化的惩戒措施。

此外，还应保证惩戒措施适用的一致性与统一性。目前，各地社会信用立法中存在一种乱象，即对什么样的失信行为应采取惩戒措施，以及采取何种惩戒措施并没有统一标准。[①] 对此，社会信用立法应列明不同种类的失信惩戒措施适用的先后顺序和具体情形，针对不同情形，分别采取影响程度、惩治力度不同的惩戒措施，使失信程度不同的信用主体承受不同的惩戒后果。反之，针对相同情形，则应采取相同的惩戒措施。如果未对同种行为给予相同处理，则不符合比例原则中的必要性要求，从而影响失信惩戒措施的实施效果。[②] 这一问题的有效解决，有赖各地的立法协同，更有赖将来国家层面社会信用立法的出台。

3. 对失信主体权益的限制与保护之法益不得显失均衡

“狭义比例原则”涉及采取之手段对私权主体造成的限制与所欲达成之重大法益之间的价值衡量，要求私权限制程度与受保护的公益效果不得显失均衡。失信惩戒措施以加强失信行为的规制、提高社会诚信水平作为其正当目的，此为该项机制所欲实现的重要公共利益；而其所采取的部分失信惩戒措施则对失信主

---

① 国务院办公厅《关于加快推进社会信用体系建设构建以信用为基础的新型监管机制的指导意见》(国办发〔2019〕35 号)对此问题也有涉及，明确提出要“依法依规建立联合惩戒措施清单，动态更新并向社会公开……建立健全全国统一的信用监管规则和标准……抓紧制定开展信用监管急需的国家标准”。

② 参见[德]卡尔·拉伦茨：《法学方法论》，陈爱娥译，商务印书馆 2003 年版，第 212 页。

体的人格权、平等权等基本权利均有减损，具有严重的法益侵害性。二者孰轻孰重，需立法者慎重考量。

关于如何权衡公益与受限之私权，很难作出精准的量化判断，或许唯有为其设计一个相对明确的标准以供立法者参考。私以为该标准可分为两个方面：一方面，对于通过限制公民基本权利所欲保护之公益，必须属于“重大且迫切”之范围，而不能仅仅只是一般性的合法利益，对此需受到严格审查。那么，失信惩戒措施所追求的提高社会信用水平是否属于重大迫切之公益？当前我国社会失信问题频发，已不仅仅表现在传统经济领域，甚至深入了社会治理领域与公民个人道德领域，这不仅严重阻碍了社会主义市场经济的发展，也不利于社会主义核心价值观的贯彻。故提升社会信用水平具备重要性与急迫性，然而目前政府似乎将信用惩戒看作社会治理的“万能钥匙”，其适用范围不断延伸，此种以解决社会治理难题为目的之公益也不一定都符合重大迫切之标准。针对为保护公益而采取的限制公民基本权利的手段，则应符合“必要且从严限制其使用范围”的要求。即使失信惩戒措施是提高社会信用水平所必需的，但也不能对失信主体造成过度的负担。从失信惩戒措施的运行现状来看，其对公民基本权利的限制过于严厉，甚至惩戒对象已经超越了失信主体本身，开始“株连”他人，如有子女因父亲被纳入失信被执行人名单而无法被知名高校录取。[①] 此种乱象说明失信惩戒措施存在异化趋势，有脱离法治轨道之嫌，故有必要首先明确“责任自负”原则，即失信惩戒措施只能施加于失信主体本身，不可牵连无辜；其次应当对失

---

① 参见《儿子考上知名大学，差点因爸爸的这个行为无法被录取》，载澎湃网 2018 年 7 月 12 日，https://www.thepaper.cn/newsDetail_forward_2258456。

信惩戒措施的种类及适用范围加以严格限制。

另外，失信惩戒措施是否是提升社会信用水平的唯一之道？这一问题值得我们慎重思考，有学者认为，当前我国失信问题的一大原因在于，执法不严导致法律威慑力不足，而失信惩戒措施在一定程度上是在为怠于执法兜底。因此，除失信惩戒外，还可选择提高执法效率、完善相关配套制度等手段来治理失信现象。① 这未尝不失为另一种社会信用的规制路径，但需要注意的是，选择其他替代措施时也应符合“必要且从严限制”的要求，即进行“限制的限制”，以防其对公民基本权利的保障范围过度侵入。

结　语

实践表明，作为一种社会治理的新型手段，失信惩戒机制在确保失信主体履行义务、提高行政效率、促进社会信用水平提升等方面发挥了重要作用。但同时，其有效性与合法性之间也存在巨大张力，诸多现象表明失信惩戒措施确有泛化与滥用之趋势，对信用主体权益的保障产生了消极影响，甚至超越了公民基本权利限制的合理边界，从而在一定程度上面临合宪性危机。然而，学界关于失信惩戒措施的宪法学研究却付之阙如，面对失信惩戒措施与宪法精神的背离，我们应努力作出回应与纠正，将失信惩戒机制纳入严格的合宪性控制轨道，以确保其合法合理运行。

---

① 参见沈毅龙：《公共信用立法的合宪性考察与调整》，载《行政法学研究》2019年第1期。

论道德因素进入失信惩戒立法之正当性及其限制

王者也*

内容摘要　党的十九届四中全会《中共中央关于坚持和完善中国特色社会主义制度推进国家治理体系和治理能力现代化若干重大问题的决定》(以下简称《决定》)指出,要把社会主义核心价值观的要求融入法治建设和社会治理。在社会信用立法的地方实践中,就出现了将“失德行为”视为对“诚信”的违背,纳入失信惩戒的情况,这引发了法学界,特别是行政法学界的批判。笔者认为,道德因素进入失信惩戒立法具有正当性,其目的正当性源于

* 湘潭大学信用风险管理学院2019级信用法方向硕士研究生。

对“政府中立”的探究，手段正当性源于对“适用信用法之原因”的探究。在此基础上，本文还将探究道德因素进入失信惩戒的“范围限制”以及“力度限制”，具体而言，前者是关于最低限度的信用法化，而后者则是通过关联性、等价性和比例性来约束。

关键词 以德入法；正当性；政府中立；信用责任；最低限度；公法约束

如果说，《社会信用体系建设规划纲要（2014—2020 年）》（以下简称《规划纲要》）正式拉开了中国信用立法的帷幕，那么国务院《关于建立完善守信联合激励和失信联合惩戒制度加快推进社会诚信建设的指导意见》（以下简称《指导意见》）则使失信惩戒立法“百花齐放”，理由是其“鼓励有关地区和部门先行先试”。① 但是《指导意见》作为目前最高级别的涉及失信惩戒的文件，并未就“失信行为”的概念进行界定，而仅列举 4 类“严重失信行为”，②加之其效力层级仅为指导性文件，不能对部委和地方政府产生绝对约束力，这在一定程度上致使失信惩戒立法从一开始就呈现一种泛道德化的趋势。

政府想设立的是“信用法”，而不仅是“征信法”。简言之，我国立法上给“信用”添加了在解决道德领域突出问题中的功能。

目前，国内学者对此也多持负面态度，他们攻击最密集的一点，是这些地方立法或部委立法的效力层级较低，既无权创设失信行为（违反“法律优先原则”），也无权对公民的基本权利进行克减（违反“法律保留原则”）。其实，在把握宪法原则与精髓下，

① 参见《指导意见》第 5 条第 27 项。

② 参见《指导意见》第 3 条第 9 项。

即使在“先行先试”中突破了某些限制，也不能简单地视其为对“依法行政原则”的悖反。此外，沈岿基本上列举了批判道德因素进入信用惩戒立法的所有其他路径，包括违反“尊重保障人权原则”“不当联结禁止原则”“比例原则”“公平原则”。[①] 在信用立法的地方实践中，的确存在许多不恰当之处，但都属于实然层面上的“瑕疵”，并不影响应然层面上的正当性之论证。

本文在论证完道德因素进入失信惩戒立法具有正当性后，还会提出针对道德的失信惩戒立法之“范围及力度限制”的建议，两者是相互耦合的关系，“有正当性”才能讨论“如何做”，“如何做”又反过来决定是否“有正当性”。

一、正当性之论证思辨

法与道德的关系，是法理学的核心问题，各家对“正当性”的论证各执己见。可在论证道德因素进入失信惩戒立法之正当性时，存在两个特殊之处：一是传统的“边境线”被大肆侵入，即原来的失德行为被扩大化理解为失信行为；二是传统的“治理术”被弃之不用，即抛弃刑法、行政法，改用信用法来规制。这就决定了既有的论证思路未必行得通，可能需要换一个思路。

（一）既有正当性论证思路之批判

最常见的论证思路，离不开实证法学派与自然法学派的对抗。罗培新在论证“以德入法”正当性时的逻辑是这样——先总结两个学派的差异，再概括法律与道德的差别，因为道德调控有缺陷，所以法律介入有必要，得出的结论是：“道德成为信用组成部分必须完成入法程序。”[②]问题是，道德所不能调控的问题有很

---

① 参见沈岿：《社会信用体系建设的法治之道》，载《中国法学》2019 年第 5 期。

② 参见罗培新：《善治须用良法：社会信用立法论略》，载《法学》2016 年第 12 期。

多,法律难道都能介入?显然,他将正当性求诸“通过立法程序”,这是实证主义的观点。可这仅言及程序条件,未言及实质条件,看似滴水不漏,实则在回避问题,如果道德只要经过入法的程序,就都能纳入法律范畴,那无疑是打开了“潘多拉魔盒”,法律沦为“道德档案”的担忧不无道理。

与之相对的,自然法学派将正当性求诸“符合法理正义”。著名的“拉德布鲁赫公式”(Die Radbruchsche Formel)提出了3条标准,[①]而说到底,“正义与法的安定性、法的安定性与合目的性、合目的性与正义之间的冲突,只不过是正义与其本身的对话”。[②]问题是,法学并不像自然科学,可通过计算和做实验的方式来鉴别真伪,用先验的判断取代后验的判断是很难操作的。若立法者采取与“以提高全社会诚信意识和信用水平、改善经济社会运行环境为目的”[③]相类似的表述,很难论证目的上的不正义;若实在法与正义之矛盾没有达到“不能容忍”的程度,很难论证手段上的不正义。

功利主义将正当性求诸“符合多数利益”。穆勒主张:“有利于公众幸福乃是善的本质或标准,外在的奖励和惩罚能够推动功利主义道德的实施。”[④]问题是,以此为标准,很可能出现假借“社

---

① 拉德布鲁赫在1946年8月第5期的《南德意志法律家报》发表了《法律的不法与超法律的法》一文,提出了该公式,大概是说:第一,有法总是好于无法,因为它至少产生了法的安定性;第二,除法的安定性外,法还需实现合目的性与正义;第三,若实在法与正义之矛盾达到不能容忍的程度,“非正确法”必须向正义屈服。参见[德]古斯塔夫·拉德布鲁赫:《法律智慧警句集》,舒国滢译,中国法制出版社2001年版,第161~177页。

② 舒国滢:《法哲学:立场与方法》,北京大学出版社2010年版,第191页。

③ 《规划纲要》第1条第3项。

④ [英]约翰·穆勒:《功利主义》,徐大建译,上海人民出版社2008年版,第27页。

会功利”之名来践行托克维尔所谓“多数的暴政”，在本文的语境下，可能就是主流价值观对多元价值观、传统价值观对新兴价值观的“暴政”。

还有一种论证途径是将正当性求诸“传承以礼入法”。梁治平在评价“礼与法”时就指出：“以法律去执行道德，不但不是道德，而且是反道德的了。它以刑罚的手段强迫人们行善，结果只能是取消了善行，因为它取消了人们选择恶的自由。”[①]这句警告对信用立法同样适用。

总之，上述几种论证途径，至少在本文的特殊语境下，都并不足以证明道德因素进入失信惩戒立法之正当性。

（二）现有正当性论证条件之特殊

其实，这涉及一个伦理学的基本问题，即“正当与善的关系”，伦理学思想史上两大流派的分野就与此有关，目的论认为“善优先于正当”，而支持“政府中立”的义务论却主张“正当优先于善”。[②]

义务论的一个突出代表是约翰·罗尔斯，他假设出一个类似社会契约中自然状态的“原初状态”，再假设一个借鉴自休谟的“正义环境”，最后拉上“无知之幕”，屏蔽掉地位、阶级、天资、代际等，特别是屏蔽掉善观念，于是，各方通过理性选择了“正义原则”。[③] 所以一个正义的社会并不会预设善观念，而是提供一个

---

① 梁治平：《寻求自然秩序中的和谐——中国传统法律文化研究》，上海人民出版社1991年版，第250页。

② 参见［美］约翰·罗尔斯：《正义论》，何怀宏等译，中国社会科学出版社1988年版，第9～10页。

③ 参见［美］约翰·罗尔斯：《正义论》，何怀宏等译，中国社会科学出版社1988年版，第113～184页。

权利结构,在此人们可以公平地追求不同的善观念。①

而义务论的另一个突出代表罗伯特·诺齐克,他的“权利理论”滥觞于洛克的“获取理论”,是依据非模式化的历史原则,不以善观念为前提。② 他认为,只有“最弱意义的国家”才符合正义,对人的“道德边际约束”只能要求他不妨碍到市场交换,若是要求他符合更全面的社会利益,那便是对生命的凌驾。③ 在理想的乌托邦中,每个人选择自己的生活方式,不得将善观念强加给别人。④

无论是约翰·罗尔斯的分配正义理论,还是罗伯特·诺齐克的持有正义理论,及由此产生的两种不同的国家正义理论,皆以权利立论。按照他们的主张,一个正义的社会应尊重每个人选择不同善观念的权利,对公民道德保持完全中立的态度。其实义务论的鼻祖是康德,“政府中立”的逻辑源头是他的名言——“永远把人当作目的,而非手段”。⑤

另外是手段之特殊。福柯将“统治”与“治理”区分开,前者的目的是保护君权,对象是领土与居民,手段主要靠的是法律;而后者的目的是多样的,对象是人与东西的交织,治理靠多种多样的策略,法

---

① 参见[美]约翰·罗尔斯:《正义论》,何怀宏等译,中国社会科学出版社 1988 年版,“译者前言”,第 19~29 页。

② 参见[美]罗伯特·诺奇克:《无政府、国家和乌托邦》,何怀宏等译,中国社会科学出版社 1991 年版,第 156~186 页。

③ 参见[美]罗伯特·诺奇克:《无政府、国家和乌托邦》,何怀宏等译,中国社会科学出版社 1991 年版,第 35~43 页。

④ 参见[美]罗伯特·诺奇克:《无政府、国家和乌托邦》,何怀宏等译,中国社会科学出版社 1991 年版,第 309~311 页。

⑤ 无论是谁,在任何时候都不应把自己和他人仅仅当作工具,而应该永远看作自身就是目的。参见[德]康德:《道德形而上学原理》,苗力田译,上海人民出版社 1986 年版,第 24 页。

律并非主要手段。[①] 他还提出了"治理术"(gouvernementalité)的概念。[②] 后来,在一次研讨会上,福柯将该定义简化为"支配他人的技术与支配自我的技术之间的联系"。[③] 而失信惩戒机制本身属于治理术的范畴,因为它"既不同于硬约束的法律,也不同于软约束的道德。依据信用的惩戒是一种他律的带有制度性的约束,通过他律实现自律"。[④] 问题是,惩治"失德行为"为何不用传统的法律责任,而要适用信用法?因此,手段正当性之论证,离不开对"适用信用法之原因"的讨论。

(三)正当性论证之特殊

目的特殊与手段特殊,共同决定了正当性论证之特殊。此外,手段的正当性还必须讨论"范围及力度限制"的问题。因此,本文的正当性论证,将逐一回答下列4个问题:

第一,政府是否应对公民道德保持完全中立?

第二,为什么要适用信用法来惩治失德行为?

第三,针对道德的失信惩戒立法应被限定在何种范围?

第四,针对道德的失信惩戒立法应被约束在何种力度?

二、政府不应对公民道德保持完全中立

关于"政府中立"的问题,据笔者观察,在实践中,新加坡违反"政府中立"但也运行良好。中国的理论与实践虽与前两者不同,但对"政府中立"的回答却是可推知的。

---

① 参见[法]米歇尔·福柯:《安全、领土与人口》,钱翰、陈晓径译,上海人民出版社2010年版,第74~84页。

② 参见[法]米歇尔·福柯:《安全、领土与人口》,钱翰、陈晓径译,上海人民出版社2010年版,第91页。

③ *Technologies of the Self*, in L. H. Martin, H. Gutman and P. H. Hutton, eds., Technologies of the Self: a Seminar with Michel Foucault, London: Tavistock, 1988.

④ 参见刘红霞主编:《信用管理概论》,北京大学出版社2012年版,第256页。

(一)社群主义的批判

社群主义是20世纪80年代兴起的政治思潮,桑德尔是其创始人,炮口主要是针对罗尔斯权利优先的观点。罗尔斯的"权利优先"有两层含义:一是"某些个人权利不得以社会功利来僭越";[①]二是"权利/正当优先于善观念而存在"。桑德尔所反对的是第二层含义。

桑德尔的批判内容有3点。一是对"先验自我"的批判,康德认为,人仅是"有理性的东西",在"目的王国"之中凭借理性选择其目的,自我优先于目的而存在;罗尔斯借用休谟的"正义环境"来取代康德的"目的王国",目的被"无知之幕"所屏蔽,依旧与自我相分离;桑德尔认为,目的与自我是一个连贯整体。[②] 二是对"契约签订"的批判,在罗尔斯假设的"原初状态"中,各方具有多元性,但"无知之幕"取缔各方的个性化特征,故大家不是境遇相似而是相同,"正义原则"的契约不是各方签订的,而相当于是一个人签订的。[③] 三是对"政府中立"的批判,他以"堕胎权利、奴隶制、同性恋"为例,说明"政府中立"容易创造一种道德真空,由此陷入的道德相对主义会使极端主义猛抬头。[④]

姚大志认为,桑德尔对罗尔斯的自我观念存在误解,他将罗尔斯的"公民"理解为"抽象个人",称为"无羁绊的自我",而即使

---

① 参见[美]约翰·罗尔斯:《正义论》,何怀宏等译,中国社会科学出版社1988年版,第1页。

② 参见[美]迈克尔·J.桑德尔:《自由主义与正义的局限》,万俊人等译,译林出版社2001年版,第70~75页。

③ 参见[美]迈克尔·J.桑德尔:《自由主义与正义的局限》,万俊人等译,译林出版社2001年版,第150~153页。

④ 参见[美]迈克尔·J.桑德尔:《自由主义与正义的局限》,万俊人等译,译林出版社2001年版,第223~247页。

人是有羁绊的，也不能否认自我的优先性。[①] 但姚大志也反对“政府中立”，他认为，即使权利优先于善，不代表政府在所有问题上都应保持中立：一是“在属于私人事务的善上中立，但在属于公共事务的政治问题上不中立”；二是“在不同的善观念之间中立，但在善恶之间不中立。”[②]

（二）家长主义的实践

新加坡的社会秩序井然，国民素质很高，[③]却对“政府中立”存在欠缺。比如，1966 年颁布的《破坏性行为法》就属于政府开展国民教育的工具，指示“公民”如何依据“好的”公民品格生活。[④] 它将微小的妨害视为犯罪，罚金、刑期不合比例不说，最关键的是，罪犯将受鞭刑 3～8 下。[⑤]

新加坡是英国的前殖民地，其法律属于英美法系，法律的背后所隐藏的政治哲学本应是自由主义，而自由主义最关心两点：一是对个人权利的保障；二是对政府权力的控制。它的立法，所体现的与其说是威权主义，不如更形象地说是“家长主义”。

（三）中国的政治哲学

中国的政治哲学奉行的是马克思主义。马克思、恩格斯两人虽未就“权利优先”或“政府中立”的问题发表过意见，但结论却

---

① 参见姚大志：《正义与善：社群主义研究》，人民出版社 2014 年版，第 44～45 页。

② 参见姚大志：《正义与善：社群主义研究》，人民出版社 2014 年版，第 32～33 页。

③ 参见《〈全球法律与秩序〉报告：新加坡是全球治安最好国家》，载搜狐新闻 2018 年 6 月 8 日，https://m.sohu.com/a/234653527_753301。

④ 参见［新加坡］约西·拉贾：《威权式法治：新加坡的立法、话语与正当性》，陈林林译，浙江大学出版社 2019 年版，第 62 页。

⑤ 参见姚大志：《正义与善：社群主义研究》，人民出版社 2014 年版，第 75～76 页。

是可推知的。

在理论上，首先，“权利优先”的逻辑起点是康德的“先验自我”，权利是个人本位的，而马克思主张“现实的人”，[①]即与社群主义一样，主张权利是社会本位的；其次，“政府中立”的逻辑起点是康德的“人是目的”，而马克思主张“人是目的与手段的统一”，[②]这就釜底抽薪地说明，人可以同时是实现公共利益的手段和目的；最后，“道德滑坡”之解决，康德求诸自律的“绝对命令”，社群主义求诸“社群”的作用，恩格斯则讽刺理想主义的“万能”，[③]从现实主义出发，认为道德重建离不开法律介入。

在实践中，“政府中立”在美国的实践与家长主义在新加坡的实践，形成鲜明的对比。经济基础决定上层建筑，许多发展中国家不顾经济基础而照搬其殖民地母国的政体、政治哲学、法律，导致“水土不服”，社会治理混乱不堪。即使在发达国家，“政府中立”思想的泛滥，也酿成了大量的失序和失德行为。马克思主义中国化的精髓，就是实事求是，并非要借鉴新加坡的“鞭刑”，而是借鉴其“治理术”，对失德行为进行惩戒。

无论从社群主义的理论、家长主义的实践还是中国的政治哲

---

①　人的本质不是单个人所固有的抽象物，实际上，它是一切社会关系的总和。参见中共中央马克思恩格斯列宁斯大林著作编译局：《马克思恩格斯全集》第 3 卷，人民出版社 1960 年版，第 5 页。

②　每个人只有作为另一个人的手段才能达到自己的目的；每个人只有作为自我目的（自为的存在）才能成为另一个人的手段（为他的存在）；每个人是手段的同时又是目的，而且只有成为手段才能达到自己的目的，只有把自己当作自我目的才能成为手段。参见中共中央马克思恩格斯列宁斯大林著作编译局：《马克思恩格斯全集》第 46 卷（上），人民出版社 1979 年版，第 196 页。

③　爱随时随地都是一个创造奇迹的神，可以帮助他克服生活中的一切困难。参见中共中央马克思恩格斯列宁斯大林著作编译局：《马克思恩格斯全集》第 21 卷，人民出版社 1965 年版，第 333 页。

学角度来看,“政府中立”的观点都值得商榷。笔者认为,在大多数情况下,政府应对公民道德保持中立,但在道德“滑坡”的突出领域,政府应有所作为。

三、适用信用法惩戒失德行为之原因

综观世界,对于公共领域的“失序”,各国通常用刑法或行政法来调控,而对于私人领域的“失德”,发达国家受“政府中立”思想的影响颇深。但在中国地方立法的实践中,出现了将一些公共领域的“轻微失序”(失德)或私人领域的“失德”纳入“失信”的现象。中国用信用法来惩治失德行为是社会治理模式的一种创新,本节将究其原因。

(一)从身份到契约再到身份

身份型信任,通常发生在一个封闭、凝滞的社会。以古代中国为例,人的根扎在土里,然后开枝散叶,信任以地缘、血缘等联系为基础,是一种丢石头形成同心圆波纹的“差序格局”,这种关系以己为中心,一圈圈推出去,愈推愈远,也愈推愈薄。[①] 中国传统社会信用之维系的三大基础,分别是:中间人信用促成的民间契约、嵌入家族共同体的信任网络以及同乡在异乡建立的会馆公所。[②] 但随着熟人社会的凋敝,身份型信任并不够满足要求。

契约型信任,通常发生在一个开放、流动的社会。以近代美国为例,移民间几乎不存在地缘、血缘等联系,但市场交易的需求又十分旺盛,为尽量减少信息不对称,早期征信机构派出了“快乐

---

① 参见费孝通:《乡土中国》,北京出版社2004年版,第32~34页。

② 参见翟学伟主编:《中国社会信用:理论、实证与对策研究》,中国社会科学出版社2018年版,第87~96页。

大篷车”,[①]随着大型计算机以及信用评分技术的出现,征信机构的信息收集越来越全面,“信用”变得可以用货币单位来直接度量。交易者之间不需要熟识,他们信任契约背后的“信用”,交易对象是谁不重要,重要的是交易本身。

(二)从信用体系到诚信体系

我国发现了契约型信任的缺陷,就尝试用“失信惩戒”来解决社会治理中的某些问题。

中国人的思维是整体性的,与“信”相关的词组,有“诚信”“信任”“信用”,对应着“个人”“群体”“社会”,这些概念一体多面,难以分割。为了补强契约型信任,完善社会治理模式,“信用”概念需要走中国化道路。而传统意义上,个人的“信”是指“朋友有信”,[②]其对象并非指家人,有些地区将“不孝”[③]、有些部门将“不养”[④]纳入失信,这都超出了传统“信”概念的范围,且大部分人一生要经历3种角色(子女、夫妻、父母),难道还应将“不忠”纳入失信?清官难断家务事,法律应尽量不要介入家庭内部事务。但在陌生人社会,“信”限于朋友间又显得太窄,韦政通提

---

① 在欧美社会,很多年前,有种被称为“快乐大篷车”(Welcome Wagon)的活动:两三名妇女会准备一些烘烤的美味食品并乘着大篷车去拜访某个地方的新邻居,她们会坐下来聊当地的活动和商业,这些妇女也在房屋附近活动,关注其他可能有价值的信息。“快乐大篷车”其实就是征信机构的信息采集小组,进行数据的搜集和共享,这些妇女就是征信机构的雇员。参见刘新海:《征信与大数据》,中信出版集团股份有限公司2016年版,第7页。

② 父子有亲,君臣有义,夫妇有别,长幼有序,朋友有信。参见《孟子·滕文公章句上·第四节》。

③ 参见《多地将忤逆不孝列入信用“黑名单”,这些地方开始行动了!不孝子孙面临严惩》,载搜狐新闻网2019年9月12日,https://www.sohu.com/a/338267978_99921889。

④ 参见《12部门联合出台意见:只生不养父母将被实施失信联合惩戒》,载搜狐新闻网2019年7月12日,https://www.sohu.com/a/326323301_118060。

出的"第六伦",即在五伦之外建构与"非自己人"的伦理,[①]此观点较符合"信"在新时期的需求。至于具体的应然范围,将在下文详述。

(三)从法律责任到信用责任

本文的信用责任是狭义的,是指对失信人除三大法律责任外的惩戒措施,刘俊海称其为"正在生长中的第四大法律责任",并列举了确立信用责任的10个"有利于"。[②] 笔者认为,他没提到最大的"有利于",即有利于解释将"失德行为"纳入失信的梯度问题。如果采取法律责任与道德责任的二分法,而"失信惩戒是一种行政性惩戒,是一种新型的处罚措施"[③],将其归入行政责任,对于"失德行为"来说,在梯度上就显得不平衡。因此,可考虑设立信用责任,变成三分法,将其置于法律责任与道德责任之间。

此外,适用信用责任来惩治"失德行为"还有以下3点原因:

一是侧重点不同。相较刑事责任的压制性、行政责任的处罚性及民事责任的恢复性,信用责任的特点是激励、惩戒与预防。二是手段多元化。三大责任只有法定种类,而信用责任的种类还在"先行先试"中,能更好地根据比例来"对症下药"。三是经济效率高。弗里德曼认为,罚款、死刑、徒刑都缺乏经济效率,而污名是一种带有负成本的惩罚,直接获益的是公共产品。[④]

---

① 参见韦政通:《伦理思想的突破》,四川人民出版社1988年版,第225~259页。

② 参见刘俊海:《信用责任:正在生长中的第四大法律责任》,载《法学论坛》2019年第6期。

③ 顾敏康等:《我国诚信建设法治化核心命题笔谈》,载《求索》2020年第3期。

④ 参见[美]大卫·D.弗里德曼:《经济学与法律的对话》,徐源丰译,广西师范大学出版社2019年版,第353、364页。

四、针对道德的失信惩戒立法之范围限制

法谚有云,法律是最低限度的道德,这里的“法律”主要是指刑法。可刑法或许能守住道德底线,却阻止不了道德滑坡,于是信用法应运而生。问题是,这势必改变“最低限度”的判断标准,故本节将讨论“最低限度的信用法化”。

(一)法与道德的边界问题

对于“法的定义是否必须援引道德”的问题,自然法与实证主义有冗长的争执。近代以来,两派出现了相互借鉴的趋势。新自然法学派的富勒区分了法律的“外在道德”和“内在道德”,[①]前者与自然法的理念相联系,而后者包含有部分实证主义的内容。[②] 新分析法学派的哈特,一方面认为法律符合道德不代表两者就必然相关;[③]另一方面又列举了法律和道德共同内嵌的自然法的最低限度。[④] 而现在学界的通说——法律是最低限度的道德——源于耶里内克的名言。[⑤] 当然这句话还有漏洞,如非规范性条文就无涉道德,但至少它揭露了两者的重叠部分。而不违反刑法,就是人们通常理解的最低限度。

---

① 法律的8种内在道德包括:一般性、颁布、非溯及既往、清晰性、不矛盾、不要求不可能之事、在时间之流中的连续性、官方行动与公布的规则之间的一致性。参见[美]富勒:《法律的道德性》,郑戈译,商务印书馆2005年版,第55~107页。

② 参见[美]富勒:《法律的道德性》,郑戈译,商务印书馆2005年版,第114页。

③ 法律反映或符合一定道德要求,尽管事实上往往如此,然而不是一个必然的真理。参见[英]哈特:《法律的概念》,张文显等译,中国大百科全书出版社1996年版,第182页。

④ 参见[英]哈特:《法律的概念》,张文显等译,中国大百科全书出版社1996年版,第189~195页。

⑤ 耶里内克完成了从法律和道德的相互对立到法律从属于道德的转变。参见[美]罗斯科·庞德:《法律与道德》,陈林林译,中国政法大学出版社2003年版,第147页。

关于最低限度的讨论,按时间先后有如下 4 种学说:①

1. 法律家长主义。这种观点古已有之,其法律思想主要是:政府可强迫公民提升自我利益,如推行义务教育,也可阻止公民自我伤害,如禁食鸦片。此亦称为“父爱主义”。可并不是每个父亲都是好父亲,这种观点打开了国家干预个人自由的大门,若不加以限制,这份“爱”必将给人以桎梏。

2. 伤害原则。密尔反对法律家长主义,他主张只有涉他性的“伤害”才是法律干涉的对象,“伤害”包括对人的直接伤害,如残害人身,及间接的社会伤害,如损害公共设施。此亦称为“密尔原则”。这种观点排除了对个人无形利益的保护,若不加限制,必将导致自由主义泛滥。

3. 法律道德主义。不承认私人道德的存在,认为这些行为不受镇压就会导致社会瓦解,法律应当强制实施道德。这种观点受到基督教的影响,其实是一种主观的、带有宗教偏见的思想。

4. 冒犯原则。与法律道德主义相比,其将应受制裁的不道德行为限定在“公然”的范围内。这种观点依旧没有回答,是否一切冒犯行为都应受惩罚以及是否将心理的冒犯纳入“公然”范围等问题。

上述 4 种学说虽然探讨的是“刑法的最低限度”,但对于“信用法的最低限度”之探究起到借鉴作用。特别是法律道德主义,在批判吸收之后,可对道德因素进入失信惩戒立法提供一定的指导。

---

① 参见张文显:《二十世纪西方法哲学思潮研究》,法律出版社 1996 年版,第 419 ~ 432、546 ~ 554 页。

(二)道德强制的批判发展

德富林给立法者贡献了4项原则:一是必须默认与社会的完整相协调的个人自由最大化,"厌恶"的存在是容忍限度的良好标志;二是容忍限度会发生变迁;三是应当尽可能地尊重隐私;四是法律关注最小值而非最大值。① 问题是,"厌恶"是一个主观标准,德富林自己是基督徒,便认为违反新教伦理会引起世人的厌恶,所以要入刑。哈特就区分了所有社会的必要道德和特定社会的特定道德,他认为德富林的"厌恶"属于后者,而多元的道德之间可以很好地相互容忍。② 德沃金则认为,德富林的"厌恶"可能是偏见、合理化、个人厌恶的混合物,是预先假定了一般道德的立场。③

我国是无神论国家,不可能使用法律去执行宗教道德。党的十九届四中全会决定指出,要将社会主义核心价值观融入法治建设,因此,要将德富林的法律道德主义的基座换成社会主义核心价值观中公民个人层面的"诚信"。而个人层面的价值准则还有3个,即爱国、敬业、友善,立法者可以对"诚信"作一个广义解释,但既然区分出其他3个,就说明对其他3个的"失德"不应纳入失信惩戒范畴。可在某些地方信用立法的实践中却将"诚信"范围

---

① 参见[英]帕特里克·德富林:《道德的法律强制》,马腾译,中国法制出版社2016年版,第21~25页。

② See H. L. A. Hart, *Social Solidarity and the Enforcement of Morality*, The University of Chicago Law Review, Vol. 35:1, p. 1-13. 转引自[英]帕特里克·德富林:《道德的法律强制》,马腾译,中国法制出版社2016年版,第193~212页。

③ See Ronald Dworkin, *Lord Devlin and the Enforcement of Morals*, The Yale Law Journal, Vol. 75:6, p. 986-1005. 转引自[英]帕特里克·德富林:《道德的法律强制》,马腾译,中国法制出版社2016年版,第213~242页。

肆意地扩大。比如,南京就将“精日”行为纳入失信惩戒,①这本属于“爱国”的范畴;浙江打算将“频繁跳槽”纳入失信惩戒,②这本属于“敬业”的范畴。笔者认为,信用法应把握“诚信”的内核,其他价值观可交由其他法律。

(三)最低限度的信用法化

既然要降低“最低限度”的门槛,那势必要在原有道德的范围内进行搜寻,就需将道德进行分类,而法学界主要有两种思路。

其一,将道德分为“公德”与“私德”、“积极道德”与“消极道德”。最早提出相关概念的是边沁,他认为伦理展示有三大准则:一是慎重(对自己的义务);二是正直(对别人的义务,即避不减损之);三是慈善(对别人的义务,即试图增长之)。慎重准则属于私人伦理,立法如果介入就会产生“惩罚无效”及“惩罚无益”的情况;正直准则是最需立法者协助的准则;慈善准则虽属于私人伦理,但法律在其界限内也能予以适当延伸。③ 其二,将道德分为“社会有序化的基本要求”和“有助于提高生活质量”和“增进人与人之间的紧密联系的原则”。④ 而类似的表述,还有富勒的“义务的道德”和“愿望的道德”,⑤及哈特的“第一性的强制性

① 参见《南京对“精日”行为划定法律红线　列举三种典型“精日”行为》,载搜狐新闻网2018年8月29日,https://www.sohu.com/a/250706475_267106。

② 参见《浙江或将跳槽纳入征信》,载搜狐新闻网2019年4月8日,https://www.sohu.com/a/306463102_807294。

③ 参见[英]边沁:《道德与立法原理导论》,时殷弘译,商务印书馆2000年版,第350~359页。

④ 参见[美]E.博登海默:《法理学:法律哲学与法律方法》,邓正来译,中国政法大学出版社1999年版,第373~374页。

⑤ 参见[美]富勒:《法律的道德性》,郑戈译,商务印书馆2005年版,第6页。

的社会责任和义务”和“社会公认的理想与美德”。[①] 综上所述，道德因素进入失信惩戒立法，应然范围需做到“三可三不可”——公德可以，私德不可；消极道德可以，积极道德在原则上不可；使社会有序可以，使社会完美不可。

但这种标准还是太过抽象。公德与私德的“重叠部分”要怎么办？积极道德的“原则上”应考虑何种因素？“有序”到何种程度为止？最低限度的信用法化需要更具体的标准，笔者有如下建议：

第一，公德与私德的“重叠部分”主要是“讹诈类”与“违纪类”。前者的衡量标准是“保护好人”，好的社会不应让“穿鞋的人”去害怕“光脚的人”，这样会寒了天下好人的心，比如，罗培新就建议将讹诈恩人纳入失信，[②]天津也将“医闹”纳入失信，[③]这些举措都值得赞赏；后者的衡量标准是“体现品格”，并不是说所有的违纪都要纳入失信，而是某些违纪十分严重，充分体现其“不适格”，如果不标示出来，再让其从事相同工作，会造成恶劣影响。比如，教育部关于《外籍教师聘任和管理办法（征求意见稿）》中

---

① 法律反映或符合一定道德要求，尽管事实上往往如此，然而不是一个必然的真理。参见［英］哈特：《法律的概念》，张文显等译，中国大百科全书出版社 1996 年版，第 179 页。

② 参见罗培新：《社会信用法：原理·规则·案例》，北京大学出版社 2018 年版，第 51～52 页。

③ 参见《动真格了！“医闹”将纳入失信名单！共 15 项惩戒措施》，载搜狐新闻网 2020 年 6 月 6 日，https://www.sohu.com/a/400084379_120066341。

的第30条、[1]第31条[2]的某些条款就很恰当，严重学术不端、从事邪教活动、吸食毒品、性骚扰等行为。

第二，积极道德的“原则上”主要针对的是“违约类”，衡量标准是“对象的公益性”。比如，罗培新建议将“诈捐”纳入失信，[3]陕西将“拒服兵役”纳入失信，[4]人大代表刘发英建议将“公费师范生不当老师”纳入失信，[5]这些的对象分别是：慈善组织、国家军队、乡村学校，因此这些举措是恰当的。

第三，“有序”的程度问题，衡量标准是“素质的差异性”。因为中国地域辽阔，人口众多，国民素质的差异较大。比如，在北京的地铁里，手机大声外放属于不文明行为。[6] 斯蒂芬就提醒“法律不可能比它存在于其中的民族更优秀，虽然它可以随着道德标

---

① 第30条（失信记录）规定，外籍教师违反合同约定，有下列情形之一的，教育机构予以处理后，应当报告主管教育行政部门。教育行政部门经核实，计入信用记录：有严重学术不端行为的；在受聘任的教育机构以外违规从事有偿工作的；违反聘任机构规章制度，被解聘的；聘任期未满，擅自离职的。

② 第31条（从业禁止）规定，外籍教师有下列情形之一的，教育机构应当予以解聘，并报告主管教育行政部门，记入信用记录：有损害中国国家主权、安全、荣誉和社会公共利益的言行的；被追究刑事责任的；妨碍教育方针贯彻落实的；有吸食毒品等违反治安管理行为的；有性侵害、虐待未成年人行为的；非法从事宗教教育或者传教的；从事邪教活动的；有性骚扰学生或者其他严重违反中国的公序良俗和教师职业道德、行为准则的；在申请来华任教过程中提供虚假证明信息的；本办法第30条规定的失信记录累计超过3条的。教育机构不得聘任有前款情形的外籍人员担任外籍教师。

③ 参见罗培新：《社会信用法：原理·规则·案例》，北京大学出版社2018年版，第54页。

④ 参见《陕西省征兵办首次公布失信黑名单　14人拒服兵役被部队除名》，载搜狐新闻网2019年1月18日，https://www.sohu.com/a/289961161_775042。

⑤ 参见《全国人大代表刘发英：公费师范生不当老师可记入诚信档案》，载搜狐新闻网2020年5月21日，https://www.sohu.com/a/396648389_260616。

⑥ 北京市交通委员会《关于对轨道交通不文明乘车行为记录个人信用不良信息的实施意见》第1条将下列行为纳入不文明行为：在列车车厢内进食、推销产品或从事营销活动、大声外放视频或音乐。

准的提升而日趋严谨”。[1] 这方面，各地应根据实际状况来立法。

五、针对道德的失信惩戒立法之力度限制

信用立法属于一种新型的立法。行政法的学者从公法约束的角度提供了不少意见，即从行政法的基本原则出发，如不当联结禁止原则、合比例性原则等。此外，笔者认为，刑法的等价原则也具有参考意义。

（一）关联性约束

禁止不当联结，即行政机关对人民所作之各种行为，应谨守法律之授权，与事件内在无关者，不得相互联结。[2] 失信惩戒应具有关联性，但令人遗憾的是，许多学者仅对不恰当的地方立法实践进行简单列举，并未系统深入地研究，故而哪些失信惩戒措施具有关联性，仍须进一步探究。[3]

对于信用机构来说，它在判断信用等级和信用状况时，往往会采取间接的逻辑和指标，而非直接手段。在大数据时代，科技有能力将碎片化的信用信息整合起来，信息被分为“弱关联”与“强关联”，很多看上去是“弱关联”的信息，在特殊的市场环境之中，它又是“强关联”的。如前文所述，信任模式正从“契约再到身份”，而“失德行为”的数据添加会使“用户画像”更加完整。主体间的信任关系，很可能就由于对方的某种失德行为产生了动摇，尽管看起来其与“失信”不太相关。

---

① 参见[英]詹姆斯·斯蒂芬：《自由·平等·博爱：一位法学家对约翰·密尔的批判》，冯克利、杨日鹏译，广西师范大学出版社2007年版，第133页。

② 参见吴庚：《行政法之理论与实用》（增订9版），台北，三民书局股份有限公司2006年版，第109页。

③ 参见沈毅龙：《论失信的行政联合惩戒及其法律控制》，载《法学家》2019年第4期。

笔者认为,对于“弱关联”的信息,载入“信用记录”即可,法律不应对其进行资格限制,由市场主体自己查询,自行判断。对于“强关联”的信息,应当载入“黑名单”进行资格限制,即所谓“失信联合惩戒”。多数的不当联结是政府将“弱关联”信息视为“强关联”所致,由于政府对“弱关联”信息的评价具有一种公信力,实际上就向全社会散布了该信用主体“不可靠”的信号。立法者应杜绝这种不当联结。

(二)等价性约束

正如学者忧心失信惩戒将会泛道德化一般,刑法的“以危险方法危害公共安全罪”也常年被学者们口诛笔伐为“口袋罪”,而其最后确立的标准就是等价原则。[①] 道德因素进入失信行为的认定,也应当具有等价性。《指导意见》第3条第9项中列举了4项严重失信行为,[②]前3个都突出“严重”二字,而最后一个“不履行国防义务”与国防事业有关,兹事体大,等价于“严重”。因此,唯有与上述4种行为程度相当的“失德行为”,才能被评价为严重失信行为。而较重失信行为和一般失信行为,没有参照物,立法者需仔细斟酌。

此外,将多次一般失信行为视为较重失信行为有其合理性,但将更多次一般失信行为视为严重失信行为,[③]就违反了等价性

---

① “以其他危险方法”仅限于与放火、决水、爆炸、投放危险物质相当的方法,而不是泛指任何具有危害公共安全性质的方法。参见张明楷:《刑法学》(第4版),法律出版社2011年版,第610页。

② 这4种严重失信行为:一是严重危害人民群众身体健康和生命安全的行为;二是严重破坏市场公平竞争秩序和社会正常秩序的行为;三是拒不履行法定义务,严重影响司法机关、行政机关公信力的行为;四是拒不履行国防义务的行为。

③ 《扬州市节能失信行为认定和管理办法(试行)》第7条规定,同一用能单位一年发生4次以上一般失信行为或2次以上较重失信行为的,构成严重失信行为。

原则。从刑法上来说,累犯应当从重处罚,信用法亦循此道,但没有这么简单,作类比就能反映其荒谬——将对一般失信行为的惩戒类比为拘役,对较重失信行为的惩戒就是有期徒刑,而对严重失信行为的惩戒是死刑(资格剥夺)。有人寻衅滋事,被判处“拘役”,在出狱后,他多次寻衅滋事,属于累犯,被判处“有期徒刑”,再出狱后,他继续多次寻衅滋事,难道应当判处“死刑”吗?

一家企业规模越大,它的失德行为可能就越多,如果因为其多次的失德行为,就直接剥夺其法人资格,会造成市场的“逆淘汰”。立法者对于多次一般失德行为的惩戒,在法律拟制时要把握好等价性原则。

(三)比例性约束

比例原则,简言之,就是“禁止过度”,[①]行政目的与手段之间要符合一定的比例。沈岿将失信惩戒措施归结为6类,分别是:失信记录、提醒警告、重点监管、声誉不利、资格限制或剥夺、自由限制。[②] 资格限制或剥夺对权利之剥夺最甚,故只有严重失德行为可以涉及。而针对非严重失德行为的失信惩戒,应以前面4类为宜。

所谓松紧度,是看一个国家中社会规范的强度及对越轨行为的容忍程度。在五大洲的33个样本中,按紧度从高到低,中国排

---

① 比例原则又有广狭两义之分,广义之比例原则包括适当性、必要性及衡量性三原则,而衡量性原则又称狭义之比例原则。适当性指行为应适合于目的之达成;必要性则谓行为不超越实现目的之必要程度,以及达成目的需采影响最轻微之手段;至衡量性原则乃指手段应按目的加以衡判。质言之,任何干涉措施所造成之损害应轻于达成目的所获致之利益,始具有合法性。上述三分法在概念上有重叠之处,故论者反对上述通说且主张比例原则应改称禁止过度原则。参见吴庚:《行政法之理论与实用》(增订9版),台北,三民书局股份有限公司2006年版,第60页。

② 参见沈岿:《社会信用体系建设的法治之道》,载《中国法学》2019年第5期。

第9位。[1] 而对企业,还可混用“提醒警告”或“重点监管”措施。至于较重失德行为,一是其真的较严重;二是其“屡教不改”等价于较严重,此时可辅以“失信记录”,此举会直接导致失信主体经济与社会成本的增加,笔者相信“经济人”会作出理性选择。

以下是对笔者所主张的总结(见表1)。

表1 失信惩戒梯度

失信程度惩戒措施	针对个人	针对企业
一般失德行为	声誉不利	声誉不利/提醒警告/重点监管
较重失德行为	声誉不利+失信记录	声誉不利/提醒警告/重点监管+失信记录
严重失德行为	声誉不利+失信记录+资格限制或剥夺	声誉不利/提醒警告/重点监管+失信记录+资格限制或剥夺

① Michele Gelfand, *Differences between Tight and Loose cultures: A 33 - nation study*, Science 27 May 2011: Vol. 332, Issue 6033, p. 1100 - 1104.

信用法治建设如何对待家庭：失信株连惩戒的反思与调整

周　明*

内容摘要　家庭能力是国家能力的基石，信用法治建设应当为家庭功能的重塑提供尽可能多的支持。然而，基于身份与血缘关系的失信株连惩戒，已成为当前中国社会的普遍现象，致使失信人的其他家庭成员在入学、从军、就业等方面受到资格限制与权利损失。失信株连惩戒在实践中呈现家庭范围泛化、失信行为扩张、评价结果武断等特点。失信株连惩戒的可能出发点在于，失信者对其家庭成员会产

---

* 湖南省永兴县人，2016年6月毕业于华东政法大学，法学硕士，现任湖南省资兴市人民法院审判管理办公室（研究室）副主任。曾在《法律适用》《山东法官培训学院学报》《湖南审判研究》等发表多篇学术论文。

生潜移默化的影响，因而有必要实行连带责任。但伴随家庭的社会功能变迁，株连制度的基础逐渐瓦解。通过比例原则规制的指引，失信株连惩戒应当仅限于维护紧急且迫切的国家安全考量，其他情形下应实现从家庭到个体、从形式到实质、从单一化到多层次的审查转变。

关键词 信用法治；失信株连惩戒；资格限制；比例原则

2018年7月13日，一则新闻[①]突然登上了各大新闻网站的头版，并引发了网民的激烈争论："老赖"父亲不还钱影响儿子大学录取，支持还是反对？饶某从银行贷款20万元后未按时履行还款义务，被银行诉至法院，判决生效后依然拒不履行，案件执行程序中饶某被纳入被执行人失信名单。饶某的儿子报考北京某高校，在资格审查时发现饶某存在失信行为，如果其不予处理，高校将拒绝录取其儿子。新闻的结局皆大欢喜，饶某筹钱还清了银行贷款，法院撤销了失信名单，其儿子也顺利获得大学录取。对此，支持者认为，失信名单发挥了惩治"老赖"的利器作用，高校资格审查后择优录取亦无可厚非。但也有部分网民对此提出了不同意见，父亲失信固然应该予以惩戒，"连坐"剥夺儿子接受高等教育的权利有违现代法治的理念。热点新闻背后折射出来的失信惩戒范围扩大化问题值得深思。上述新闻绝非个案，相关的案例不胜枚举，例如，女子因父亲上访被拘不能报考司法院校，[②]

① 参见《老赖父亲不还钱影响儿子大学录取，支持还是反对?》，载搜狐网2018年7月13日，http://m.sohu.com/a/241059077_561670/。

② 参见《女子因父亲上访被拘报考司法院校遭拒》，载《燕赵都市报》2009年6月19日，第2版。

父亲失信导致儿子政审通不过与心仪的国防大学失之交臂。①

《论语》有云:“民无信不立。”信用是法治社会的基石,推进信用法治建设是实现依法治国的必然要求。而家庭自古以来就是我国道德的核心,也是我国法律传统精神的源点。② 当信用法治与家庭交织在一起,却呈现一幅复杂的图景。基于身份与血缘关系的失信株连惩戒已成为当前中国社会的普遍现象,由于失信而致使其他家庭成员在入学、从军、就业等方面受到资格限制与权利剥夺。失信株连惩戒其他家庭成员的正当性依据何在?信用法治建设应当如何对待家庭?这是当前信用立法中亟待思考的问题。

一、问题:失信株连惩戒的表象

由于缺乏统一的信用立法,有关失信株连惩戒的规定也相对零散,范围界定较模糊。

(一)家庭范围泛化

家庭是由婚姻、血缘或收养关系组成的社会组织的基本单元,是成员彼此在生理、心理、生活等方面密切相依的组织。家庭是社会学上的概念,在法学领域往往表述为近亲属。根据我国《刑事诉讼法》第106条第1款第6项的规定,刑事诉讼中的近亲属包括配偶、父母、子女、同胞兄弟姊妹。而民事诉讼中近亲属范围在此基础上还增加了祖父母、外祖父母、孙子女、外孙子女。行政诉讼中的近亲属的范围又在民事诉讼的基础上增加了其他具有扶养、赡养关系的亲属。从刑事诉讼到民事诉讼再到行政诉

---

① 参见《都是失信惹的祸 孩子考上心仪大学政审通不过》,载中国法院网,https://www.chinacourt.org/article/detail/2018/05/id/3318967.shtml。

② 参见瞿同祖:《中国法律与中国社会》,中华书局1981年版,第326~327页。

讼,近亲属的外延逐渐扩大,具体范围可见表1所示。

表1 不同法学领域近亲属的范围

法学领域	近亲属的范围
刑事诉讼法	配偶、父母、子女、同胞兄弟姊妹
民事诉讼法	配偶、父母、子女、同胞兄弟姊妹、祖父母、外祖父母、孙子女、外孙子女
行政诉讼法	配偶、父母、子女、同胞兄弟姊妹、祖父母、外祖父母、孙子女、外孙子女、其他具有扶养或赡养关系的亲属

通过在公务员录用、军校报考、警察招录等准入环节进行政治审查,从而对信用主体予以资格限制和权利剥夺,是失信惩戒的重要方式。以此观之,失信惩戒在一定程度上具有行政法的特征。信用法治领域中家庭的范围,或者说,近亲属的范围似乎可以沿用行政诉讼法中的相关规定。但失信惩戒作为限制公民权利的手段,纳入政治审查的家庭成员范围应当尽可能地予以限缩,从而最大限度地保障公民的合法权利,刑事诉讼法中的近亲属范围更能体现这一价值取向。然而,失信惩戒实践中,家庭的范围出现泛化趋势,并且超出了行政诉讼法中近亲属的范畴。例如,大学生因舅舅滥伐林木被判刑而考公务员未能通过政审关一事中,①舅舅已经超出了近亲属范围,并且不具有扶养与赡养关系。又如,2006年公安部出台《公安院校招生政审工作暂行规定》第4条规定了8类政审不合格情形,具体审查事项不仅涉及考生本人情况,还包括直系亲属和关系密切的旁系亲属的表现情

① 参见《舅舅判缓刑侄儿考第一难过政审关》,载新浪网新闻中心,https://news.sina.com.cn/c/2008-04-28/062513803096s.shtml。

况。上述规定中不仅"关系密切"难以合理界定,旁系亲属的范围也远远超出了家庭的范畴,更加接近于家族的概念,而这与现代社会家庭原子化、家族弱化的趋势相悖。

(二)失信行为扩张

当前,我国社会信用正经受严峻考验,履约践诺的社会氛围尚未真正形成,制假售假、虚假宣传、学术不端等不诚信现象屡禁不绝。为了构建"一处失信,处处受限"的联合惩戒格局,2016 年国务院出台了《关于建立完善守信联合激励和失信联合惩戒制度加快推进社会诚信建设的指导意见》,其中明确要求对 4 类严重失信行为实施联合惩戒:一是严重危害人民群众身体健康和生命安全的行为,包括食品药品、生态环境、工程质量、安全生产、海防安全、强制性产品认证等领域的严重失信行为;二是严重破坏市场公平竞争秩序和社会正常秩序的行为,包括贿赂、逃税骗税、恶意逃废债务、非法集资、合同欺诈、聚众扰乱社会秩序等严重失信行为;三是拒不履行法定义务,严重影响司法机关、行政机关公信力的行为,包括当事人在司法机关、行政机关作出判决或决定后,有履行能力但拒不履行、逃避执行等严重失信行为;四是拒不履行国防义务,拒绝、逃避兵役,拖延民用资源征用或者阻碍对被征用的民用资源进行改造,危害国防利益,破坏国防设施等行为。① 上述列举的 4 类严重失信行为,既有狭义上的失信行为,也有违法行为和犯罪行为,信用法治领域的"失信"应当是一个广义上的概念。构建一套全面的社会信用制度体系,其内容应当包括因违法犯罪而遭受处罚的信息。正如罗培新所言:"法律是社会的

① 参见国务院《关于建立完善守信联合激励和失信联合惩戒制度加快推进社会诚信建设的指导意见》(国发〔2016〕33 号)。

最大公约数,是民众公共选择的结果,也是一份公民应当共同信守的契约。守法是守信者的底线要求。"①

广义上的失信概念,并不意味着没有界限而可以肆意扩张。在警察招录的环节中,就存在失信行为扩张的现象,将家庭成员中"有犯罪嫌疑而正在被侦查、控制"的情形也纳入失信株连惩戒的范围。例如,浙江省公安厅、人事厅印发的《浙江省公安机关录用人民警察考察和政审工作实施细则》第 10 条规定:"考察和政审中查实有下列情形之一者,不宜录用为人民警察……(十)配偶、直系亲属和近亲属中有因严重错误或犯罪嫌疑正被政法机关侦查、控制的……"②且无论针对犯罪分子的家庭成员予以失信株连惩戒的合理性与合法性问题,仅就家庭成员中"有犯罪嫌疑而正在被侦查、控制"即进行政治审查环节的否定性评价而言,这是有罪推定思维,失信行为的范围在株连惩戒中被扩张。

(三)评价结果武断

针对军人和警察等特殊职业进行准入资格的审查具有一定的合理性,我国香港特别行政区的警察招录也会进行必要的家庭背景调查,以期全面考核报考者的综合素质。被评选为"2009 年十大宪法事例"的"政审门"事件曾引起了社会各界的普遍关注,应届高考生扈某某由于父母在 2007 年因宅基地与邻居斗殴被处以治安拘留 15 天,当地派出所民警拒绝在政审表上盖章而致使其与报考军校失之交臂。2004 年公安部、总参谋部、总政治部联合颁发的《征兵政治审查工作规定》,成为军校政审的法律依据,其中规定了 24 种不得征收新兵的情形,对于父母等直系亲属存

---

① 罗培新:《善治须用良法:社会信用立法论略》,载《法学》2016 年第 12 期。

② 参见于志刚:《前科株连效应的刑法学思考》,载《法学研究》2011 年第 1 期。

在违法行为的,重点考查考生本人能否正确对待。然而,由于政治审查制度存在标准模糊、评价主观性大等问题,长期处于法治轨道之外运行,致使政审评价结果较武断。

审查制度的合理性在于,全面评价被考察对象的表现与思想品德情况,其出发点和落脚点都应当在被考察对象本身,家庭成员的失信情况仅仅是为了达到全面评价的一种手段,而非目的。然而政治审查制度在实际运行过程中出现异化现象,手段与目的之间本末倒置。不问被考察者如何看待家庭成员的严重失信行为,其能否正确认识与对待,是否对被考察者本身造成不良的影响,而仅仅因为家庭成员存在严重的失信行为就对被考察者实行“一票否决”的株连评价。这种评价结果使其他家庭成员的资格限制与权利剥夺几乎等同严重失信行为者本人,造成了人格歧视。

二、思辨:失信株连惩戒的正当性反思

失信株连惩戒的可能出发点在于,失信者对其家庭成员会产生潜移默化的影响,因而有必要实行连带责任。在涉及国家安全和重大公共利益的特殊领域实行严格的准入审查有其合理性。然而罔顾这种影响究竟有多大,针对失信者的家庭成员实行“一票否决”的株连评价,会引发公众对失信株连惩戒的合理性与合法性的质疑。

(一)基础瓦解:家庭的社会功能变迁

“家庭是传统和现代性之间斗争的场所。”[①]从原始社会的部落到封建社会的家族,再到现代社会的家庭,“家庭”的进化史是

① 郑曦原、李方惠:《通向未来之路:与吉登斯对话》,四川人民出版社2002年版,第147页。

人类文明与社会发展的缩影。传统中国是“家国同构”的,即家庭、家族与国家在组织结构方面具有共同性。儒家伦理思想将家庭关系作为国家关系的基石,孟子强调家庭是国家长治久安的根本,其认为:“天下之本在国,国之本在家,家之本在身。”①中国历史上的家庭,是政治伦理的原点、国家的社会管理单位、赋税徭役单位和法律单位,家庭居于国家视野的中心。②

在改革开放前的中国社会扮演重要的角色,职工的一生从摇篮到墓地都由单位负责,时至今日在部分大型国有企业仍然依稀可见其身影。改革开放以来,经济理性开始针对家庭责任产生影响,市场机制的扩张使以自我为中心获得极大发展,家庭的社会功能在国家视野中逐渐边缘化。有学者指出,当前中国家庭处于压力增加和能力下降的失衡状态中。③

(二)逻辑荒谬:“有罪推定”的处罚依据

失信株连惩戒的正当性依据何在?在就学、就业、从军等资格审查中,家庭成员是牢牢捆绑在一起的,“一人失信,全家牵连”有其特殊的背景。

改革开放以来,我国经济发展取得巨大飞跃,社会面貌发生了翻天覆地的变化,依法治国作为治国理政的基本方略已经成为全民共识,而失信株连惩戒与社会主义法治国家建设的目标却背道而驰。与现代通行的资格审查和背景调查不同,失信株连惩戒存在“有罪推定”痕迹。通行的资格审查做法是由申请人秉承真

---

① 《孟子·离娄上·第五章》。

② 参见孟宪范:《家庭:百年来的三次冲击及我们的选择》,载《清华大学学报(哲学社会科学版)》2008年第3期。

③ 参见孟宪范:《家庭:百年来的三次冲击及我们的选择》,载《清华大学学报(哲学社会科学版)》2008年第3期。

实、客观原则主动报告本人情况,在没有相反证据的情况下,其报告情况应得到尊重和认可,证明与申请人报告情况相反的举证责任在考察一方,而非由申请人自证清白。失信株连惩戒则把此种举证责任倒置给申请人,先入为主地对申请人进行“有罪推定”,进而要求申请人去公安机关开具政治思想品德的政审意见。

失信株连惩戒以维护国家安全和重大公共利益之名,在警察、军校、航空等特殊领域设置株连制度,限制甚至剥夺失信者家庭成员的就学、就业、从军等资格。其背后的处罚逻辑是“有罪推定”:失信者的家庭成员会利用职务便利去实施危害国家安全和重大公共利益的行为,因而不适宜从事相关职业。按照这个逻辑,在警察、军校、航空等特殊领域的从业人员,如果其家庭成员出现严重的失信行为,其是否应当退出现有职业?依据罪责自负的基本法治原则,其答案无疑是否定的。

三、规范:失信株连惩戒的比例原则规制

如何在国家权力与公民权利、社会公共利益与公民个人利益之间寻求适当的平衡点,比例原则为我们提供了一个可能的思维进路。诞生于德国公法领域的比例原则,逐渐被其他国家所接受,并开始向私法领域挺进,呈现地域与领域的双重普遍性。[①]尤其在中国,不仅部分民法学者对此推崇备至,[②]其影响力甚至开始向刑法领域渗透。[③] 失信株连惩戒的本质是对公民资格的限制和权利的剥夺,这种限制并不是漫无边际的,应当符合比例

---

① 参见陈景辉:《比例原则的普遍化与基本权利的性质》,载《中国法学》2017年第5期。

② 参见郑晓剑:《比例原则在民法上的适用及展开》,载《中国法学》2016年第2期;纪海龙:《比例原则在私法中的普适性及其例证》,载《政法论坛》2016年第3期。

③ 参见张明楷:《法益保护与比例原则》,载《中国社会科学》2017年第7期。

原则,接受目的正当性、手段必要性以及目的手段之间的均衡性检验。

(一)目的正当性:惩罚与预防的双重功能

目的正当性原则是对适当性原则、必要性原则、狭义比例原则的传统"三阶"比例原则的重要补充。[①]"任何不追求正当目的的决定显然是不合理的。"[②]目的正当性是行为正当的前提和基础。行政机关作为公共利益的代言人,其任何行为的目的必须具有正当性,基于维护公共利益的正当目的才可以对公民权利予以必要限制。

失信株连惩戒具有惩戒失信与预防犯罪的双重功能,其目的是保护社会公共利益,符合目的正当性原则。失信株连惩戒作为一种较极端的惩戒失信的方式,通过强化失信惩戒威慑力,降低执法成本,"以惩罚的高强度弥补惩罚的低概率,弥补执法中的技术不足"。[③] 同时,失信株连惩戒在涉及国家安全和重大公共利益领域对失信者及其家庭成员的准入资格和权利予以适当限制,达到预防犯罪和降低社会风险的目的。失信株连惩戒通过制度预设的方式,针对公务员、警察、军人等特殊职业设定准入资格审查,将严重失信者及其家庭成员排除在外,以期降低上述特殊职业的职务犯罪风险,从而达到保护公共利益的目的。

---

① 参见刘权:《目的正当性与比例原则的重构》,载《中国法学》2014 年第 4 期。

② Julian Rivers, *Proportionality and Variable Intensity of Review*, 65(1) Cambridge L. J. 174,195(2006).

③ 段礼乐:《羞辱性执法的信息经济学阐释——以企业负面信息发布制度为分析对象》,载《政法论丛》2018 年第 1 期。

(二)手段必要性:公共利益与公民利益的平衡

目的的正当性并不当然证明失信株连制度对公民基本权利限制的合理性与合法性,其仍然需要接受手段必要性的考察与检验。手段的必要性检验通过评估其维护的公共利益与限制公民权利之间是否具有直接相关性,并且两者之间是否具有相当性,以及限制公民权利的方式是否有必要,有无其他更温和的手段来降低对公民利益的侵害,是否对公民利益的侵害程度达到了所能允许的最小范围等一系列问题。通过上述一系列问题的考察与检验,来确保维护公共利益与限制公民权利之手段的必要性,从而达到公共利益与公民利益的平衡。

公共利益是一个十分抽象的概念,其具体内涵和外延不甚明确,难以避免恣意的公权力以保护公共利益之名,行侵害公民利益之实。针对公务员、警察、军人等特殊职业设定准入资格审查有其合理性,但是对严重失信者的家庭成员实行"一票否决"的株连惩罚造成了对公民利益的过度侵害,不符合手段的必要性。特殊职业的资格审查是为了防止不适格的人选从事事关国家安全和社会重大公共利益的职业,严重失信者的家庭成员并不必然是不适格的人选。依据罪责自负的现代法治理念,失信惩戒的对象只能是失信者本人,而不能株连其他家庭成员。失信株连惩戒采取"一刀切"的做法固然可以一劳永逸,但明显超出了实现目的所需的必要限度,需要从公共利益与公民利益平衡的视角对规制的手段予以适当调整。正如论者所言,"在治理手段短缺的情况下,可以通过制度改造使其成为新的治理工具"。[①]

---

① 段礼乐:《羞辱性执法的信息经济学阐释——以企业负面信息发布制度为分析对象》,载《政法论丛》2018年第1期。

(三)目的与手段的均衡性:权力控制与权利保障的互动

比例原则的功能架构在于防止国家权力之过度干预,确保公民基本权利的实现,它是一种基于目的和手段之间的考量。① 目的与手段的均衡性要求,目的的重要性与权利限制的程度之间具有相当性。权力控制与权利保障之间虽然存在对立关系,但二者仍然可以进行良性互动,寻求"最大公约数",实现社会整体利益的最大化。

在公务员、警察、军人、飞行员等特殊职业中,不同的特殊职业与国家安全和社会重大公共利益关联的紧密程度有所不同,因而需要国家权力控制的强度存在差异。即使在公务员体系内,国家安全机关、保密机关与普通政府部门所能接触到的国家机密信息程度也千差万别。岗位与国家安全和社会重大公共利益的关联程度越高,对公民在政治审查环节中的各项要求就越严格,权力控制的强度越大,失信株连惩戒的可能性增加,公民的权利保障限度也就相应地予以限缩。反之,公民的权利保障范围应当予以适当地扩张,权力控制保持在必要限度即可。通过权力控制与权利保障之间的良性互动,实现目的与手段的均衡性;具体互动关系示例可见图1。

---

① 参见蔡震荣:《行政法理论与基本人权之保障》,台北,五南图书出版股份有限公司1999年版,第103~104页。

图1 权力控制与权利保障互动关系

四、构建:失信株连惩戒的合理限度

在比例原则规制的指引下,下文将探索构建失信株连惩戒的合理限度,以期为今后的信用立法提供可能的参考。

(一)审查核心:从家庭到个体

现代文明社会的发展伴随个体从部落、家族、家庭等群体束缚的解放,法治文明国家鼓励和支持每一个个体的自由发展。现代家庭鼓励个体走出家庭去社会闯荡与拼搏,家庭是个体的精神支柱与心理依靠,而非个体的束缚。家庭制度的松动、家庭情感的解构以及家庭责任的淡化,造成现代家庭稳定性的下降,导致其在应对外部社会压力时表现得捉襟见肘。[①] 基于身份与血缘关系的失信株连惩戒与现代社会的发展相悖,将会进一步加剧中国家庭问题的复杂性,使本已孱弱的现代家庭关系雪上加霜。从另外一个视角来看,家庭的问题会蔓延至社会公共生活领域,当

---

① 参见方乐:《法律实践如何面对“家庭”?》,载《法制与社会发展》2011年第4期。

前社会信用缺失的现象亦是家庭伦理与道德瓦解、涣散在社会公共生活领域的映射。家庭能力是国家能力的基石，在日益激烈的全球化竞争中，家庭的战略定位需要重新思考。信用法治建设应当为家庭功能的重塑提供尽可能多的支持，而非与之背道而驰，失信株连惩戒可能造成家庭内部关系的紧张，撕裂家庭的整体性。依据罪责自负的基本法治原则，在特殊职业的资格准入政治审查环节，审查的核心应当从家庭转移到个体。个体的政治表现、思想品德以及专业能力等情况才是决定其能否胜任特殊职业工作要求的关键因素。

（二）审查方式：从形式到实质

不可否认，家庭环境对于个人的成长具有潜移默化的影响，尤其在青少年时期是世界观、人生观、价值观形成的关键时期，在这个时期这种影响会被额外放大。但是，这种难以量化的影响在公务员、警察、军人、飞行员等特殊职业的资格准入审查环节仍然需要进行实质审查，不能因为被考察者的家庭成员存在严重失信行为就进行“一票否决”的株连评价。实质审查要求以被考察对象为核心，在其家庭成员存在严重失信的情况下，通过深入访谈，对其平时生活与学习交往关系走访调查等方式，切实了解其能否正确认识和看待其家庭成员的失信行为，从而全面评估其政治表现与思想品德情况。

以 2009 年的一案为例，父母因宅基地纠纷与邻居斗殴被处以 15 日治安拘留，这对其女儿报考军校所要求的表现与思想品德情况并不造成实质影响。因舅舅滥伐林木被判缓刑而考公务员未能通过政审关的案例更加凸显形式审查中“一刀切”的逻辑。因此，在公务员、警察、军人、飞行员等特殊职业的资格准入审查环节由形式审查转向实质审查刻不容缓。

（三）审查梯度：从单一化到多层次

比例原则中目的与手段的均衡性要求，在审查环节依据特殊职业与公共利益的关联程度建立层次化的审查梯度，考量失信类型与特殊职业要求之间的相关性。不同的特殊职业与公共利益的关联程度存在差别，同时失信行为的类型多样化，需要依据具体个案进行实质判断。

按照广义上的失信概念，失信行为的类型包括社会经济交往民事活动中的失信行为、一般的违法行为与犯罪行为。在犯罪行为中，交通肇事、过失致人重伤或者死亡等过失犯罪与故意杀人、抢劫、强奸等暴力犯罪在主观恶性上存在显著差别，其对家庭成员带来的潜在影响差异较大，不能等同视之。从特殊职业的角度来看，不同的职业对于政治表现与道德要求迥然不同。以国家安全机关、保密机关的工作人员为例，其日常工作接触大量涉及国家安全的机密信息，岗位要求政治素质过硬，政治立场坚定，这是最高层级的政治表现要求。倘若被考察者的家庭成员曾经因从事危害国家安全的犯罪活动与恐怖活动犯罪而被判处刑罚，则出于维护紧急且迫切的国家安全考量，被考察者的权利会受到最大限度的限制与剥夺，即通过失信株连惩戒“一票否决”而被认定政审不合格。如果被考察者的家庭成员的失信类型与此不存在直接关联，仍然需要通过实质审查来确定其是否合格。而其他特殊职业，如法官、警察、军人等，虽然与国家安全和社会公共利益相关联，这些职业也要求较高的道德品质与政治素质，但是由于与国家安全之间并不存在紧迫的直接关系，应当以被考察者个人的实际情况为审查评价依据，不能实行失信株连惩戒。如果其家庭成员仅是属于民事活动中的失信或者轻微的行政违法，可以不予纳入审查，直接审查被考察对象本人即可。

结 语

家庭能力是国家能力的基石,信用法治建设应当为家庭功能的重塑提供尽可能多的支持。失信株连惩戒可能造成家庭内部关系的紧张,使本已孱弱的现代家庭关系雪上加霜。通过比例原则规制的指引,失信株连惩戒仅限于维护紧急且迫切的国家安全需要,其他情形下应当实现从家庭到个体、从形式到实质、从单一化到多层次的审查转变。笔者仅从失信株连惩戒的视角为信用法治建设中如何对待家庭提供一个可能的思考进路,以期助益今后的信用立法。

失信惩戒规则中禁止不当联结原则之适用

洪　风*

内容摘要　失信惩戒作为社会信用体系的核心机制，正面临有效性与合法性的困局。惩戒对象与惩戒措施的联结是失信惩戒规则鲜明的结构特点，而该规则的补充性、裁量性容允一般法律原则适用其间。禁止不当联结原则可以提供失信惩戒在实质法治层面的规范化路径。依据对相对人权益的影响程度，失信惩戒可分为处罚性惩戒、一般性惩戒和日常性惩戒。对于处罚性惩戒，应当考察其规范目的是否包含制度信任的价值取向，并根据逻辑与经验判断相关事项是否具备风险预防的事

---

* 浙江大学光华法学院硕士研究生。

实基础;一般性惩戒仍以信用价值为正当性基础,但其考虑因素本身较广泛,故还应强调平等对待;日常性惩戒关乎行政效率提升与相对人负担增加之间的利益平衡,应科学选择惩戒对象,并设置及时的恢复机制。

关键词 失信惩戒;禁止不当联结原则;信用

2014 年国务院制定《社会信用体系建设规划纲要(2014—2020 年)》(以下简称《纲要》),明确将失信惩戒作为在全社会推进信用体系建设的重要手段和核心机制。而梳理相关规范文本可以发现,需要利用失信惩戒来构筑的社会信用体系,至少包含 3 个面向。

第一,面向市场经济中的声誉机制。社会信用体系的首次出现,是在 2002 年党的十六大报告从国民经济建设角度提出的“健全现代市场经济的社会信用体系”,其与“征信体系”均指为克服交易双方信息不对称而产生的风险、避免市场失灵的一种机制。声誉机制作为“隐形的眼”,[①]可以识别声誉不佳的市场主体,促使其交易成本增加、交易机会减少,辅助“看不见的手”发挥市场作用,政府仅作为部分声誉信息的提供者和征信行业的监管者,在既有的政府与市场关系的框架下行动。

第二,面向道德建设中的耻感文化。2011 年,党的十七届六中全会把“建立健全覆盖全社会的征信系统”置于“社会主义核心价值体系建设”的宏旨之下,表现出对社会信用体系进行道德赋值的意图。不同于纯粹在经济计算下运作的声誉机制,发挥道德建设功能的社会信用体系希望借助道德认同来实现对背德者

① 张维迎:《市场的逻辑》,上海人民出版社 2012 年版,第 38 ~ 40 页。

的社会非难。这其中固然有应对社会道德失范转型的客观需要，但试图在规范性文件中凸显诚信的道德价值，还需要面对法律与道德的关系问题。

第三，面向行政国家的治理手段。2014年，国务院颁布《纲要》称“社会信用体系是社会治理体制的重要组成部分”，将信用体系作为加强和创新社会治理的手段，提示了该体系的新面向：行政主体直接成为信用信息的提供者和使用者，行政权的公益性取代了单纯经济理性的考量，从而区别于市场经济条件下的声誉机制；行政权的法定性将信用责任引向法律效果而非社会效果，从而区别于更突出道德感的“污名”文化。由此可见，我国初步形成了更加雄心勃勃，但并非向道德领域扩张的“社会信用体系”。

作为社会信用体系的关键机制，失信惩戒相应地也承担完善市场机制、强化道德规范和加强法律实施的多面任务。本文的讨论仅限于行政监管性约束和惩戒，[①]这类惩戒由行政主体实施，主要体现了加强法律实施的功能面向，也是目前社会信用体系建设最活跃的地带。

负载多重目标的失信惩戒制度正面临有效性与合法性的问题。一方面，失信惩戒的规制效果依然缺乏有力的实证说明。国家公共信用信息中心发布的《2018年失信黑名单年度分析报告》称，该年度有“1417户税务‘黑名单’当事人主动缴清税款、滞纳金和罚款……证券期货市场（半年内）有37名违法当事人主动缴纳罚没款近1.5亿元……联合惩戒效果不断显现”。然而，这些数字并无时间轴上的纵向对照，说服力不强，而且仅凭个别受惩

① 《纲要》中，对失信主体的约束和惩戒有行政监管性约束和惩戒、市场性约束和惩戒、行业性约束和惩戒及社会性约束和惩戒，体现不同的侧重。

戒对象事后履行义务的情况也无法体现社会整体信用水平，有学者观察到“社会失信行为的制约机制日渐乏力”。[①] 另一方面，失信惩戒还面临更严重的合法性危机。诸如“15 名应征青年拒服兵役，25 家省级部门联合惩戒”[②]这样的事例屡见于报端，其中“从严审批个人信贷”“不得参加劳动模范评选”“不得录用为公务员”等惩戒措施看似不甚严厉但十分全面，形成一股不输于行政处罚的震慑力量，难免使人警惕。

一、失信惩戒规则的联结结构及法律性质

（一）失信惩戒规则的联结结构

如何厘清失信惩戒的条理与面貌？目前，失信惩戒的具体规则主要通过国务院各部门签署联合惩戒备忘录[③]、地方出台地方性法规和政府规章等规范性文件[④]的方式得以确立。由于各地情况有所差异，地方立法的问题也牵连其中，而中央层面的规则能代表更加规范化的方向，故本文的讨论限于 32 个联合惩戒备忘录所体现的中央层面的失信惩戒规则。不同于一般“构成要件 + 法律效果”的规范结构，失信惩戒规则呈现一种独特的“惩戒对象 + 惩戒措施”的联结结构，并因此形成其特有的功能与风险。

---

① 胡朝阳：《社会失信行为的法律规制——基于外部性内在化的法经济学分析》，载《法商研究》2012 年第 6 期。

② 央广军事：《15 名应征青年拒服兵役，25 家省级部门联合惩戒》，载腾讯内容开放平台 2019 年 1 月 18 日，https://page. om. qq. com/page/OLkMxjhW85rokuBIYHLLf7xQ0。

③ 如国家发展改革委、中国人民银行、文化和旅游部等联合出台的《关于对文化市场领域严重违法失信市场主体及有关人员开展联合惩戒的合作备忘录》，国家发展改革委、中国人民银行、统计局等联合出台的《关于对统计领域严重违法失信市场主体及有关人员开展联合惩戒的合作备忘录》等。

④ 如《上海市社会信用条例》（省级地方性法规）、《山东省公共信用信息管理办法》（地方政府规章）等。

一般法律规范中,构成要件与法律效果通常是清晰明确、一一对应的,共同组合成一条完整的命令语句。但失信惩戒规则却是与之不同的。其一,惩戒对象与惩戒措施作为失信惩戒规则的两大重心,在所有规范性文件中均分为两条规定且以集合形式存在。惩戒对象包括受惩戒主体与受惩戒行为:受惩戒主体囊括自然人及法人等组织(部分备忘录明确采用“双惩制”①);受惩戒行为亦是复数形式的行为集合,有的备忘录以列举方式规定,但设置了“其他违反法律法规规定的情形”这样的兜底条款,有的更是直接概括为“违反法律、法规、规章和规范性文件”的行为,使惩戒对象的集合面目模糊。惩戒措施条款更是体量庞大,动辄数十项,甚至在列举之余还设置了“其他惩戒措施”的兜底项。② 其二,惩戒对象与惩戒措施之间的对应关系不明确。对于特定的惩戒对象,是否所有的惩戒措施都必然发生,似乎也存在不确定性。例如,2018 年 11 月发布并实施的一部备忘录明文限制了社会保险领域严重失信行为有关责任人乘坐飞机、列车及轮船的特定席位,③然而在信用中国平台上 2019 年 9 月发布的失信联合惩戒公示名单中,却不见有该类失信行为人受到相关交通工具的乘坐限制。实际上,该名单中,受限的失信行为人仅受到来自铁路运输企业、民航局以及证监会 3 家的认定。

---

① 如《关于对文化市场领域严重违法失信市场主体及有关人员开展联合惩戒的合作备忘录》中将惩戒对象规定为“文化市场主体及其法定代表人或者主要负责人”。

② 如前述规定中“法律、法规、规章规定的其他应当列入全国文化市场黑名单的情形”。

③ 《关于对社会保险领域严重失信企业及其有关人员实施联合惩戒的合作备忘录》规定,限制社会保险领域严重失信行为有关责任人乘坐飞机、列车软卧、轮船二等以上仓位、G 字头动车组列车全部座位、其他动车组一等以上座位等非生活和工作必需的消费行为。

惩戒对象与惩戒措施如失信惩戒规则之两翼。对于后者,学界已有较多关注,多将惩戒措施区分为行政处罚、行政许可、行政指导等行为类型,通过分别讨论其设定权所处的规范位阶,往往得出惩戒措施不合法的结论。这些研究为发端于实践的失信惩戒制度提供了理论定位,警示了这一新型行政手段有被违法滥用的可能,并从法律优先及法律保留原则出发,在现有的授权规则体系中探寻规范化的路径。但这种偏重形式合法性的讨论仍有两点不足:其一,类型化的学理思路过于粗略,忽视了更加细密的行政法律体系。惩戒措施所用措辞多为"限制",而"限制"是否等同"禁止"?"限制"失信将给受惩戒主体造成何种程度的影响?这些问题似乎有待更具体的观察。以行政行为形式论来刻画惩戒措施的困难还在于,该理论本身并不完整,而所谓的惩戒措施其实也并不是一个单独的行政行为,如"限制取得政府供应土地""审慎审批新改扩建项目的环评事项"等惩戒措施其实是依附于一个行政行为的作出过程。如果关注大部分联合惩戒备忘录附件中的惩戒依据,则如学者已经注意到的,绝大多数失信惩戒措施都能通过对既有规范的重述、缺省、填充、落实、细化、解释这 6 种途径证成自身的合法性。① 其二,执行惩戒措施一端而忽视失信惩戒的联结本质,也无法从根本上回答失信惩戒的合法性问题。2016~2018 年的不少备忘录中都有"限制录用为公务员"这一惩戒措施,②2018 年年末修订的《公务员法》则新增规定

---

① 参见彭錞:《北大法律评论》2019 年学术年会报告。

② 参见《关于对文化市场领域严重违法失信市场主体及有关人员开展联合惩戒的合作备忘录》《关于对统计领域严重违法失信市场主体及有关人员开展联合惩戒的合作备忘录》《关于对会计领域严重违法失信市场主体及有关人员开展联合惩戒的合作备忘录》等。

“被依法列为失信联合惩戒对象的”人员不得录用为公务员，这是否意味着此项惩戒措施的合法性即可证成？

显然，在实质合法性层面作进一步的追问是值得的。实际上，联结结构所蕴含的正是失信惩戒的本质，即在不同行政管理事项之间建立联结，使发生在甲领域的行为同时在乙、丙、丁等众多领域面临不利后果。然而由于行政机关块块分工、各司职责，故失信惩戒也就将行政法律关系中相对人与行政机关某个职能部门的单次博弈变成其与行政机关整体的重复博弈，促使相对人提升信用。失信惩戒措施因这种联结而发挥实效，但太广泛的联结也潜藏行政主体逾越法定职权和行政协作的界限、不合理地限制相对人权益的恣意风险。

（二）失信惩戒规则的性质与类型

失信惩戒规则具有补充性，它与现有行政法律体系关系密切，且没有扩张既有的行政管理秩序。国内有学者认为，失信惩戒是将道德入法、追求完人社会，然而，从惩戒对象看，受惩戒行为均为违反行政管理秩序的行为，本来就处在行政机关的管理之下，应当通过行政处罚等行政决定进行标识，而不是通过难以把握的道德准则判断。如《关于对统计领域严重失信企业及其有关人员开展联合惩戒的合作备忘录》（修订版）规定的 5 项统计领域受惩戒行为，均为《统计法》明文禁止的行为。① 即便有的备忘录对受惩戒行为未作列举而采取概括式规定，其也强调了该行为对法律规范而非道德规范的违反，如会计领域的备忘录规定其联合惩戒对象为“在会计工作中违反《会计法》《公司法》《证券

---

① 参见《统计法》第 36～38 条、第 41 条。

法》,以及其他法律、法规、规章和规范性文件……的会计人员”。[①] 从惩戒措施看,行政机关所运用的也是其固有的管理手段,只是将失信信息嵌入了职权活动中。以“限制录用为公务员”为例,招录机关既负有招录之责,自然可以综合多方信息对候选人进行评审取舍,故而“限制录用”虽然名为惩戒措施,但实际上也可以说是录用工作的固有内容。

失信惩戒规则具有裁量性。如政府采购领域中惩戒对象的认定权归于政府采购监督管理部门,但这是否意味着该部门查处的所有违法行为人都将是失信惩戒的对象?从法理上说,只要违法与失信并非完全等同,就不应该承认这种判断。从实践的角度看,行政成本的存在也否定了这种理解。至于惩戒措施,不少备忘录中都要求“各单位依照有关规定,对失信责任主体采取下列一种或多种惩戒措施”,说明失信惩戒措施的启动可能也取决于各实施主体的决定。此外,失信惩戒措施中的“限制”和“参考”,在具体实现方式上也有更多可能性。有实务部门人士注意到,失信惩戒备忘录在各部门或地区的落实进展不一,并非所有部门和地区都履行“相关法律法规规定的监管和失信惩戒职责”,并呼吁制定相应的量化标准。[②] 这也说明失信惩戒规则具有裁量性,并且可能因裁量标准不同而削弱了制度的效用。

失信惩戒规则的补充性与裁量性使其兼容于既有的行政法律体系,实际是将失信行为作为后续行政行为的一项考量因素,同时也并不排除其他考量因素的影响,如果将其看作一只“新

① 《关于对会计领域违法失信相关责任主体实施联合惩戒的合作备忘录》(发改财金〔2018〕1777号)第1条。

② 参见《谈信用联合惩戒的边界》,载信用中国网2019年8月16日,https://www.creditchina.gov.cn/home/xinyongyanjiu/201908/t20190815_165518.html。

瓶”,当中应该既有旧酒,也有新醅。理论上,所有行政行为都具有被作为惩戒措施来运用的可能,目前已出现的惩戒措施也确实多种多样。根据惩戒措施对相对人权利义务的影响程度,可将失信惩戒分为以下3类:

1. 处罚性惩戒,主要是市场准入和资格限制措施,如对惩戒对象限制设立或入股融资担保公司、依法对申请发行企业债券不予受理、限制招录为公务员、限制担任国有企业法定代表人等。从行政行为的类型看,这类惩戒利用的是管制特征较浓厚的行政许可、行政确认等行为。从行政目的而论,其更多体现出秩序行政的色彩,直接缩小了相对人行动的自由空间,对相对人权利义务的影响较大。

2. 一般性惩戒,主要是依法限制惩戒对象参与政府采购活动、取得财政资金和社会保障资金支持、参加各类评先评优等。这类惩戒涉及行政奖励、行政协议等权力特征较淡化的行为,行政目的上看则倾向给付行政和引导行政。受到限制的只是相对人取得额外或特定利益的机会,影响程度低于前一类惩戒。

3. 日常性惩戒,主要是证监会实施的一系列“重点关注”(如在公司收购事中、事后监管中予以重点关注,对已成为证券、基金、期货从业人员的相关主体予以重点关注等)、加大进出口货物监管力度、提高市场监管日常检查频次等措施。这类惩戒依托行政检查、行政指导等事实行为,通常对相对人的权利义务不产生影响。

(三)失信惩戒规则与禁止不当联结原则

失信惩戒规则的核心在于其联结结构,恰当地建立联结关系关乎失信惩戒制度的有效性与合法性,联结失当则会导致惩戒对象的泛化、惩戒措施的滥用。然而,关于一种联结何以是正当的或不当的,失信惩戒规则并没有给出回答,也许通过禁止不当联结原则的适用,可以找到一些线索。

禁止不当联结原则源于德国行政法,最初也最典型的适用领域为行政行为的附款以及行政合同中的双务合同,如毛雷尔认为,“附款必须与主行政行为客观上关联”,“公民的对待给付必须与合同中的给付具有客观的联系(所谓的禁止不当结合)”。[①]但该原则的适用并非仅限于此,而是可以用来约束一般意义上的裁量行为,如在沃尔夫的理论框架下,不当联结可能构成主观的裁量权滥用。[②] 我国学者将该原则的内涵表述为“公权力的行使必须与公权力的目的保持合理正当的关联,公权力行使所选择的手段必须符合公权力目的”,[③]虽然在实定法上,禁止不当联结原则还未成为明确规定,但国务院2004年印发的《全面推进依法行政实施纲要》已有“行使自由裁量权应当符合法律目的,排除不相关因素的干扰”的要求。失信惩戒规则也是裁量规则,当被联结的惩戒措施本身涉及羁束行政行为时,其显然不符合形式合法性的要求,而惩戒措施存在裁量空间时则应受到禁止不当联结原则的控制。

我国对禁止不当联结原则的研究还不多,但在实践中存在的所谓“联结执法行为”并不算少。例如,2008年,某案原告依法购得他人的一套房屋,后向被告房管局申请办理房屋转移登记,被告依据其与上级部门签订的《2011年人口计划生育综合治理目

① 参见[德]哈特穆特·毛雷尔:《行政法学总论》,高家伟译,法律出版社2000年版,第323、329页。

② 参见[德]汉斯·J. 沃尔夫等:《行政法》(第一卷),高家伟译,商务印书馆2003年版,第369页。

③ 胡建淼主编:《论公法原则》,浙江大学出版社2005年版,第453页。

标管理责任书》,以原告未提交计划生育证明为由拒绝了该登记请求。失信惩戒虽被认为是2014年左右信用法治兴起后的"创新"之举,但似乎也有熟悉的"配方"。例如,2017年原告某公司向被告某市场监管局申请办理企业迁出登记,被告援引国务院《关于"先照后证"改革后加强事中事后监管的意见》中让失信主体"一处违法,处处受限"的表述,以原告涉嫌广告违法行为、迁址后查处不便为由,对其暂停办理登记。以上案例中,无论是将社会抚养费与房屋转移登记挂钩,还是把广告违法行为与企业迁移登记相联结,本质上都是将相对人履行特定义务的情况纳入实施另一行政行为的考量,使某一行政管理事项与另一事项相联系,采用某一行政手段实现另一行政目的,然而两者本来并不相匹配。就此而言,失信惩戒规则是联结手法的一次集中运用,只是添加了"信用"的修辞。

二、失信惩戒规则中联结的正当性基础

禁止不当联结原则要求,所联结的事项间有实质合理的关联,关键是把握联结的正当性基础。失信惩戒规则最大的创新在于既找到了"信用"一词作为其最重要的正当性基础,同时也并未完全脱离"联结执法"的传统逻辑。

(一)作为联结点的信用价值

失信惩戒规则中,"信"或"信用"发挥联结点的作用:受惩戒的行为是"失信"的,而惩戒措施所涉及的行政行为又需要考虑信用因素,才使两者能够联结起来,共同实现提振社会信用的目的。如何界定"信用"由此成为一个亟待解决的重要问题。

"信用"二字在经济领域早已是经典题目,这使许多人将失信惩戒中的"信用"锚定于此。的确,当一个词语已经形成约定俗成的文义时,通常不宜再赋予其不同的理解。但失信惩戒中的

"信用"已经被制度实践赋予了新的内容,必须予以重读。经济活动中的"信用",被定义为"以协议或契约为保障的不同时间间隔下的经济交易行为",[①]有货币的借贷、商品的赊销等形式,有银行信用、商业信用等类型。这种信用受经济规律的支配,也因此自限于经济领域,如果将之套用涉及诸多领域的失信惩戒制度,只能是方枘圆凿。经济信用可以计量,失信惩戒中的"信"却是无法也不该被计算的。信用体系建设的过程中,出现了将信用分数化的尝试。[②] 但是,科学地给多样的失信行为赋予可以通约的分数,本来已经非常困难,计算总得分并据以作出相应的处理,不仅使裁量压缩、规制过度,更让每个人都被贴上标签。如英剧《黑镜》描绘了社会信用的量化操作,但最终并未构建出可靠的信用体系。[③]

新闻报道常从热点事件中引发诚信缺失、道德滑坡的感慨,也有学者引用这些事例,并与"信"这一传统美德相联系,以此说明加强信用建设之必要,并主张以道德上的诚信概念为基础来界定信用的内涵。[④] 但是,那些被用来论证诚信道德崩塌的制假售假、电信诈骗及食品安全等事例,同时也都属于违法行为,在更多依靠法律维持秩序的现代社会,它们首先折射的应该是执法效果

---

① 曾康霖、王长庚:《信用论》,中国金融出版社1993年版,第181页。

② 如《江苏环保信用随时扣分随时评》,载信用中国网2019年1月31日,https://www.creditchina.gov.cn/zhuanxiangzhili/difangzhuanxiang zhilijingyan/201901/t20190131_145825.html;《江苏睢宁县推大众信用评级制　被指是"良民证"》,载红星新闻网,http://news.chengdu.cn/content/2014-07/02/content_1468706_2.htm。

③ 该剧第三季第一集讲述了女主角莱西在一个十分看重个人评分的社会经历的一系列荒诞故事,以科幻而讽刺的方式展示了所谓的社会信用(social credit)评分可能给人类社会带来的影响。

④ 参见沈毅龙:《公共信用立法的合宪性考察与调整》,载《行政法学研究》2019年第1期。

的问题。另外,作为我国重要伦理价值的"信",是所谓"言必信"的履约践诺精神。在此意义上,诚信的基础价值主要通过民法乃至经济法得以彰显,类似抱柱之信的更高追求则存乎道德自律,在行政法上以失信惩戒来弘扬诚信的理由并不充分。和诚信处于同样地位的道德价值也还有许多,似乎无从推出为何独有诚信值得被如此强化。

笔者认为,失信惩戒规则中的"信用"应该是一种取代人际信用的制度信用,[①]类似韦伯所称相对特殊信任的普遍信任,[②]也有学者表述为从理性而非道德伦理中培育的系统信任。[③] 信用或信任应是一种现代观念,信任危机则是一种现代性危机,"是人类进入高风险社会后的不知所措",而失信惩戒是利用既有的法律体系克服这种危机的一个尝试。有学者认为,制度信用乃以契约、法律规则而非特殊的亲缘、地缘等作为信任的来源,失信行为即违反契约或规则的行为。目前,法律体系中能找到的对信用的定义也略同于此,即"社会信用,是指具有完全民事行为能力的自然人、法人和非法人组织,在社会和经济活动中遵守法定义务或者履行约定义务的状态"。[④] 但笔者认为,这种定义还需限缩。首先,"履行约定义务的状态"不应包含其中。单纯违反约定义务只是一般的违约行为,契约本来由当事人合意产生,违约的风险与责任大都在当事人控制之中,除非其同时构成违法行为,否则没有必要运用行政权力予以惩戒。何况还可能存在效率违约

---

① 参见沈岿:《社会信用体系建设的法治之道》,载《中国法学》2019年第5期。

② 参见[德]马克斯·韦伯:《儒教与道教》,洪天富译,江苏人民出版社2008年版。

③ 参见朱虹:《必须重塑社会信任》,载《社会科学报》2012年7月26日。

④ 参见《上海市社会信用条例》第2条。

等更复杂的情形,行政机关介入其中未必有益。其次,也并非所有法定义务的遵守都事关信用。有学者认为,“法律是民众公共选择的结果……是民众应当共同信守的契约”,[①]故而违法必属失信。但这种社会契约论的观点不甚符合我国现实制度的建构逻辑。只有违反为提供制度信任而规定的义务,才是失信。例如,违反《治安管理处罚法》,殴打他人不能算是失信行为,而伪造、变造许可证、批准文件的违法行为则属于失信行为。

失信惩戒规则没有为相对人设定新的权利义务,而是将现有法律规范中的信用价值加以标识并联结,增强现代社会所需要的制度信任。只是关于信用的具体内涵与外延,还有待立法者更清晰的定位。

(二)符合事物本质的风险预防

除承载信用价值外,失信惩戒规则还具有风险预防功能。如果根据事理可以认为,甲领域的不当行为表明行为主体在乙领域更可能出现不当行为,则有理由对其在乙领域的活动施加限制。这与金融征信颇有相似,只是后者防范的主要是经济风险,而失信惩戒防范的是全面的社会治理风险。

和金融征信一样,失信惩戒的风险预防效果也可以通过相关性计算得出。在这个意义上,失信惩戒规则是功利的,是通过信用主体社会行为的历史数据预测其未来行为的可能性。通过制度建立之前的详细调查与统计、制度实施之后的适时评估,失信惩戒的正当性能够建立在“大多数成功预测”的事实基础之上,[②]

---

① 罗培新:《遏制公权与保护私益:社会信用立法论略》,载《中国信用》2018 年第 12 期。

② 参见沈毅龙:《论失信的行政联合惩戒及其法律控制》,载《法学家》2019 年第 4 期。

从而实现智慧治理的精致理想。卢曼认为,信任可以降低环境和系统的复杂性,正是因为它能超越现有的信息去概括出一些行为预期,从而用一种带有保障性的安全感来弥补所需要的信息。[①]目前,虽然相关数据还很缺乏,但从逻辑与经验的角度也能判断这种风险预防机制成立的合理性与正当性。例如,有理由认为,曾以欺骗、故意隐匿、伪造或变造材料等不正当手段取得许可证、批准文件而从事经营活动的人,更可能在履行公职过程中出现违纪违法行为,因而对该类人员限制招录就是一种合理的预防。[②]这类似刑法中的前科制度,考虑到刑罚的严厉性及改造作用,失信行为的预测意义甚至可能比犯罪行为更加显著。刑事诉讼理论中也承认过往行为或品格证据对于犯罪行为的证明是具有相关性的证据,只是考虑对被告人造成的偏见或不利之影响而在法律上否定其可采性,说明这类预测在一定程度上是可信的。

但是,建立在预测之上、发挥风险预防功能的失信惩戒,也意味着监管从事后模式转向事前模式。究竟是否应当作出这种转变,还需要考虑比例原则等其他法律原则的限制。

（三）公益范围内的行政效率

现代社会中各项事务愈加繁杂,利益追求越来越多元化,行政任务也日益多样而艰巨。行政权不仅是单纯的"执行权",也有积极追求效率、满足功能需求的一面。无论"联结执法"还是失信惩戒,都与这种态势有关。

如果说,失信惩戒的风险预防功能是以惩戒措施所涉的管理

---

① 参见薛天山:《人际信任与制度信任》,载《青年研究》2002年第6期。

② 参见《关于对文化市场领域严重违法失信市场主体及有关人员开展联合惩戒的合作备忘录》(发改财金〔2018〕1933号)。

事项为出发点而论,那么行政效率提升则是针对惩戒对象的规制而言。惩戒对象按领域界分,其中许多领域的行政目的都与重大的公共利益密切相关,但在实践中碎片化管理、执法资源短缺等问题影响了行政目的的实现。以环境保护领域为例,[①]传统模式中仅靠环境行政部门的力量治理,违法成本低、查处难度大,环境保护目标落实不力。而对环境领域严重失信行为开展失信惩戒,则调动了其他行政部门掌握的行政力量,丰富了环境治理手段,通过失信信息的共享也能更好地配置有限的执法资源,最终促使行政任务更有效地完成。

根据传统行政一体原则建立的科层组织中,行政权力在横向上按职能分工,每个部门拥有与其职责相适应的行政手段,而每个部门的行政手段也仅服务于该部门承担的专门目的。然而,面对日益复杂的行政任务,分而治之的逻辑并非绝对,例如,地下水资源管理中存在国土、水利等部门的职能交叉,控烟政策的履行与卫生部门和烟草专卖局都密切相关。[②] 从功能主义视角看,行政一体的维持所追求的功能需求是公共行政的公共性和效率性。在横向事务分权的基础上,在裁量空间许可的范围内,如出于公共利益的考量,可以允许不同部门之间手段与目的的联结。

为了确保失信惩戒的效率目标限于公益范围内,可从以下两方面限制惩戒对象的选择。一是公共利益关联度,关联度越高的行政管理事项,其完成度越值得追求。行政活动无不关乎公益,但影响范围、作用方式等却有所不同。有学者提出,失信惩戒应

---

① 参见王文婷、熊文邦:《我国环境信用制度构建研究:兼论对社会信用法治的理论反哺》,载《闽江学刊》2019 年第 4 期。

② 参见宋华琳:《建构政府部门协调的行政法理》,载《中国法律评论》2015 年第 2 期。

聚焦“重要领域”或者较严重的损害他人、共同体利益的失信行为，[①]对此也可借助公共利益关联度予以解读，如食品药品安全直接影响多数、不特定人的生命健康，可以归为与公共利益高度相关的“重要领域”。二是违法成本。如果说，信用治理的旗号能够引导行政机关将资源投入与改善治理效果相关的机制创新的探索上，那么失信惩戒的联结方法可以说是一项成果。但这一方法并非随处可用，而是有其特定的定义域。就效率角度而言，只有当所欲规制的违法行为成本远低于收益，提高发现违法的概率又必须付出较大的监管成本(如监管中存在较明显的信息不对称)时，行政一体原则下的联结手段才能实现整体优化的结果。

三、失信惩戒规则中不当联结标准的建构

失信惩戒规则创造的联结具有多层面的正当性，但同时也会对相对人的权益产生不同程度的影响，应该结合不同类型惩戒措施的特点和相应的正当性基础来建构不当联结的标准。

(一)处罚性惩戒：双重标准

处罚性惩戒对相对人权利义务的影响最大，需要有前述三重正当性的支撑。该类惩戒多运用效力较强的行政手段，效率促进作用明显，而如果满足信用价值的要求，显然也符合公益性的考量，故下文不再单独对公益范围内的行政效率进行论述。

1. 立法目的上的考察

确保信用价值发挥联结点的作用，需要对失信惩戒规则的两部分进行立法目的上的考察。一方面，惩戒对象所违反的法律规范须包含与信用价值相关的目的。例如，违反《统计法》的数据造假行为可以作为惩戒对象，因为该法第 1 条明确提到“保障

---

① 参见沈岿：《社会信用体系建设的法治之道》，载《中国法学》2019 年第 5 期。

统计资料的真实性”的立法目的,但“拒绝提供统计资料或者经催报后仍未按时提供统计资料”的违法行为则不应成为惩戒对象,因为这一行为违背的立法目的应当是“保障统计资料的及时性”。另一方面,惩戒措施涉及的行政行为所依据的规范也应包含与信用价值相关的目的。例如,限制招录为公务员是人们所熟悉的一项惩戒措施,而《公务员法》第 1 条规定了“建设信念坚定、为民服务、勤政务实、敢于担当、清正廉洁的高素质专业化公务员队伍”的立法目的,结合该法第 13 条对公务员的条件规定为“具有良好的政治素质和道德品行”,说明公务员招录工作中容许信用的考量。

行政管理方面的法律法规,多在法律文本的第 1 条即表明其规范目的,较易判断,存在多重目的时还应关注具体条款对应的特定目的。对于没有明示目的的规范,需要“从法律的整体规范内容中判断规范的目的所在”。[①]

2. 逻辑与经验的判断

处罚性惩戒多是对相对人特定资格或市场准入方面的限制,其中不乏风险预防的考量。这一思路或许源于金融征信的实践,也尤以金融领域的惩戒措施最显著:由证监会实施的有关股票债券发行、金融公司设立等融资经营方面的限制措施,几乎在每一部备忘录中都出现了。然而,关于知识产权、婚姻登记、出入境检验检疫、拖欠农民工工资等广泛领域中的失信行为,真的都能预示融资经营上的不可靠吗?

依据一般理性人的判断,也足以作出否定回答。在当前数据欠缺的条件下,判断风险预防是否符合事物的本质,主要也只能

① 郑春燕:《现代行政中的裁量及其规制》,法律出版社 2015 年版,第 96 页。

依靠逻辑与经验。但是,判断准则上并非完全无所依凭,有两点提示可用。一是依据人的个体独立性,只应允许针对行为人本人的惩戒,禁止株连。二是区分行政行为的"属物性"与"属人性",不联结对象属性不同的行政事项。

（二）一般性惩戒：平等对待要求

一般性惩戒的风险预防功能并不明显。如限制参与政府采购、限制取得政府供应土地等措施大多与行政协议有关,而行政机关以协议形式活动时,对于其中的风险可以通过合同上的具体安排予以防范,必要时还可行使行政优益权,不需要通过失信惩戒进行概括性预防。而如限制评奖评优、限制取得财政资金补贴等措施涉及行政奖励、行政补贴,其风险后果通常并不严重,或者容易在事后及时控制,不必转为事前模式。

一般性惩戒所依托的行政行为具有选择性,在选择相对人时可将失信行为作为考虑因素,仍以信用价值作为正当性基础。与处罚性惩戒一样,惩戒对象违背的立法目的应当与信用价值相关。但在惩戒措施方面,缺少明确的立法目的,而存在更多的政策因素,尤其是涉及评奖评优、政府补贴性资金的发放、政策优惠的给予等,行政机关可以综合考虑各项因素,以作出最优选择。在社会行政法的大背景之下,用社会治理的概念框定行政主体的行为时,行政主体所考虑的因素必然相对较多。[①] 既然本就需要相对全面而非限定型的决策,那么失信行为作为一项较客观的指示因素,自然可以纳入考虑,这对于财政补贴、社会保障等制度本身的信用,也有一定的保障作用。但是,在考虑因素较开放的情形下,尤需注重平等对待,以防信用价值成为其他不相关或歧视

---

① 参见关保英:《行政行为中的不相关考虑》,载《社会科学辑刊》2014 年第 6 期。

性考虑的掩护和借口。例如,公民平等享有获得物质帮助权,除非失信行为已经表明行为人的条件不需要相应的帮助,否则不应将其作为认定低保、医疗救助、临时救助、保障性住房等救助保障资格的考虑因素。

(三)日常性惩戒:服从效率考量

提高检查频率和监管力度、作为重点关注对象等日常性惩戒给相对人造成的影响最小,主要是为应对执法资源不足的情形而作出的安排,只要符合公益范围内的行政效率考量即可。例如,对出入境检验检疫领域的失信行为人,市场监管、行业主管部门可以提高监督执法频次、随机抽查概率,既是以市场监管执法遏阻出入境检验检疫违法行为、促进出入境严格管理,也有利于市场违法行为的发现和查处,提高监管的有效性。在执法资源总量一定的情况下,根据信用状况优化配置,对行政效率的提升有一定的促进作用。

但是,日常性惩戒应以不给相对人造成过分的负担为界限,否则会造成行政资源的浪费。例如,随着时间的推移,曾经的失信与当下行为之间的联结关系弱化,因此,以一定的年限为界,如果受惩戒主体在提高频率的检查中表现良好,新的表现情况可以替代过去的失信历史并作为确定执法频次的最新参考,而且应通过及时的信用恢复机制使监管资源的布置得以适时调整。

结　语

方兴未艾的失信惩戒制度,引起了形式合法性层面的诸多讨论。但是,失信惩戒与形式合法性讨论所依凭的形式化的行政行为体系并不完全贴合,而是留有一块等待被填充的空间,因此论者不能回避其触及实质正当性的思考,尽管这论证难度更大。而仔细观察其实质合法性层面,会发现也许这注定是一个“要被装进多种制度措施的‘箩筐’”,[①]既装着由来已久、枝缠叶绕的各种联结,也装着代表更好治理效果的新型治理的愿景。

从禁止不当联结原则的精神出发,容易判断“一处失信,处处受限”不该是失信惩戒制度的本相,但要说明“何处失信”“何处受限”,还须直指“事理”,在此基础上有效演绎该原则的“法理”内容。[②] 就此而言,失信惩戒的广泛实践,结合信息时代数据技术的发展,为禁止不当联结原则提供了更广阔的生长空间,其具体适用还有待更深入的思考。

---

① 戴昕:《理解社会信用体系建设的整体视角 法治分散、德治集中与规制强化》,载《中外法学》2019 年第 6 期。

② 参见陈柏峰:《事理、法理与社科法学》,载《武汉大学学报(哲学社会科学版)》2017 年第 1 期。

失信惩戒行政裁量权实体性控制的立法检视与建构

姚一凡*

内容摘要 抑制行政裁量权膨胀是失信惩戒制度推进中的重大命题,有必要在信用立法中通过实体性控制规范失信行为认定与惩戒措施及幅度选择中的行政裁量权。新起草的《关于进一步规范公共信用信息纳入范围、失信惩戒和信用修复构建诚信长效机制的指导意见(征求意见稿)》作为中央立法的最新动向,对此分别作出了回应。与此同时,地方立法呈现三分模式、二分模式和计分制模式等积极尝试。立法的具体症结问题在于中央层

* 复旦大学法学院宪法学与行政法学研究生,主要研究方向为信用行政法。

面统一法制标准缺位，地方层面裁量基准分格粗糙，并且央地立法之间的互动呈失调态势。对此，应当明晰并推动央地立法的分工与耦合，在比例原则的统摄下对失信惩戒的裁量基准予以细化和量化的同时，注重匹配性以及设置酌定因素的变通渠道防止裁量基准僵化，以构筑失信惩戒行政裁量权实体性控制的法治框架。

关键词　失信惩戒；信用立法；行政裁量权；实体性控制；裁量基准

毫无疑问，失信惩戒制度已成为社会信用体系建设的中流砥柱。以惩戒主体为标准，可以将失信惩戒制度区分为行政性惩戒、司法性惩戒、市场性惩戒、行业性惩戒和社会性惩戒。[①] 其中，行政性惩戒在性质上属于一种新兴的行政行为。在实践中，信用监管行政机关认为失信惩戒“好用”“管用”就“滥用”“泛用”，尤其在失信名单的认定环节，自由裁量权的“阀门”一旦被打开，失信惩戒便呈现道德泛化的趋势。一方面，作为信用立法[②]的重点命题，失信惩戒制度的实际运行仍然依托行政裁量权，但是目前狭义的法律层面既未对失信惩戒行政有详细规定或预设，也没有关于行政裁量权实施的细则，基于认知上的偏差导致的权力履行不正确、不正当或不合理。[③] 另一方面，地方对于裁量权控制的立法位阶参差不齐，失信惩戒中对行政裁量权的制

① 参见王伟：《失信惩戒的类型化规制研究（下）——兼论社会信用法的规则设计》，载《中州学刊》2019年第5期。

② 本文中的“立法”均采用广义的立法概念，涵盖行政机关的立法活动。

③ 参见杨丹：《失信惩戒对象的程序权利研究》，载《河南社会科学》2020年第3期。

约不可不察。

2020年7月22日，国家发展改革委、中国人民银行会同有关部门研究起草了《关于进一步规范公共信用信息纳入范围、失信惩戒和信用修复构建诚信建设长效机制的指导意见（征求意见稿）》（以下简称《征求意见稿》），并向社会公开征求意见。[①]《征求意见稿》是现有社会信用体系框架下中央对失信惩戒最新立法动向的集中反映，其中第四章、第五章分别针对“能否予以失信惩戒”与“如何予以失信惩戒”的行政裁量权的实体性控制问题作出了回应，而这两个问题直接关乎“失信行为人”的切实利益。鉴于此，本文着眼失信惩戒，落脚于行政裁量权的实体性控制，梳理《征求意见稿》及相关学者的评议，整合剖析典型的地方立法模式，分别从中央与地方及其互动的维度，盘点当下的立法困境，探索通过实体性控制预防失信惩戒行政裁量权膨胀的法治进路，为我国社会信用体系发展提供建设性的意见。

一、从《征求意见稿》解读行政裁量权实体性控制的基础意涵与立法动向

《征求意见稿》第四章“依法依规规范严重失信名单认定标准和程序”与第五章“依法依规开展失信惩戒”均以行政裁量权的限缩为主基调，囊括了实体性控制和程序性控制两条进路。其中，大量的程序性控制手段主要是通过构造“行政过程公开”“利害关系人和公众的参与”“专家咨询论证制度”“执法效果评估”

---

① 国家发展改革委、中国人民银行对《关于进一步规范公共信用信息纳入范围、失信惩戒和信用修复构建诚信建设长效机制的指导意见（征求意见稿）》公开征求意见的公告，载国家发展和改革委员会官网2020年7月22日，https://hd.ndrc.gov.cn/yjzx/yjzx_add.jsp?SiteId=339。

等行政过程或规则约束行政裁量的行使。[①] 与之相对,行政裁量的实体性控制直接影响行政裁量的措施选择甚至幅度考量。[②] 所谓实体性控制,是指通过影响行政决定的实体内容来制约行政裁量权的手段。对于失信惩戒来说,失信名单的实体认定以及后续惩戒,系行政性失信惩戒的核心环节。由此可见,实体性控制的客体其实就是“能否予以失信惩戒”以及“如何予以失信惩戒”两个部分。

(一)严格限定规范失信名单设列领域范围及认定标准——能否予以失信惩戒?

失信名单的设列领域范围及认定标准系“能否予以失信惩戒”问题的具象表现,围绕第二层面的失信惩戒与属于第一层面的法律惩戒之间的逻辑关系展开。[③] 行为人违反某领域法律并造成严重后果的,不仅会受到该法律规定的制裁,而且,也会因列为失信联合惩戒对象,而受到该法律未规定的其他惩戒。[④] 因此,从直观上看,传统的法律责任体系是失信惩戒的前置环节,但

---

① 《征求意见稿》第四章中的程序性控制手段包括:(1)认定标准应当充分征求部际联席会议牵头单位及其他有关部门、相关市场主体、行业协会商会、法律服务机构、专家学者和社会公众意见;(2)认定标准应当通过“信用中国”网站及该领域主管(监管)部门指定的网站公开;(3)认定标准制定部门应当定期组织对标准执行效果进行第三方评估并动态调整完善;(4)行政机关在作出认定严重失信名单决定前,应当告知当事人作出决定的事由、依据和当事人依法享有的权利;当事人提出异议的,应当予以核实并在规定时限内反馈结果;(5)认定严重失信名单应当由认定部门制作决定文书,载明将当事人列入名单的事由、依据、失信惩戒措施提示、移出条件和程序以及救济措施等,决定文书可单独制作或依托相应的行政决定文书载明相关内容。

② 参见苏宇:《面向不确定性的行政裁量及其法律控制》,载《经贸法律评论》2020年第4期。

③ 参见顾敏康等:《我国诚信建设法治化核心命题笔谈》,载《求索》2020年第3期。

④ 参见《发改委央行社会信用新规草案逐条评议》,载“博雅公法”微信公众号2020年8月7日,https://mp.weixin.qq.com/s/yhy7ORD9_BGO0EsFQrzQpw。

失信惩戒却未必是传统法律责任体系的必然结果，从第一层面的法律惩戒到第二层面的失信惩戒之间必然存在筛选机制，两者之间并不是简单的叠加关系，仅部分的失信行为经过传统法律责任体系的调整后才会流入失信惩戒阶段。

在规范层面上，这种筛选机制也得到认可和体现。《征求意见稿》重申了国务院《关于建立完善守信联合激励和失信联合惩戒制度加快推进社会诚信建设的指导意见》（以下简称《指导意见》）中的规定，将设列严重失信名单的范围限制为“严重危害人民群众身体健康和生命安全、严重破坏市场公平竞争秩序和社会正常秩序、拒不履行法定义务且严重影响司法机关和行政机关公信力、拒不履行国防义务等严重违法失信行为”4 类重点领域的严重失信行为，并且“没有法律、法规或者国务院决定和命令依据，任何部门（单位）不得擅自增加或扩展设列严重失信名单的领域”“相关领域严重失信名单认定实行全国统一标准”。但是正如沈岿教授所言，《征求意见稿》强调“严格限定”设列领域范围固然正确，问题在于文件所列举的四大领域都极其宽泛，存在若干意义不明的不确定法律概念。例如，何为“社会正常秩序”？何为“司法机关和行政机关公信力”？何为“国防义务”？这些概念的存在，容易造成认知和理解的不统一。[①]《征求意见稿》中的实体性控制内容依然模糊，这为行政主体是否对一项失信行为进行惩戒的自由裁量权留下了空间。

---

① 参见《发改委央行社会信用新规草案逐条评议》，载“博雅公法”微信公众号 2020 年 8 月 7 日，https://mp.weixin.qq.com/s/yhy7ORD9_BGO0EsFQrzQpw。

（二）依法依规确定失信惩戒措施并保证过惩得当——如何予以失信惩戒？

确定了在哪些领域、哪些情形能够予以失信惩戒之后，第二步是决定惩戒措施和相应的惩戒幅度的裁量，即“如何予以失信惩戒”，其重要性在一定程度上不亚于“能否予以失信惩戒”。《征求意见稿》指出，一方面，要依法依规确定失信惩戒措施，对失信主体采取减损权益或增加义务的惩戒措施，必须基于具体的失信行为事实，并直接援引法律、法规或者国务院决定和命令的既有条款为依据，按照全国统一的措施清单执行；另一方面，确保失信行为与惩戒措施过惩相当。按照合法、关联、比例原则，依照全国统一的失信惩戒措施清单，根据失信行为的性质和严重程度，采取轻重适度的惩戒措施，防止小过重惩。任何部门（单位）不得以现行规定对失信行为惩戒力度不足为由，在法律、法规或者国务院决定和命令规定外，随意增设惩戒措施或在法定惩戒标准上加重惩戒。

不难窥见，“全国统一认定标准”“全国统一的措施清单”是《征求意见稿》中对行政裁量权进行实体性控制的关键词，虽然“法定惩戒标准”前并无“全国统一”前缀，只能由“法律、法规或者国务院决定和命令规定”，却也暗含了“全国统一”的内在要求。《征求意见稿》出台前，中央的政策文件对于失信惩戒行政裁量权的实体性控制呈现过于宏大的态势，导致地方对于“能否/如何予以失信惩戒”的立法规定显得相对散漫自由，其中为数不多的地方政府通过更审慎、严密的立法以约束行政裁量权的宝贵经验值得借鉴。

二、失信惩戒行政裁量权实体性控制的地方立法模式考察

根据不完全检索，地方立法尝试中通过实体性控制约束行政

裁量权主要存在以下 3 种模式。

（一）三分模式：江苏省

《江苏省自然人失信惩戒办法（试行）》按照程度将失信行为划分为一般失信行为、较重失信行为和严重失信行为，并分别匹配了相应的惩戒措施，三分模式的裁量基准整体上周正圆满，有 3 个问题值得关注：其一，第 14 条规定："对自然人的一般失信行为，有关部门或者机构应当督促其停止失信行为并进行整改，也可以采取信用提醒和诚信约谈等方式予以惩戒。"江苏模式对于一般失信行为采取柔性治理的方式。其二，较重失信名单和严重失信名单在认定标准和惩戒措施上，采取有幅度的递进。较重失信名单和"黄名单"都起到了缓冲作用，①使失信惩戒的裁量基准更丰富多元，合理性得到了提升。其三，第 13 条第 1 项规定"被处以较轻行政处罚（按照各部门或者各系统行政处罚自由裁量基准认定）或者被处以警告的"属于一般失信行为，第 22 条第 1 项规定"被处以严重行政处罚的（按照各部门或者各系统行政处罚自由裁量基准认定）"属于严重失信行为。失信行为认定的行政裁量基准嵌套了各部门或各系统的行政处罚裁量基准，在实践中仍然依赖行政处罚作出机关的裁量基准，在实务中的合理性存疑。

（二）二分模式：青岛市及南京市

《青岛市推进城市管理领域失信联合惩戒工作实施意见》仅在城市管理领域（市政公用、市容环卫、园林绿化、城管执法等）

---

① 《江苏省自然人失信惩戒办法（试行）》第 21 条与第 24 条第 1 款分别规定，"具有较重失信行为的自然人，列入省、市公共信用信息系统黄名单，有效期 3 年""具有严重失信行为的自然人，列入省、市公共信用信息系统黑名单并向社会公开，有效期 5 年"。

引入了信用监管制度,失信行为按照严重程度分为两个等级(一般失信行为和严重失信行为)。其中,针对一般失信行为,监管措施限于“通过发函、约谈等方式对一般失信行为予以提醒”,这一柔性规定与江苏省的做法类似。一般失信行为和严重失信行为除程度上的区别外,一般失信人接到信用提醒后若无故不纠正、不参加、不落实、不履行,就可能上升至严重失信行为并予以联合惩戒。值得注意的是,青岛模式下除警示处理外的信用联合惩戒措施仅针对严重失信的社会法人和自然人。与江苏省的三分模式相比,青岛的模式缺少了一种程度上的递进,若“警示处理”的惩戒措施没有达到理想的监管效果,则直接采用其他的联合惩戒措施。因此,青岛模式下裁量基准的实体性控制发挥的功能也许是极其有限的。

南京市同样采用了二分模式,《南京市社会信用条例》第38条规定:“社会信用主体发生失信行为不符合豁免惩戒条件,且不属于严重失信的,认定为一般失信主体。”在南京市的做法中,一般失信行为的惩戒措施并不是单一的信用提醒,严重失信行为和一般失信行为在惩戒措施的幅度上具有明显区别。

(三)计分制模式:克拉玛依市

《克拉玛依市自然人失信惩戒实施细则》同样划分为一般失信、较重失信和严重失信的裁量基准,但是采用计分制管理,根据失信程度和时间频率扣去相应分数,在低于一定分数后统一进行联合惩戒。① 失信领域、类型、表现形式及等级划分参见《克拉玛

① 《克拉玛依市自然人失信惩戒实施细则》第5条第1款规定:“自然人失信行为按照严重程度从低到高划分为一般失信行为、较重失信行为和严重失信行为3个等级。其中一般失信行为每次扣0.5分,较重失信行为每次扣3分,严重失信行为每次扣6分。”

依市自然人失信行为汇总表》。克拉玛依市的立法是一种相对更前沿的量化方法,在这种计分制模式下,通过精细的实体性控制将失信行为套入事先立法预设的“基本公式”从而直接输出行政裁量结果,使裁量决定趋于羁束化。[①] 然而,这种模式的问题在于惩戒措施和一般、较重、严重的划分机制是不相匹配的。在江苏模式中,一般、较重、严重的失信行为都匹配了相应的惩戒措施。例如,针对较重的失信自然人,可以采取暂停减少社会福利、补贴、政府优惠等惩戒措施,针对严重的失信自然人则可以采取消相关社会福利、补贴和政府资金扶持等惩戒措施。计分制模式中,当信用分值低于分数线时,失信人即被列入自然人失信“黑名单”,行政机关、公用事业单位和行业服务机构等单位可以采取列举的措施予以联合惩戒。申言之,一般、较严重的失信行为仅决定了“能否予以失信惩戒”,却无法影响“如何予以失信惩戒”。

三、失信惩戒行政裁量权实体性控制的立法困难省思

(一)中央层面统一法制标准缺位

关于失信惩戒的设列领域限制,《征求意见稿》第四章中所有的“失信名单”前都有“严重”的定语前缀,而《指导意见》同样也只将“严重失信行为”限定在4类重点相关领域,并无“一般失信行为”“较重失信行为”“轻微失信行为”[②]等其他表述。作为部门规章的国家发展改革委办公厅《关于进一步完善“信用中

① 参见苏宇:《面向不确定性的行政裁量及其法律控制》,载《经贸法律评论》2020年第4期。

② “轻微失信行为”的表述源自交通运输部于2018年12月21日发布的《交通运输守信联合激励和失信联合惩戒对象名单管理办法(试行)》(部门规范性文件),其中第2条第2款规定:“对于重点领域发生较重失信行为或多次发生轻微失信行为但尚未达到失信联合惩戒对象名单认定标准的失信主体,可列入信用状况重点关注对象名单(以下统称重点关注名单),加强监管。”

国”网站及地方信用门户网站行政处罚信息信用修复机制的通知》,按照失信行为造成后果的严重程度,将行政处罚信息划分为涉及严重失信行为的行政处罚信息和涉及一般失信行为的行政处罚信息,并指出《指导意见》中列明的4类重点领域严重失信行为而作出行政处罚产生的信息均为涉及严重失信行为的行政处罚信息。在涉及严重失信行为的行政处罚信息之外,除去按简易程序作出的行政处罚信息,原则上明确为涉及一般失信行为的行政处罚信息。值得注意的是,该文件仅仅是针对行政处罚信息的信用修复机制,是否具有普适性值得商榷。但是在地方立法实践中,有的采用“一般失信行为、较重失信行为、严重失信行为”的区分标准,有的采用“一般失信行为、严重失信行为”的区分标准。一言以蔽之,中央层面的立法“瓶颈”在于高位阶立法缺位下,部门规章和国务院规范性文件交互混乱的局面,中央立法理应对地方立法进行最大公约数的提取,为地方的能动提供最大限度的规范基础,但是当下中央立法自身统一性不足,无法为地方立法提供参照系,这也直接导致了在实践中,行政机关对失信行为的判定难有标准可循。

(二)地方层面裁量基准分格粗糙

中央统一标准的欠缺督促地方对能否或如何对失信惩戒进行更精细的立法,在筛选出的江苏、青岛、克拉玛依三地的立法模式中,裁量基准的运用是三者共有的立法基调。裁量基准,是指行政机关在法律规定的裁量空间内,依据立法者意图以及比例原则等的要求,并结合执法经验,按照裁量涉及的各种不同事实情节,将法律规范预先规定的裁量范围加以细化,并设以相对固定的具体判断标准。[①] 裁量基准的作用在于，防止行政裁量中可能出现的“同案异判”和违反平等对待而对个案实质正义的损害，有效地实现行政机关的自我约束。[②] 从近些年的实践来看，尽管裁量基准没有上升到法律层面，在部门规范性文件和地方规范性文件中却大量出现裁量基准的身影。其中，最主要的就是分格技术，即在法律规定的比较大的裁量幅度之间，再详细地均等或者不均等划分为若干小格；同时，分别明确每个小格对应的违法行为及其情节。[③] 从目前来看，地方立法模式中失信行为和惩戒措施仅仅是粗糙地对应起来，匹配度、关联度依然不足。比如，在青岛市的做法中，除警示处理外的联合惩戒措施仅针对严重失信行为，裁量基准的分格止步于此是很遗憾的。而克拉玛依市采用的计分制模式区分一般、较严重的失信行为，却没有对应的匹配措施，这也使既有的分格几乎付诸东流。

（三）央地立法互动失调

综上所述，尽管出于对失信惩戒行政裁量权进行实体性控制的相同目的，中央立法的宏观政策导向，与地方立法的微观落实与调整在一定程度上是脱节的。由于我国是一个多民族国家，加之我国地大物博，人口基数大，各地经济、政治、文化的发展不平衡，因此我国实行一元二级多层次的立法体制。在纵向的立法权限划分上，地方适度享有立法权是必要的，这样才既可能最大限度地保证法制的统一，又充分发挥中央和地方两个方面的积极

---

① 参见周佑勇：《裁量基准的正当性问题研究》，载《中国法学》2007 年第 6 期。

② 参见周佑勇：《裁量基准的正当性问题研究》，载《中国法学》2007 年第 6 期。

③ 参见余凌云：《游走在规范与僵化之间——对金华行政裁量基准实践的思考》，载《清华法学》2008 年第 3 期。

性,避免法律上的“一刀切”和立法体制上的僵化。[①] 再者,失信惩戒和地方经济社会发展水平息息相关,更因根植于诚实信用的法治文化土壤而随地理文化产生差异。典型的例证如《南京市社会信用条例》将“亵渎英烈,宣扬、美化侵略战争和侵略行为,严重损害国家和民族尊严的”列为严重失信行为。因此,“相关领域严重失信名单认定实行全国统一标准”是不合理的,国家出台基础标准,地方结合实际,细化这一标准,同时补充少量标准,既合法理,又显务实,同时也尊重了地方需求。[②] 问题的关键在于,如何在中央与地方互动中取得平衡。目前,央地之间关于失信惩戒的立法并没有达成内在协调和统一的秩序,中央立法需保证其引领性、统一性,地方立法需提升其能动性、精细化,在此基础上两者才能实现耦合作用以制约行政裁量权。

四、失信惩戒行政裁量权实体性控制的法治框架构筑

(一)明晰并推动央地立法的分工与耦合

根据前述,中央和地方立法必须达到调和的状态,明确分工以实现耦合。目前,地方信用立法采用的立法位阶较多是地方政府规范性文件(地方性法规或地方政府规章相对较少),效力层级普遍偏低,造成了参差不齐的局面。但是,如果将“法规”修改为“行政法规”,无疑极大限缩了信用管理的适用范围,抹杀了地方差异管理需求。因此,针对失信名单的认定领域、标准和惩戒措施的确定,赋予地方人大制定地方性法规的权限是稳妥的,而

---

① 参见朱力宇:《立法体制的模式问题研究》,载《中国人民大学学报》2001 年第 4 期。

② 参见《社会信用立法的若干范畴:兼评发改委与央行的社会信用新规草案》,载“中国法律评论”微信公众号 2020 年 8 月 12 日,https://mp.weixin.qq.com/s/0wSlEYInsyXvjPdOIDdhz。

不是“一刀切”地控权将信用立法权收缩至中央，大量授予行政机关立法性的裁量权也存在一定潜在的危险性。[①] 笔者认为，社会信用立法不妨搭建起以法律、行政法规、国务院工作文件、地方性法规4类立法为主干的位阶框架。一方面，中央出台基础的全国统一标准，为地方立法提供引领作用。具体而言，“严重失信行为”统一由法律、行政法规及国务院工作文件确定（央地的立法分工也需要在中央统一层面予以明确）。另一方面，地方性法规负责补强标准，贴近地方需求，根据需要对“一般失信行为、较重失信行为”等其他程度的失信行为在法定权限内自行进行细化并作出补充规定，充分发挥地方立法的能动性。如此，才能为行政裁量权的实体性控制提供立法上的支撑，中央和地方共同协作通过立法为行政裁量权裁制一身不宽不紧的束裙。

（二）比例原则指导下统摄行政裁量权的实体性控制

裁量基准的制定应当引入比例原则，以保障其实体内容上的客观、公平、公正，[②]以通过形式正义到达实质正义，确保过罚相当，寻找最佳的失信惩戒措施及惩戒程度。作为行政法中的帝王原则，比例原则对行政裁量提出了层次丰富的要求，就行政性惩戒的控权和利益平衡提供指引，以抑制其道德泛化的趋势。具体来看，比例原则分为3个子原则：其一，适当性原则。失信惩戒的行政性监管和约束应当有助于诚信建设目的的达成，而不是道德约束，更不是方便行政机关的治理。其二，必要性原则。惩戒的措施应当尽可能地选取对失信人侵害最小的手段。其三，衡量性原则。在适当性原则的目的和必要性原则的手段之间必须保持

① 参见周佑勇：《裁量基准的正当性问题研究》，载《中国法学》2007年第6期。
② 参见周佑勇：《裁量基准的正当性问题研究》，载《中国法学》2007年第6期。

正当、理性、均衡的比例。福建省市场监管局结合工作实际，制定出台了《关于行政处罚裁量权的适用规则》，对全省市场监管部门依法行使行政处罚裁量权进行指导，进一步规范市场监督管理行政处罚行为。[①] 其中，确定了合法、过罚相当、处罚与教育相结合、综合裁量原则4项基本原则。这种做法是值得借鉴的，确立并强调比例原则不仅为“能否予以失信惩戒”提供向导，也将为“如何予以失信惩戒”奉为圭臬。

（三）细化量化裁量权基准并增强匹配性

健全失信惩戒中的裁量权基准制度，对失信行为进行分级管理，提高行政执法中的羁束程度，是对行政裁量权进行实体性控制的重要手段。《湖南省行政程序规定》首次在地方政府规章中对裁量权问题进行规定，提出“细化”“量化”行政机关的法定裁量权是行政裁量基准的基本范式，[②]这在江苏、青岛的立法模式中也有所反映。此外，2020年8月20日，深圳市发展和改革委员会发布《专项资金失信行为认定惩戒管理暂行规定》，分别规定了不同主体的失信认定标准，分为“一般失信行为”和“严重失信行为”；同时，根据情形严重程度，对存在失信行为的项目实施责任主体采取相应惩戒措施。社会信用涵盖多个领域，在某个领域出台“特殊法”也未尝不是一种“细化”的诠释；再者，关于克拉玛依市的量化方法，对失信名单的认定采取量化的方式毫无疑问顺

---

① 参见福建省市场监管局出台《福建省市场监督管理局关于行政处罚裁量权的适用规则》，载国家市场监督管理总局官网，http://www.samr.gov.cn/fgs/fzxc/202006/t20200615_317019.html。

② 《湖南省行政程序规定》第90条规定：“本规定所称裁量权基准，是指行政机关依职权对法定裁量权具体化的控制规则。”第91条第1款规定：“法律、法规和规章规定行政机关有裁量权的，应当制定裁量权基准，对裁量权予以细化、量化。”

应了电子时代和数据治理的趋势，值得肯定。但是，在细化、量化的同时也要注意增强失信行为与惩戒措施的匹配度，不仅要对失信行为进行分类，单纯地将惩戒措施分为三六九等亦是徒劳，更关键的是要将两者匹配起来，增强可操作性，填补肆意裁量的漏洞。

（四）增设酌定因素的变通渠道，防止裁量权僵化

严密的裁量基准固然好，但也无法应对千变万化的现实世界，趋于绝对精细的裁量基准更是难免落入裁量权僵化的窠臼。事实上，裁量基准应当游走在规范和僵化之间，寻找平衡点，以更妥帖地契合个案争议。裁量基准制定得越细，有关规范在适用上的回旋余地也相应变得越小。① 新冠肺炎疫情也印证了这种“回旋余地”的必要性。2020 年 5 月 15 日，最高人民法院发布《关于依法妥善办理涉新冠肺炎疫情执行案件若干问题的指导意见》，指出要精准适用失信惩戒和限制消费措施，重点打击规避执行、抗拒执行等违法失信行为，但对受疫情影响暂时经营困难的企业，法院在采取失信惩戒前要给予 3 个月宽限期。疫情期间，社会经济遭到不同程度的震荡，最高人民法院以工作文件形式设立的“宽限期”本质上就是一种裁量权，针对社会突发公共卫生事件的调适。《南京市社会信用条例》建立的轻微偶发失信行为信用惩戒豁免制度同样也是一种裁量权的缓冲。笔者认为，应当在立法中设置酌定因素的变通渠道以预防裁量基准的过度僵化。在失信惩戒机制的运作中，酌定因素的灵活性在于，信用监管机关通过结合失信道德风险、失信严重程度、既往信用状况、失信人

① 参见余凌云：《游走在规范与僵化之间——对金华行政裁量基准实践的思考》，载《清华法学》2008 年第 3 期。

态度等因素综合决定对失信者是否在个案中予以“从重、加重、从轻或减轻”的考虑，对个案正义具有一定的保障意义。但值得注意的是，酌定因素变通渠道的设立同时也会为恣意放宽裁量权埋下伏笔，这对于立法设计和执法实践无疑是一个巨大挑战。

结　语

根据《征求意见稿》的精神，加快推动信用法律法规建设应当坚持“应用导向、立法先行”的法治理念，面对当下“政策先行、立法滞后”的局面，行政裁量权亟须在立法中受到实体性控制。社会信用体系发展至此，不仅需要高屋建瓴的宏观政策，还需要更多“接地气”的微观法律规制，两者唇齿相依，不可偏废。在这一理念指导下，不仅要求中央立法奠定统一的宏观蓝图，同时也要求地方能动地描绘因地制宜的信用立法图景，在比例原则的统摄下细化和量化裁量基准，以尽可能地压缩行政裁量的恣意执法空间；同时，为了防止裁量权的过度僵化，设置裁量权的变通、宽限渠道，以实现对失信惩戒行政裁量权的最优控制。

个人信用法益化及其刑法保护路径

王士超*

内容摘要　在当今高度信息化的时代，个人信用权益理应具有人格属性和财产属性。信用主体对其信用享有权、使用权和维护权都有可能遭受他人侵犯，因此，其具有很强的"个人的要保护性"；而由于信用是金融市场的一种要素，其对维系金融市场稳定和金融财产安全起到重要作用，所以个人信用也应具有很强的"社会的要保护性"。因此，刑法理应将个人信用当作一种法益，纳入刑法保护范围。基于此，我国刑法可从保护信用及其载体两条进路来构建个人信用刑法保护体系，将盗用和冒用网络信贷产品的行为纳入信用卡诈骗罪规

* 河南财经政法大学硕士研究生，河南碧轩律师事务所律师。

制范围；与此同时，国家亦可通过刑法立法专章设立侵犯个人信用法益罪名，进而做到对个人信用的人格权益和财产权益保护的兼顾，且应保持我国互联网活动的开放性。

关键词　个人信用；个人信用法益化；信用卡诈骗罪；刑法保护路径

一、初探：案例导入及问题提出[①]

随着科学技术的迅猛发展，我国目前已进入互联网时代。互联网的发展和发达，使人们的生活空间由现实向虚拟延伸，“在线”成为当代人“在世”生活的一种方式。[②] 迅速发展的互联网是一把“双刃剑”，它既拓展了人类生活的空间，也给我们生活带来了新的法律问题。比如，网络空间与现实空间正逐步走向交叉融合，“双层社会”正逐步形成，[③]传统犯罪发生的场域，也由“现实物理空间”一个平台，发展为“现实物理空间”与“网络虚拟空间”两个平台。质言之，网络时代唯一不变的就是变化，个人信用的法益化保护也是网络时代发展的大势所趋。

案例介绍：被告人何某登录被害人吴某某支付宝账户，通过支付宝“蚂蚁花呗”购买了苹果手机 1 部，消费了吴某某 6000 余元。同日，何某又通过“蚂蚁花呗”在大众点评网上消费了吴某某 187 元。检察机关认为，被告人的行为构成盗窃罪；被告人的

---

① 需要说明的是，由于信用主体除自然人外，还有公司、银行、政府机构等，后者享有信用权益的方式与自然人有区别，限于篇幅，本文仅探讨限于自然人享有的信用，即个人信用。

② 参见高国其：《网络“虚拟财产”的现实定位与刑法规制》，载《重庆大学学报（社会科学版）》2017 年第 3 期。

③ 参见陈洪兵：《双层社会背景下的刑法解释》，载《法学论坛》2019 年第 2 期。

辩护人认为,被告人的行为属于冒用他人信用卡的信用卡诈骗行为;人民法院认为,支付宝账号不属于商业银行或者其他金融机构发行的电子支付卡,不能认定为信用卡,支付宝用户通过“蚂蚁花呗”“蚂蚁借呗”获得贷款属于签订合同,所以被告人的行为属于贷款诈骗罪。[①]

对于上文类似案例的分析,当前学界的主流观点认为,“蚂蚁花呗”不属于信用卡。持这种观点的学者马寅翔认为,虽然推出个人信用支付产品的主流电商平台已经获取了种类不等的金融机构经营许可证,即所谓的金融牌照,但其所推出的个人信用支付产品却并非基于银行牌照所许可的业务范围,将其称为信用卡显然是错误的;并由此认为,从规范保护目的出发对“信用卡”进行实质解释,将电商平台发行的个人信用支付产品解读为刑法意义上的“信用卡”为类推适用解释。[②] 而学者杨志琼也认为,冒用他人“蚂蚁花呗”或者“京东白条”等行为,其实是冒用金融消费者名义向金融机构申请贷款服务或赊购服务,进而欺骗第三方支付设备实现资金的转移,侵犯了金融消费者的财产权,应构成诈骗罪。[③]

上述司法实践中的做法与理论界的主要观点,体现了司法机关和大部分学者对个人信用法益保护的重视不够。对冒用或者盗用他人信用产品侵财的行为,并没有看到行为对个人信用的破坏,只看到了行为对财产权益的侵犯。导致类似的行为难以适用

---

① 参见(2016)沪0114刑初681号刑事判决书。

② 参见马寅翔:《冒用电商平台个人信用支付产品的行为定性——以花呗为例的分析》,载《法学》2016年第9期。

③ 参见杨志琼:《利用第三方支付非法取财的刑法规制误区及其匡正》,载《政治与法律》2018年第12期。

具有保护个人信用法益作用的信用卡诈骗罪予以规制,只能适用财产犯罪罪名。一言以蔽之,此种处理方式,导致对冒用或盗用他人信用卡产品行为具有的侵犯他人个人信用的一面没有受到刑法的否定性评价,同时,对个人信用法益化保护来说,缺少刑法的规制无疑是一个缺憾。因此,笔者认为,未来我国理应通过立法建构信用法益化的刑法保护体系,做到对信用中的人格权益和财产权益的兼顾,以适应当今互联网活动的开放性。

二、溯源:个人信用何以成为一种刑法保护法益

当我们以“批判性立法的法益概念”来反思刑法规范时,如何判断一个行为对象是否纳入刑法保护的范围?日本著名学者関哲夫等教授提出了法益概念生成过程的“三重承认”,即某种生活利益要成为法益必须通过“个人的承认”获得“个人的要保护性”,通过“社会承认”获得“社会的要保护性”,最终还要通过“法的承认”获得“法的要保护性”。[①] 概言之,法益概念是作为社会的实在概念的“利益”与作为法的评价概念的“法的要保护性”相结合的产物,它能够发挥犯罪说明的机能、犯罪构成的机能、犯罪界限的机能、犯罪分类的机能和犯罪定数的机能等。因此,笔者认为,我们也可借鉴上述学者的考察思路,来判断“个人信用”是否可以作为一项刑法保护的法益并纳入刑法调整范围。

(一)个人信用作为刑法保护法益的应然考量

张明楷教授认为:“法益的内容本身是前实定的,但这种内容要受到刑法保护还必须依靠实定刑法。”[②]在目前实定法益保护

---

① 参见[日]関哲夫、王充:《法益概念与多元的保护法益论》,载《吉林大学社会科学学报》2006年第3期。

② 张明楷:《法益保护与比例原则》,载《中国社会科学》2017年第7期。

中,一部分受到刑法的保护,另一部分没有受到刑法保护。因此,我们先考察实定法意义上的个人信用概念和性质。

1. 信用的概念界定

在我国话语体系范围内,“信用”一词在不同领域具有不同的含义。在道德范畴中,“信用”主要是指诚信,即通过诚实履行自己的承诺而取得他人的信任。[①] 在金融学界,“信用”是指以还本付息为条件的借贷活动。[②] 在法学领域,对“信用”这一概念关注较多的是民法学者,他们对“信用”的界定大致有 3 种看法:第一,“信用”是社会对民事主体的履约能力和履约意愿的评价;[③] 第二,“信用”是自然人、法人和其他组织就其经济能力和履约意愿所获得的社会评价和信赖;[④]第三,“信用”被认为是名誉的一部分。[⑤] 还有学者认为,“信用”即自然人和法人履行法定或者约定义务的心理态度及其行为能力。[⑥] 虽然不同学科的学者对“信用”概念的认识有所不同,但并不妨碍我们从刑法角度去研究保护“信用”的规制路径。

首先,个人信用归属于一定的主体。在金融学中,将信用分为商业信用、银行信用、政府信用、消费信用和国际信用等。有学

---

① 参见李健主编:《金融学》(第 3 版),高等教育出版社 2018 年版,第 103 页。

② 参见李健主编:《金融学》(第 3 版),高等教育出版社 2018 年版,第 103 页。

③ 石新中:《论信用概念的历史演进》,载《北京大学学报(哲学社会科学版)》2007 年第 6 期。

④ 参见杨立新:《中国人格权法立法报告》,知识产权出版社 2005 年版,第 392 页。

⑤ 参见张新宝:《我国人格权法立法——体系、边界和保护》,载《法商研究》2012 年第 1 期。

⑥ 参见张勇:《个人信用信息法益及刑法保护——以互联网征信为视角》,载《东方法学》2019 年第 1 期。

者认为,刑法学语境下的市场信用分为个人信用和公共信用。[①] 其次,个人信用具有人格专属性。正如有学者指出,信用发展到至今,其人格属性中的非经济成分是不容忽视的,这也是从信用之道德属性衍生出来的,并且从未消失过。[②] 因为每个人的信用评价不同,所以在金融市场中其获得的金融服务的对价也不同。识别不同主体的信用评价进而可将金融活动的风险控制在一定水平,这是金融机构开展金融活动一项非常重要的工作。最后,个人信用可用于获取经济利益。拥有不同的信用级别,可以享受不同的信用利益。如芝麻信用,只有当信用分数达到一定程度,才有资格开通“蚂蚁花呗”获得消费信用贷款资格;达到更高的分数,才能开通“蚂蚁借呗”获得现金信用贷款资格。

2. 个人信用的法律属性

由上述信用概念的介绍及特点可知,在司法实践中很难界定信用的法律性质,主要存在以下两个方面的认定难题。

(1)个人信用是一种权利还是一种利益? 如果信用是一种权利,则当然是刑法保护的范围。因为刑法是二次法、保障法,其需要在其他法律不能达到权利保护的效果时,以刑罚手段予以介入。如果信用是一种利益,如果其没有上升为值得刑法规范保护的法益,则刑法无法介入保护。即使是刑法保护也要进行“要保护性”的判断。民法学者对权利和利益进行了严格区分,他们认为民事利益分为三个部分:第一部分是用民事权利保护的民事利益,如生命权、继承权等;第二部分是法益保护的民事利益,如对

① 参见马长生、罗开卷:《市场信用刑法立法思考》,载《中国刑事法杂志》2010 年第 6 期。

② 参见陈宾:《论信用权的性质及其保护路径》,载《河南财经政法大学学报》2019 年第 1 期。

死者人格利益、胎儿利益的保护等；第三部分是不受民事权利和法益保护的民事利益，如亲吻权等。[①] 从法定权利的角度来看，我国《民法典》中确实没有规定“信用权”。所以，信用在当前不应视作一种民事权利。但是值得注意的是，在我国《民法典》人格权编中，立法者首次明确将信用纳入法定权利体系中。可以预见，未来信用可能真的能够成为一种法定民事权利——“信用权”。而在信用尚未被权利化之前，其至少是一种受法律保护的民事利益。所以，目前刑法介入信用的保护并不具有当然性，刑法是否需要介入对信用的保护，需要进一步分析信用能否构成刑法保护的法益。换言之，如果未来《民法典》将信用作为一种权利进行保护，则信用权将自动获得成为刑法保护法益的先天条件。而在此之前，需要我们借助“法益生成”概念进行判断。

（2）如果个人信用是一种权利，则其属于人格权还是财产权？此问题是上述“个人信用是一种权利还是一种利益”这一问题在民法学中的延伸。这一问题对刑法学的意义在于，如果我们思考刑法对信用利益的保护，那么，究竟是将其作为一种人身权利还是财产权利进行刑法规范体系的构建？

当前，民法学界对信用在我国《民法典》中的地位主要有3种看法：第一，“人格权说”。在“人格权说”内部，有一部分学者认为，信用权是一种独立的人格权，认为“信用权的特点决定了其不同于其他具体人格权，理应成为具体人格权家族之一员”，[②]信用权是民事主体就其所具有的经济能力在社会上获得的相应信赖

① 参见杨立新：《个人信息：法益抑或民事权利——对〈民法总则〉第111条规定的“个人信息”之解读》，载《法学论坛》2018年第1期。

② 何国强：《论作为独立人格权的信用权》，载《社会科学家》2012年第7期。

与评价所享有的保有和维护的人格权。[①] 也有一部学者认为,信用属于人格权中名誉权的范畴,认为法律既然一定确认名誉权,那么就无须对信用单独加以保护。[②] 第二,“新型财产权或无形财产权说”。该观点认为,如果在财产权的架构内将资信类权利与物权、知识产权并列,信用权可以说是“新型的财产权”。该项权利的客体,即信用利益属于一种无形财产。[③] 第三,“混合权利说”。该观点认为,基于民事权利体系的财产权与非财产权的“两分法”的理论,信用权可以说是介于上述两类权利之间的“混合性权利”。[④] 但是,即使认为信用权属于人格权的学者,也承认其是一种“具有人格属性和财产属性的民事权利”。[⑤]

综上所述,无论信用权属于民法中的哪一种权利,我们都可以作出以下论断:信用权是一种与人格和经济利益有密切关系的权益,对这种权益的侵犯既会造成对人格权的侵犯,也会造成对经济利益的侵犯。笔者认为,这一结论对我们构建信用的刑法保护体系至关重要,只要求在刑法中对信用进行保护的制度既不可能是纯粹的人身权利保护制度,也不可能是纯粹财产权利保护制度。个人信用刑法保护体系一定是既保护人身权利也保护人身权利背后的财产权利这样一种制度。

(二)个人信用与刑法“要保护性”的个人承认考察

所谓刑法“要保护性”的个人承认,是指“作为社会成员的个

---

① 参见杨立新:《人身权法论》(修订版),人民法院出版社2002年版,第698页。

② 参见张新宝:《我国人格权立法——体系、边界和保护》,载《法商研究》2012年第1期。

③ 参见吴汉东:《论信用权》,载《法学》2001年第1期。

④ 参见吴汉东:《论信用权》,载《法学》2001年第1期。

⑤ 何国强:《论作为独立人格权的信用权》,载《社会科学家》2012年第7期。

人的承认或者要求某社会利益应该通过刑法来保护”。[①] 犯罪行为对被害人信用的破坏也就是对信用权利人所享用的信用权利的破坏。有学者认为，信用权主要分为权利主体对信用的保有（享有）、使用及维护3种权利。[②] 与此相对应，对信用的侵犯行为也分为如下3种。

1. 对信用主体信用保有（享有权）的破坏

由于信用权具有很强的人身属性，不同的人因其主观的经济能力与相应的客观社会评价不同，享有不同的信用权益。所以，信用只能由本人享用。在网络环境冒用他人电商平台，如“蚂蚁花呗”“蚂蚁借呗”等信贷产品获得信贷利益的做法，就构成公众对信用主体之信用保有权的破坏。

2. 对于信用主体的信用利用权的破坏

如前所述，信用的财产属性与人身属性是紧密结合的，一个人通过自己的信用享有多大的资信权益，与其本身的信用水平息息相关。而冒用和盗用他人信用账户，获取本来只能为信用主体本人享有的资信利益时，就侵犯了这种信用主体本人对自己资信支配和利用状态。

3. 对信用主体的信用维护权的破坏

由于信用不仅事关一个人享有的社会评价，更关系相对应的资信利益，所以在信用社会，一个理性经济人有充足的动力去维护并提高自己的信用水平，以享受更高的人格评价及更多的经济利益。但在网络环境下，个人信息的载体是信息或数据，所以出

---

① ［日］関哲夫、王充：《法益概念与多元的保护法益论》，载《吉林大学社会科学学报》2006年第3期。

② 参见李建革、刘文宇：《基于法经济学视角的信用权》，载《东北师大学报（哲学社会科学版）》2016年第3期。

于恶意或重大过失删除、更改记载或者反映他人信息或数据的行为，显然构成对他人信用维护权的侵犯。

综上所述，虽然权力的滥用也可能出现在信用权领域，但这不是我们放弃对信用进行更完善保护的理由。相反，一方面，我们理应本着最大的善意推测，每一个公民都非常珍惜自己的信用权益，愿意在现代经济体系中维护并尽力提高自己的信用水平；另一方面，对滥用信用的行为，我们也应该站在维护整个市场信用体系的角度考虑予以有力规制。无论如何，至少对广大善意的、愿意珍视自己信用权益的公民来说，他们的信用权益有可能受到各方面的侵犯，刑法应当将其纳入保护范围。

（三）个人信用与刑法“要保护性”的社会承认考察

在日常经济生活中，某生活利益所获得的社会成员“个人的承认”或者要求其应该受刑法的保护，并不能直接就使其成为法益。为了使该生活利益成为法益，必须要通过法的“要保护性”承认这道关卡。换言之，社会的多数成员承认该生活利益是社会生活上重要的生存利益所在，因而有必要通过刑法来保护它。[①]所以，完成信用的刑法“要保护性”的个人承认认证后，我们依然不能说其一定就可以成为一种受刑法所保护的法益，我们还要进行第二步，即论证信用的刑法“要保护性”的社会承认之间的关联。

“超个人法益”这一概念为我们认识法益与个体及群体之间的关系提供了理论工具。超个人法益，是指非专属于特定的个人的法益，又被称为“全体法益”、“社会法益”、“普遍法益”、“公共

---

① 参见［日］関哲夫、王充：《法益概念与多元的保护法益论》，载《吉林大学社会科学学报》2006年第3期。

法益”和“集体法益”等,其与个人法益一起构成了当今刑法学教义学的基础,也就是我们通常所说的法益理论。[①] 这一概念起源于德国,近年来,我国一些经济刑法学者对其进行了大力提倡,但对超个人法益的具体内涵,理论界学者认识存在出入。有学者认为,我国应及时将“秩序法益观”转化为“利益法益观”,并将经济刑法的“超个人法益”明确为“资本配置利益”。[②] 这些学者所认为的“资本配置利益”,是指通过合理的资本配置,使国家、社会、市场主体及市场参与者均能享受由此带来的财产性利益或利益的机会。也有学者认为,经济刑法的保护法益应当被界定为国家和社会在经济活动中的经济利益,包括国家在经济活动中的经济利益和社会在经济活动中的经济利益两个方面。[③] 笔者认为,无论如何界定超个人法益的具体内容,学者对超个人法益对国家和社会的重要性都予以了确认,也达成了大致统一的认知。

综上所述,如果“个人信用”可以被视为一种法益,那么其正符合上述所谓的“超个人法益”概念的实质内涵。所以,个人信用不仅是关乎具体的市场主体,其对整个金融及经济体系更是有着牵一发而动全身的影响。国家对信用风险的管控,不仅是保护金融消费者权益的需要,更是维护经济和金融稳定的需要。因此,由于个人信用关乎金融安全,有充分的理由将个人信用视为“超个人法益”纳入刑法予以保护。

---

① 参见贾健:《人类图像与刑法中的超个人法益——以自由主义和社群主义为视角》,载《法制与社会发展》2015 年第 6 期。

② 参见魏昌东:《中国经济刑法法益追问与立法选择》,载《政法论坛》2016 年第 6 期。

③ 参见王良顺:《保护法益视角下经济刑法的规制范围》,载《政治与法律》2017 年第 6 期。

三、建构:个人信用法益化的刑法保护路径

如前所述,虽然我国现行《刑法》中没有明确将"个人信用"作为法益纳入刑法保护范围,但是可以用来实现个人信用法益的刑法保护,尽管刑法规范中保护个人法益的条文仍然零散地存在于我国《刑法》条文之中(见表1),但它们可以在一定程度上实现刑法对个人信用法益的部分保护。诚然,这种零散的法律规范之间缺乏体系性,更缺乏载体细化的基础上严格的内部逻辑,这与我国经济社会发展所要求的,对个人信用法律的健全保护不相适应。拉伦茨指出:"整个法秩序都受特定指导性法律思想原则或一般价值标准的支配……其作用在于:诸多规范之间,各种价值决定的借此法律思想得以正当化一体化,并因此避免彼此之间的矛盾,其有助于解释对法律内的及超越法律的法的续造,助益更宏。"①因此,有必要在我国现有刑法规范基础上思考,建构我国个人信用刑法保护体系,使刑法在保护个人信用法益中以体系性方式发挥更大作用。

表1 我国《刑法》中保护个人信用的相关法律条文

序号	罪名	《刑法》
1	违法发放贷款罪	第186条
2	挪用资金罪	第185条第1款
3	挪用公款罪	第185条第2款
4	背信运用受托财产罪	第185条之一第1款
5	欺诈发行股票罪	第160条

① [德]卡尔·拉伦茨:《法学方法论》,陈爱娥译,商务印书馆2003年版,第316页。

续表

序号	罪名	《刑法》
6	背信损害上市公司利益罪	第 169 条之一
7	虚报注册资本罪	第 158 条
8	虚假出资、抽逃出资罪	第 159 条
9	内幕交易、泄露内幕信息罪、利用未公开信息交易罪	第 180 条
10	虚假诉讼罪	第 307 条之一
11	泄露不应公开的案件信息罪、披露报道不应公开的案件信息罪	第 308 条之一
12	诈骗罪	第 266 条
13	虚假破产罪	第 162 条之二
14	保险诈骗罪	第 198 条
15	虚假广告罪	第 222 条
16	使用虚假身份证件、盗用身份证件罪	第 280 条之一
17	组织考试作弊罪	第 284 条之一
18	代替考试罪	第 284 条之一第 4 款
19	故意泄露军事秘密罪、过失泄露军事秘密罪	第 432 条

根据法秩序的一体性与刑法谦抑性理念,刑事违法性与行政或民事违法性具有一致性。不存在具有刑事违法性,而没有行政或民事违法性的行为;缺少行政或民事违法性的行为,也不可能具有刑事违法性。[①] 构建一个较完善的个人信用刑法保护体系,我们必须回到个人信用本身的属性。从原点出发,分析个人信用

① 参见陈璐:《个人信息刑法保护之界限研究》,载《河南大学学报(社会科学版)》2018 年第 3 期。

结构各个部分及作为一个整体如何得到刑法的全方位保护。笔者认为，可以结合以下3个方面，找出刑法保护个人信用法益的具体路径。

（一）确立保护个人信用和个人信息的双重进路

目前，在电子商务的推波助澜下，互联网个人征信逐渐渗透到金融消费行为和商业活动中，但在互联网征信开放信息共享的模式下，个人信用、信用信息与隐私的边界更加模糊。[①] 之所以会这样，是因为通过对大数据技术的运用，可以从个人留在互联网上的大量碎片化信息中，识别出包括个人信用状况在内的有价值的信息，所以我国《网络安全法》对个人信息的定义为：以电子或者其他方式记录的，能够单独或者与其他信息结合识别自然人个人身份的各种信息。所以，在网络环境下，对个人信用的保护要从保护信用和保护信用信息双重进路展开。

1. 在保护个人信息方面

在保护个人信息方面，主要分为两个部分。第一，规制非法获取个人信息、信用信息的行为，相应罪名包括窃取收买。非法提供信用卡信息罪包括侵犯公民个人信息罪，非法获取计算机信息系统数据、非法控制计算机信息系统罪和非法利用信息网络罪。第二，规制非法破坏信用信息的行为，包括篡改删除个人信用信息的行为，相应罪名为破坏计算机信息系统罪。

2. 在个人信用的直接保护方面

在个人信用的直接保护方面，同样也包括两个部分。第一，规制非法使用他人信用卡权益的行为，包括盗用、冒用他人信用

① 参见张勇：《个人信用信息法益及刑法保护——以互联网征信为视角》，载《东方法学》2019年第1期。

卡信息享受自身利益的行为，具体罪名有信用卡诈骗罪、假冒专利罪、侵犯著作权罪和盗用身份证罪；第二，规制非法减损他人信用的行为，具体罪名有诬告陷害罪、侮辱罪、诽谤罪、泄露不应公开的信息罪及披露报道不应公开的案件信息罪。

综上所述，在网络环境下，我们可以这样阐述个人信用与个人信息之间的关系：个人信用信息是个人信用的这种人格在网络空间的存在和表演形式；对个人信用信息的破坏必然会对个人在网络环境中的信用产生影响，个人在网络空间中享有的信用评价，也影响个人可以通过信用评价享有的资信利益，但是个人信用仍可以脱离网络信息环境经营现实中的人格形象存在，此时对个人信用的毁损不必以借助网络信息的方式来进行。

(二)明确刑法保护个人信用的核心罪名

在司法实践中，非法使用他人信用卡权益和非法减损他人信用法益是侵害最严重的两种行为。非法使用他人信用卡权益的形式主要包括盗用或者冒用他人信用权益，如签署盗用他人话费等电商平台信贷产品的行为，当前较常见的此类犯罪，主要依托电商平台的网络信贷产品，还有借呗、微粒贷、京东白条等方式。所以，非法使用他人信用卡权益和非法减损他人信用是刑法在保护个人信用法益时必须重点研究的核心罪名。

1. 对信用卡诈骗罪的改造

《刑法》可以用来规制非法使用他人信用卡权益的罪名中，具有核心地位的是信用卡诈骗罪，这一罪名所保护的是信用卡管理秩序及个人财产法益，该罪名在《刑法》“破坏社会主义市场经济秩序罪”一章，出现了刑法对个人法益保护和超个人法益保护的兼顾，对信用法益背后的人格属性和财产属性保护的兼顾；且从文义上看，其犯罪构成有一定的开放性，具备在网络环境下，将侵犯他人信用法益的行为纳入其规制范围的解释空间。但如前述案例展示的情况说明，由于当前司法机关和一部分学者对该罪具有保护个人信用法益的机能基本持否定态度，所以要想真正使信用卡诈骗罪在保护个人信用法益中发挥核心作用，还需要对其加强阐释。

现在可以用来规制非法减损他人信用权益的各个罪名，都是刑法中的传统罪名，其对保护个人信息的主要作用在于保护信用中的人格权益，基本不涉及信用背后的资信利益。如前所述，制约信用卡诈骗罪在保护个人信用法益中发挥作用的因素，在于该罪中的信用卡通常仅被解释为由传统银行类金融机构发行的贷记卡、准贷记卡和借记卡等，新的网络产品一律被排除在外。所以对信用卡诈骗罪改造的核心在于扩大信用卡的含义，将冒用他人信用卡信息，进而享受有关资信利益的行为，认定为冒用他人信用卡的行为。

综上所述，笔者主张，将发行网络信贷产品的第三方支付机构视作金融机构，将其发行的网络信贷产品认定为“信用卡”，对盗用、冒用他人传统信用卡和网络信贷产品侵财行为都认为是信用卡诈骗罪。

2. 对规制非法减损他人信用权益类罪的改造

现有的可以用来规制非法减损他人信用权益的诬告陷害罪、侮辱罪诽谤罪等通常都被列为保护名誉权、人格权等人身权法益的罪名，我们有必要对这类人身权法益进一步细化，至少在认识层面关注“诬告陷害”、“侮辱”和“诽谤”行为对他人信用的侵犯状况，将个人信用法益明确纳入上述罪名的保护范围，以发挥刑法对个人信用法益的规范保护作用。

（三）专章设立保护个人信用法益的罪名

“信用”是一种权利，亦称为“信用权”，当然有被纳入刑法调整范围的可能。刑法作为保障法，在其他法律规范难以达到权利保护效果时以刑罚手段予以介入具有正当性。正如于志刚教授所言：“伴随着时代的发展，刑事立法的思路和解决对策在不断地进行调整，传统案件的定性也发生了巨大的变化，有些案件按照传统的处理思路和理论难以解决，而必须依照新时代的定性规则和定量标准来进行，脱离于时代的法学理论的有用性越来越显得捉襟见肘。”①目前，域外已有立法例较重视对个人法益的保护的国家（见表2）。

表2　部分国家保护个人信用法益刑法立法例规定

序号	国家	相关立法规定
1	日本	《刑法典》第233条规定了毁损信用及妨害业务罪，“散布虚伪流言或使用诈术，毁损人之信用或妨害其业务者，处三年以下惩役或五十万日元以下罚金”
2	韩国	《刑法典》第313条规定，“散布虚假事实或者以其他欺骗方法，妨害他人信用的，处五年以下劳役或者一百万以下罚金”

截至目前，我国刑法并没有专门保护个人信用法益的罪名。笔者认为，未来对我国个人信用刑法保护体系的构建，寄希望于未来我国《刑法》也制定专门的罪名来保护个人信用法益；同时，我们也需要注意到上述域外立法例中用来保护个人信用的罪名，主要是从保护人格权利的角度，实现对信用的刑法保护。未来我

① 于志刚、吴尚聪：《我国网络犯罪发展及其立法、司法、理论应对的历史梳理》，载《政治与法律》2018年第1期。

国《刑法》通过立法的方式建立个人信用刑法保护体制，除要重视对个人信用法益保护从人格权益的角度进行刑法保护外，还要注重对个人信用法益背后资信利益和作为超个人法益的信用制度的保护。

结　语

民法典时代，我们有理由看得更远，构建起基于整体法秩序的社会信用体系。这一体系下的市场格局将不再是自由自治，而是诚实信用，自律而非放任，确定而非流于偶然。

信任的背后是持久的人际关系，信用的背后是市场的存在样式。社会主义市场经济发展的"中国速度"有目共睹，但此时，却未能通过信用建立良性的"人际网络"，反而因为放任自由而导致信用大幅滑坡。① 中国互联网络信息中心发布的报告称，截至2017年12月，我国网民数量规模达7.72亿人，互联网普及率高达55.8%，超过了全球平均水平4.1个百分点、亚洲平均水平9.1个百分点。网络时代唯一不变的就是变化。信息科学技术的迅速发展急剧地改变人类社会生活的方方面面，传统的犯罪活动也逐步披上"网络的外衣"。因此，未来我们应对侵害信用法益犯罪的治理，单纯依靠某一部门法、某一学科知识是无法提出有效解决方案的，要让刑法和刑法运行处于内外协调状态，从刑事一体化的角度探索治理方案，②要糅合刑事实体法与刑事程序法，甚至要将计算机科学、社会学、统计学等关联学科结合起来，否则就会"只见树木，不见森林"。

---

① 参见夏伟：《信用权保护规则的刑民一体化构造》，载《现代法学》2020年第4期。

② 参见刘品新、张艺贞：《虚拟财产的价值证明——从传统机制到电子数据鉴定机制》，载《国家检察官学院学报》2017年第5期。

个人信用管理的算法权力与规制路径

张　琴[*]　龙海燕[**]

内容摘要　在信用规制过程中，达致有效

* 西南政法大学法律硕士，重庆市大渡口区人民法院研究室主任。曾获中国法学会第七届“京津沪渝法治论坛”征文一等奖、中国法学会第十二届“西部法治论坛”二等奖、首届法治战略“珠江论坛”二等奖、首届法治战略“珠江论坛”三等奖、中国法学会第十二届“泛珠三角合作与发展法治论坛”三等奖、原国家工商总局“‘十三五’市场监管改革与创新”主题征文一等奖中国法学会第十一届“法学青年论坛”二等奖、中国行为法学会“天大·中国司法论坛”三等奖、原国家工商总局“商事登记制度”征文三等奖、行政审判理论研究会2014年年会优秀奖、中国法学会第五届“京津沪渝法治论坛”征文优秀奖、中国法学会第十届“中国·西部法治论坛”优秀奖、中国法学会第十一届“泛珠三角合作与发展法治论坛”优秀奖、中国法学会第六届“京津沪渝法治论坛”优秀奖、第六届“中国法治论坛”优秀奖。

** 西南政法大学法律硕士，深圳市南山区人民法院研究室法官助理。

监管目的的基础性事实——信用分类分级——可能会因信息化隐含的算法歧视或偏见，而存在偏差或错误。对太仓等9市个人信用积分管理制度实证分析表明，在信用信息归集方面，被评价的信用主体被施加了非必要限制，信用信息的提供主体不够全面，信用信息的范围存在随意扩张或限缩；在信用积分评价方面，信用评价模型的制发过程不够透明，信用积分的赋值缺乏合理解释，信用积分评价的方法存在疏漏；在信用评价应用场景方面，与信用积分之间的关联性、适当性仍然存在较大疑问，且尚未实现算法自动嵌入奖惩场景，这些因素均是算法歧视的存在空间。必须慎重对待个人信用规制过程中的算法歧视问题，在内在约束方面，需要强化算法公正的价值认同，规范信用规制的职权限缩，推动奖惩应用的谨慎前行；在外在规制方面，需要切实增强算法的透明度与可解释性，增强算法的程序性与可参与性，增强算法的规范性与可问责性。

关键词　个人信用；信用积分；信用规制；算法歧视；联合奖惩

随着互联网技术的日新月异，大数据、云计算、人工智能等都在逐步渗透并影响我们生活的方方面面。当前社会信息获取的便捷性与广泛性，确实打破了时间与空间限制背后隐藏的生而不平等，在某种程度上说是在消除客观世界固有的偏见。即便受限于知识结构、文化水平等因素，许多公众未曾意识到它们的存在，或者不能具体感知它们在什么层次、什么范围影响自己，但也不能否认数字化、科技化、智能化不知不觉带来的深刻变化。特别是人工智能与互联网的深度结合，更是给我们的未来发展带来无穷无尽的想象空间。越来越多的领域开始借助“智慧智能＋互联网”的手段去谋求更客观的判断，去追求更好的发展，且这种发展趋势也在国家治理层面越发得到重视与肯定。在《中共中央关于坚持和完善中国特色社会主义制度，推进国家治理体系和治理能力现代化若干重大问题的决定》中，就明确要求“建立健全运用互联网、大数据、人工智能等技术手段进行行政管理的制度规则”。在具体实践中，打造数字政府，探索智慧监管，政务信息化等已经构成了行政管理体制机制改革的重要内容。

但是，新一轮信息化发展变革中，往往只看到了数字化可能带来的高效便民，只看到了智能化可能带来的人力解放，只看到了智慧化可能带来的精准监管，却忽视了其背后可能带来的不利影响。仅以信用规制为例，达致有效监管目的的基础性事实——信用分类分级——可能会因信息化隐含的算法歧视或偏见，而存在偏差或错误。这种基础性的偏差与错误，就隐含新的不平等与偏见，又会新增或者加剧行政管理上的歧视。尤其是在信用规制工具的放大效应之下，这种歧视可能带来的影响会渗透社会生活的方方面面。尽管部分学者或者说学界已经意识到了算法歧视现象的问题，但他们的目光多投向了商事领域，主要研究如何制约并防止掌握海量数据的企业，利用其优势地位，不公平地损害竞争对手利益以及社会公众利益，比如如何防止谷歌等搜索引擎因政治偏见而减损公众获知信息的有效性，如何规避亚马逊、淘宝、京东等互联网企业“大数据杀熟”等。至于行政规制领域存在的算法歧视则被严重忽视，在治理过程中很少有对“算法问责”的呼吁。因此，本文将以信用规制工具为研究对象，通过梳理各城市个人信用积分的运行现状，揭示可能存在的算法歧视问题，希望能够为构建科学公正的个人信用积分制度提供参考。

一、什么是算法歧视？

（一）算法与规范

“算法”是计算机科学最基础、最重要的环节与组成部分。无论是最简单，抑或是最复杂的算法，都是通过遵循指令集或学习来实现目标的。从最一般的意义上讲，算法是一组详细的指令，可以从已知的起点开始产生可预测的最终状态，但算法的表达和动态过程都不构成算法本身。按照数学家花拉子模（Muhammed ibn-Musa Al-Khowarizmi）所作的观点，算法是一种满足以下条件的问题的解决方案：（1）解决问题的指令、过程或公式的列表；（2）可以证明；（3）总会完成并起作用的东西。作为一种数学工具，用户将与特定问题相关的数据输入到计算机接口中，随后计算机处理器遵循算法的指令，并将解决方案返回给用户。[①] 若通过哲学的方法论视角来定义算法，可以提取出抽象性、控制性、结构性、有限性、有效性和强制性等属性，其内涵类似一种规则。只是相较法律规则而言，它的适用过程无须法官进行人工判断。机械化的语言录入，直接就按照既定的算法规则，给出机械化的结论。当然，随着人工智能的进化，也不排除算法在运行过程中会出现拟人化的耦合。

随着信息化工具的不断发展，基于算法所形成的信息决策正在广泛并深刻地介入人类生产生活。算法的特点是具有机器学习能力，这使它们能够作出自主决策，除简单地执行复杂的计算任务外，它们还常常取代人类作出判断甚至是专业判断。例如，

---

① See Zoracki, Allen Clark, When is an Algorithm Invented-The Need for a New Paradigm for Evaluating an Algorithm for Intellectual Property Protection, 15 Alb. L. J. Sci. & Tech. ,579(2004 –2005).

医生将越来越依赖算法来诊断病情和选择最佳治疗方案,无人驾驶汽车将逐渐取代人类驾驶者,而报税专家和公司董事已经开始被软件取代。[①] 可以说,算法已经无处不在、无时不有,且正是因判断过程中无须人为判断,依据算法给出的结论往往更加具有说服力与可靠性。比如,在政务服务领域,“自动检测”“自动审批”等应用产品应接不暇地出现在各领域;在综合治理方面,阿里巴巴协助杭州市政府打造的“城市大脑”,将算法的指挥优势展现得淋漓尽致。数字政府、智慧监管被视为简政放权、放管服改革的重点抓手,被内化为国家治理能力现代化的核心要素。从治理过程的自我封闭到广泛开放,从治理主体的部门协同到整体互动,从手工人为判断到智慧智能判断,以算法为基础的自动化、智能化越发形成压倒性态势。

(二)算法与歧视

算法偏差,又称“机器偏差”,是机器学习过程中无效假设的影响,它反映了与数据收集或使用相关的问题,即系统对数据收集得出不正确或不利的结论。[②] 与可能受贪婪、偏见、疲劳或饥饿影响的人所作出的决策相比,算法最让人的期待的功能就是提高了计算过程的客观性与决策的中立性,即运行该算法的软件对每个数据都遵循同样的规则,由此作出的决策也更公平。但算法最引人注目的批评,也包括它可能会增强信息和权力的不对称以

① See Chagal-Feferkorn, Karni, The Reasonable Algorithm, 2018 U. Ill. J. L. Tech. & Pol'y, 111 - 113(2018)

② See Milan Kendall Shah, Algorithm Bias: Why Using Algorithms at Work Perpetuates Discrimination and Impedes Innovation, Accessed December 15, 2019. https://www.linkedin.com/pulse/algorithm-bias-why-using-algorithms-work-perpetuates-kendall-shah.

及不透明,甚至加剧已经根植于算法系统的偏见和偏袒。在将算法导入国家治理的过程中,将其作为辅助评价、审批、管理事务的重要参考时,最基础的就是要评估其是否能够为社会公众提供更客观的程序正义。如果系统本身或者信息化决策本身就是一种不公平的带有歧视的工具,那么它介入公共治理的过程中就会遭遇去合法化的批评,甚至会导致整个公共治理体系的不安定、不稳定。此时的“歧视”带有模糊性,它可以指代任何“做出或察觉到差异的行为”,或者仅仅是“一种不合理的改变或感觉到改变的行为”。[①] 比如,决策者可能有意地偏袒数据的收集,以确保挖掘出的规则对某些特定的对象有利或者不利,这就为传统的故意歧视形式注入了新的活力,因为持有偏见观点的决策者可以利用算法自动化的机制来掩盖他们的意图。[②] 再如,美国法院采用COMPAS 算法来预测保释金额、刑期和缓刑期,但 ProPublica 调查记者声称 COMPAS 算法是有偏见的,并以开放数据集的形式发布了他们的发现。记者发现 COMPAS 算法系统地夸大了黑人团体,这种夸大所产生的预测性差异也被称为“非理性歧视”,因为这种差异没有跟踪犯罪率的潜在现实,这仍然是算法歧视作用的结果。如果搜索引擎算法有缺陷,或者存在其他人为因素(如政治、商业等)影响,就更是如此。黑德曼(Hindman)等 2009 年的研究认为,搜索引擎的算法偏见,如美国、商业、流行网站优先等,形成“马太效应”,造成少数网站主导搜索引擎结果的情形。[③]

---

① Mayson, Sandra G. Bias in, Bias out, 128 Yale L. J. 2232(2018 - 2019).

② See Barocas, Solon (Cited 271 times); Selbst, Andrew D, Big Data's Disparate Impact, 104 Calif. L. Rev. 692(June 2016).

③ 参见刘学义:《网络媒体可信度的生成与维系机制研究》,吉林大学出版社 2018 年版,第 130 页。

(三)特性与种类

每一项算法、每一次数据库对接、每一份搜索都是一个完全人性化的构造,因此算法实现的过程可以看作一个受技术制约的人与人之间的交互过程。事实证明,算法中的人为因素非常重要,搜索返回的计算机生成的结果是由系统设计时设计者所作的选择决定的,所有的算法都遵循设计者设定的规则,设计者将自己的偏见和假设引入算法。[①] 信息化决策的兴起导致各种歧视更加难以查清,对于不了解信息化决策代码或者算法过程的社会公众来说,几乎没有察觉受到算法歧视的可能性。从算法歧视的类型来看,主要有故意歧视、记录错误、统计偏差、结构性偏差 4 种表现。[②]

1. 故意歧视

故意歧视,是指算法本身就是为了实现某种歧视目的而设立的。设计者对于算法过程将产生的不公平结果是明知的,所谓的算法公平自始至终都只是一个幌子,只是一个披着"自动化决策"的看似公平的"道具"。比如,在政府采购的信息化抽签程序中,将 IP 地址作为遴选的关键因素,总是会抽中某几个 IP 地址所提交的投标申请,那就构成了故意歧视。大家已经察觉并批判的"大数据杀熟"也是一种典型的故意歧视,对价格敏感系数低的人设置高价,对价格敏感系数高的人设置低价,从而更大限度地谋取利润,其实质就是设计者对算法深度学习并实施"千人不同价"行为的默许与故意,这显然是一种歧视。

① See Mart, Susan Nevelow, Every Algorithm Has a POV, 22 AALL Spectrum 40 – 44(2017 – 2018).

② See Kim, Pauline T., Data-Driven Discrimination at Work, 58 Wm. & Mary L. Rev., 884 – 892(2016 – 2017).

2. 记录错误

记录错误,是指算法基于错误的或不正确的信息作出了决策,导致了结果的偏差。这种决策等同于司法裁判在事实认定上出现了偏差,导致出现了坏的结果。当算法基于一个申请人的错误数据作出预测时,它就会剥夺这个人受到正确合理对待的机会。在司法决策过程中,判断是否存在再犯可能性时,可能会产生更严重的后果。记录错误背后可能还会存在计算错误的内容。这种错误往往是疏忽大意造成的。

3. 统计偏差

当选择效应或遗漏变量等问题导致算法模型在某种程度上呈现系统性的错误时,这种错误就是统计偏差。这种类型的偏差是由对模型的操作造成的,是结构性的而不是个别的,更正特定个人数据中的错误并不能解决问题。即使用于预测未来案例的所有数据都是完全准确的,该算法也会产生系统性地偏向受保护组的结果。从某种意义上说,这种损害也是结构性的。① 比如,有人在美国开发了一个 Street Bump 的应用软件,其基本原理就是通过智能手机内置的速度检测仪来判断道路路面的基本状况。如果数据充分,似乎其结论也是正确的。但不可忽视的是,该项测验得以完成的基础就是装载软件的智能手机。受限于经济原因,贫穷地区的人群与富裕地区的人群所拥有的智能手机数量是不可等同的。由于缺乏足够数量的智能手机去提供足够充分的测速数据,贫穷地区路况较差的信息无法及时地传递给决策者。如果政府部门依据该数据报告,决定在哪些地区投放用于道路修缮的资金,那么只

---

① See Kim, Pauline T., Data-Driven Discrimination at Work, 58 Wm. & Mary L. Rev., 887(2016-2017).

会降低贫困社区的道路服务水平，这就产生了统计偏差。

4. 结构性偏差

结构性偏差也是一种无意识偏见，至于是何种无意识或潜意识的偏见不太可能在算法编程中显现出来。比如，虽然美国宪法禁止在量刑所使用的风险评估工具中使用种族、性别或收入相关变量，但是由于美国在社会及经济方面长期对非裔美国人实施了压迫，使黑人所遭受的逮捕、起诉、定罪和监禁率远远高于白人，如量刑风险评估工具会考虑犯罪史的因素，则其预测结果看似客观，实则必然会对黑人社区和黑人男性产生不利影响。[①] 更需要警惕的是，这种不利影响又会反过来加深前面的偏见。即固有的印象可能会导致执法者、司法者，甚至企业雇主不成比例地高度关注黑人群体，在这种高频的观察中又可能会发现黑人群体更高的逮捕、起诉、定罪和监禁率，从而夸大其词地证成固有印象，最终会继续为下次的观察与评价提供偏见性怀疑的理由。这种恶性循环其实就是一种结构性偏差。

二、个人信用管理实践中的算法歧视

自国务院《关于建立完善守信联合激励和失信联合惩戒制度，加快推进社会诚信建设的指导意见》（国发〔2016〕33 号）、国务院办公厅《关于加强个人诚信体系建设的指导意见》（国办发〔2016〕98 号）印发以来，全国各地探索信用规制的实践便如火如荼地开展起来。截至 2020 年 6 月 30 日，在国家层面，国家发展改革委牵头各部委局已经签署了 51 个联合奖惩合作备忘录，自上而下进行信用规制的指导与规范。在地方层面，上海等省市已经通过立法手段完成了本地区信用规制的制度构建，在实践中已然实施。以个

① See Mayson, Sandra G. Bias in, Bias out, 128 Yale L. J. ,2229(2018 - 2019).

人信用规制为例,全国范围内已经有几十个城市推出了个人信用积分管理制度,且这些城市不约而同地采用了信息化手段,通过科学设置和确定积分指标体系,建立基于个人的信用计算模型,综合计算得出个人信用积分及评级,从而为个人信用联合奖惩提供依据。[①] 这也就意味着,基于主客观原因,在个人信用管理过程中也可能因为算法歧视的存在而影响信用奖惩目标的实现。细致分析各城市个人信用管理的归集过程、指标模型以及应用场景,故意歧视、记录错误当然存在,统计偏差、结构性偏差也已然存在(见表1)。比如,将无涉信用的信息作为加分项加分,就可能产生结构性偏差;义务献血加分规则会使身体条件不允许献血的人员被排除在该项加分项之外,从而产生统计偏差。需要说明的是,由于一些城市并未对外公布个人信用管理的制度,没有公示信用积分的评价指标体系,比如,苏州"桂花分"、杭州"钱江分"、福州"茉莉分"、厦门"白鹭分"、衢州"信安分"等,故本文只选取了太仓市等9个城市的个人信用制度作为实证研究的比较对象,揭示算法歧视的客观存在。

表1　各地个人信用积分管理制度梳理

城市名称	信用分名称	制度名称	印发机关	印发时间
太仓市	娄城积分	《太仓市自然人娄城信用积分管理办法(试行)》	太仓市人民政府	2018年12月
宿迁市	西楚分	《宿迁市关于个人信用积分体系建设与积分等级评价试行规定》	宿迁市社会信用体系建设领导小组办公室	2018年3月

① 参见《榆林市个人信用管理暂行办法》第3条等。

续表

城市名称	信用分名称	制度名称	印发机关	印发时间
义乌市	—	《义乌市个人信用管理办法(试行)》	义乌市人民政府办公室	2017年8月
鄂尔多斯市	天骄分	《鄂尔多斯市个人信用天骄分评价管理办法》	鄂尔多斯市发展和改革委员会	2019年3月
濮阳市	龙都分	《濮阳市自然人信用积分与等级评价管理办法(试行)》	濮阳市社会信用体系建设工作联席会议和市推进诚信建设制度化领导小组	2018年11月
荣成市	荣成分	《荣成市社会成员信用积分和信用评价管理办法》	荣成市人民政府	2019年1月
江阴市	—	《江阴市关于个人信用积分体系建设与积分等级评价试行规定》	江阴市社会信用体系建设领导小组	2018年11月
榆林市	桃花分	《榆林市个人信用管理暂行办法》	榆林市人民政府	2019年1月
郑州市	商鼎分	《郑州市个人信用积分管理暂行办法》	郑州市社会信用体系建设工作领导小组	2019年4月

(一)信用信息归集的算法歧视

对个人实施信用奖惩的首要条件,便是充分掌握个人的信用信息。依据信用信息判定信用状况,再依据信用状况对应适当类型的信用措施,这是算法自动化的基本逻辑。信用信息归集是算法自动化的逻辑起点。因此,在国家层面,国家发展改革委与国家市场监管总局分别牵头建立了各自领域的信用记录与归集系统。但落实到各个城市,各个探索实施个人信用积分管理的城市，却是各自在归集个人信用数据，在此归集过程中存在较易见的算法歧视。一是从被评价的信用主体来看，太仓、义乌、鄂尔多斯、濮阳、榆林、郑州6市将评价对象限定于年满18周岁的自然人，且鄂尔多斯、郑州还要求被评价对象具有完全民事行为能力且是常住居民，这种限定人为缩小了个人信用积分管理的范围。对应到具体的奖惩事项时，被评价对象与非评价对象在同等情况下可能会遭受不公平的对待，比如，太仓市规定积分在80分以下的自然人被禁止列入各类荣誉表彰名单，[①]那么年满18周岁的高中生可能因为积分低不能获得荣誉表彰，但17周岁的高中生即使有更多失信行为都可能获得荣誉表彰，最终在高考录取、特长生录取等方面被不平等对待。二是从信用信息的提供主体来看，只有宿迁、濮阳、榆林3市规定了自然人可以提供相关信用信息，且只有濮阳市明确了自然人提供信用信息的途径与方法，其他各市的信用信息都由相关部门向社会信用体系服务平台报送。而受自身信息化程度、内部分工管理等条件约束，可能造成信用信息传递的不充分、不及时。更重要的是，即便有制度明确了信用信息提供的期限却也不能及时地施以对应的责任。故在现实中确实不同程度地存在不及时充分报送信用信息的情况，这导致信用信息使用上的滞后与偏差，影响了后续信用评价的准确性。三是从信用信息归集的构成来看，各城市对于个人信用信息的边界存在不同认识。特别是一些不确定法律概念的存在给了相关部门太多的自由裁量权，可能造成信用信息范围的随意扩张或限缩。比如，太仓、宿迁、江阴3市规定的信用信息范围包括基本信息、商务信用信息、社会管理信用信息、司法信用信息、荣誉信息、其他与个人信

① 参见《太仓市自然人娄城信用积分管理办法（试行）》第9条。

用有关的信息，义乌、榆林、郑州3市将信用信息构成分为基础信息、良好信息、不良信息及其他信息。其中，何为“良好信息”或“不良信息”，便属于典型的不确定法律概念，具有超强的自由裁量空间，也隐藏算法歧视的空间。比如，郑州市便认为“个人不良信息，是指经过公共信用信息提供者认定，对判断个人信用状况起负面消极作用的信用信息”。① 太仓市的信用积分评价指标中，城管局可扣分的项目多达9项，欠缴移动公司、电信公司、联通公司等费用也被纳入了扣分事项，但市场监管部门扣分的事项却仅无照经营1项，这就不难看出，部分单位在积分指标体系中可能不当使用了权力。各相关部门出于行政管制的目的或部门利益的考虑，完全有可能按照自己的理解扩大或者缩小良好信息与不良信息的范围，从而使信用信息夹带了部门偏见。比如，榆林市在不良行为中专门单独列举包含“镇街网格化管理重点领域拒不整改或强制执行的行为”就可能隐含部门利益的因素(见表2)。

表2 个人信用信息归集

城市	适用对象	信息提供主体	信用积分信息构成
太仓	本市行政区域内连续居住满1年以上，参加民事活动、享有民事权利、承担民事义务的个人	基本信息由公安、人社、民政等部门提供；商务信用信息由人民银行、金融办、公积金管理中心等部门提供；社会管理信用信息由具有行政管理职能的部门以及供水、供电、供气、通信等公共事业服务机构提供；司法信用信息由法院、检察院、司法局提供；其他信息由相关主体提供	基本信息、商务信用信息、社会管理信用信息、司法信用信息、荣誉信息

① 参见《郑州市个人信用积分管理暂行办法》第9条。

续表

城市	适用对象	信息提供主体	信用积分信息构成
宿迁	本市行政区域内自然人	基本信息由公安、人社、民政等部门提供；商务信用信息由人民银行、金融办、宿迁市公积金管理中心等部门，以及供水、供电、广电网络、通信等公共事业服务机构提供；社会管理信用信息由具有行政管理、行政执法、社会管理职能的部门提供；司法信用信息由法院、检察院等部门提供；其他信息由相关部门、单位或自然人提供	基本信息、商务信用信息、社会管理信用信息、司法信用信息、荣誉信息、其他与个人信息有关
义乌	在本市行政区域内，年满18周岁且具有民事行为能力的境内及境外自然人	各信用信息提供者按照《义乌市公共信用信息归集和使用试行办法》（义政办发〔2015〕205号）的规定，负责向市信用信息共享平台报送个人公共信用信息	基础信息、良好信息、不良信息及其他信息
鄂尔多斯	鄂尔多斯市行政区域内年满18周岁、具有完全民事行为能力的常住人口	各部门应按照《内蒙古自治区公共信用信息管理办法》与《内蒙古自治区公共信用信息目录》相关规定，及时、准确、完整地向鄂尔多斯市社会信用信息平台推送信用信息	基础信息、金融消费信息、公共生活信息、司法信用信息、公益与荣誉信息

续表

城市	适用对象	信息提供主体	信用积分信息构成
濮阳	本市行政区域内工作、学习、生活产生信用记录的18周岁以上自然人	自然人可过“信用中国”(河南濮阳)网站签署信用承诺书后进行实名注册的途径提供基本信息和提示信息。市发改委负责归集价格欺诈信息、缴费电费;中国人民银行濮阳市中心支行负责归集金融信贷逾期信息;市公安局负责归集自然人主体识别信息、车辆信息、交通违章信息、见义勇为信息、特种人群资质资格信息等;市教育局负责归集教师资格信息等;市民政局负责归集婚姻状况信息、社会救助、社会福利、优抚安置、慈善捐款等信息;市人社局负责归集从业资格与职业信息、职称信息、用工和职工培训信息、资质资格、养老保险、医疗保险和生育保险、公务员奖励和处分信息、拖欠农民工工资信息等;市委编办负责归集机关事业单位法人信息;市司法局负责归集律师资质资格信息;市卫健委负责归集医师、药师资质资格信息、医疗事故责任认定、无偿献血信息;市财政局负责归集会计师资质资格信息;市外侨事务旅游局负责归集导游从业人员资质资格信息;市国土局负责归集房屋产权信息;市处非办负责归集组织非法集资信息;市中级人民法院负责归集判决文书信息、被执行人信息、失信被执行人信息;市人民检察院负责归集个人行贿档案信息;市工商局负责归集企业法人的董事、监事、经理等信息、企业异常经营名录信息;市税务局负责归集缴税信息、欠税信息、纳税信用A级纳税人名单信息;市	基本信息、提示信息(业务信息、司法信息、行政执法信息、公共事业信息、信用评价信息、志愿服务信息、其他信息)、文明行为征集信息、其他与个人信用有关的信息

续表

城市	适用对象	信息提供主体	信用积分信息构成
		住房公积金中心负责归集公积金缴纳信;市城市管理局负责归集水、燃气、通信、采暖等缴费信息;市移动公司、市联通公司、市电信公司负责归集欠缴通信费信;市食药监局负责归集食品药品信用等级评定信息;市文明办负责归集志愿服务信息、志愿服务星级评定信息等;银监分局负责归集银行业特种人群资质资格信息;各级各相关部门依据单位职责提供法律、法规、规章规定的其他与个人有关的信息和正面、负面信息	
荣成	包括个人、个体工商户、企业、农民专业合作社、社会团体、民办非企业,不限于本市户籍人口及市场主体	—	—

续表

城市	适用对象	信息提供主体	信用积分信息构成
江阴	本市行政区域内自然人	基本信息由公安、人社、民政、教育、市场监管局等部门提供；商务信用信息由人民银行、金融办、江阴市公积金管理中心等部门，以及供水、供电、广电网络、通信等公共事业服务机构提供；社会管理信用信息由具有行政管理、行政执法、社会管理职能的部门提供；司法信用信息由法院、检察院等部门提供；职业信息由行业主管部门或行业协会、商会提供；其他信息由相关部门、单位或自然人提供	基本信息；商务信用信息；社会管理信用信息；司法信用信息；荣誉信息；其他与个人信用有关的信息
榆林	在榆林市行政区域内，年满18周岁且具有民事行为能力的境内及境外自然人	各信用信息提供者按照公共信用信息归集指导目录和政府相关规定，负责向市社会信用体系服务平台报送个人公共信用信息	基础信息、良好信息、不良信息及其他信息
郑州	年满18周岁、具有完全民事行为能力的郑州市常住人口	—	基础信息、良好信息、不良信息及其他信息

（二）信用积分评价的算法歧视

目前来看，太仓等9个城市基本都是通过科学设置和确定积分指标体系，建立基于个人的信用计算模型，对本市个人信用进行指标量化,并对每项指标赋予一定分值,通过不同项目进行加减分,综合计算得出个人信用积分及评级,即采用“行为—信息—赋分—计算—定级”的模式来实施信用评价。这种评价结果的输出主要依靠系统自动计算,减少了人工评价的失误,确实有利于客观公平。但仔细分析其过程,仍然可以发现算法歧视的存在。一是从信用评价模型制发过程来看。除郑州市尚未明确自身的积分模型外,其他城市都建立了自身的信用积分评价指标体系,且都是简单地通过赋值和加、减法计算出最终的信用积分。与商事领域不透明的算法来比,个人对于自身信用积分评价结果会有更明确的理解。但该信用评价模型的形成、制订等过程仍然不够公开,公众参与评价指标体系的权利仍未得到充分尊重。因此,如同其他自动化决策算法一样,在指标可解释性、科学性方面,个人信用积分评价的算法决策同样存在歧视的可能性。二是从信用积分的赋值来看。个别制度将某些中性的无关信用的信息附加了信用加分的功能,其可能造成的算法歧视较明显。比如,《榆林市个人信用评分指标》(2019 年版)中指出,工作 5 年得分 6 分,工作 10 年得分 15 分,工作 15 年以上得分 30 分,但实际上工作时间与信用并无关联。同理,还有诸如学历高低、住房租房等基本信息,亦是如此。三是从信用积分评价的方法来看。太仓、宿迁、鄂尔多斯、濮阳、荣成、江阴 6 市采取了指标得分累计和直接降级两种方式判定信用等级,但义乌、榆林两市却仅采取了评价指标得分累计方法认定信用等级。前述 6 市对某些犯罪、严重失信的实施者直接定级惩戒更加具有公正性,后述两市的评价便隐藏歧视。比如,义务市将刑事犯罪赋值为减 10 分,但企业信用等级为 A 级的其法定代表人(负责人)个人信用分加 10 分,这实际上为犯罪、严重失信者提供了逃逸惩戒的渠道。[①] 再细致研究直接降级的判定规则，同样赋予了相关部门较大的自由裁量权。比如，濮阳市规定“严重危害人民群众身体健康和生命安全行为的；严重破坏市场公平竞争秩序和社会正常秩序行为的；造成恶劣社会影响的其它严重失信情形的”信用级别直接降为D级，这就留下了较大的不确定性。太仓市甚至规定“本市相关部门在行政管理中可对自然人管理出台相应的信用管理办法，市信用办可按其办法规定的信用等级调整加扣分标准”，这更加强化了相关单位的部门意志。部分单位可能会将个人信用减分作为其加强管制的手段，对于不服从管理的个人以“造成恶劣社会影响”等理由实施惩戒，使信用信息存在部门偏见（见表3）。

表3　个人信用信息评价评级

城市	评价方式	分级分类	直接降为惩戒类情形
太仓	采用评价指标得分累计和直接降级两种方式	—	(1)被列为失信被执行人；(2)受到刑事案件判决；(3)被列入各类失信黑名单；(4)造成恶劣社会影响的其他严重失信行为
宿迁	采用评价指标得分累计和直接降级两种方式	在积分基础上确定A、B、C、D 4个级别和AAA、AA、A+、A、A−、B、C、D 8个等次	(1)被列为失信被执行人；(2)受到刑事案件判决；(3)被开除党籍的；(4)被列入失信黑名单；(5)应予直接降级的造成恶劣社会影响的其他严重失信情形

① 参见《义乌市社会法人信用评分标准》(2018年版)。

续表

城市	评价方式	分级分类	直接降为惩戒类情形
义乌	评价指标得分累计	分数越高表明信用越好,从高到低分为6档:信用极好、信用优秀、信用良好、轻微失信、信用较差、信用极差	—
鄂尔多斯	包括指标权重得分或直接调整两种方式	天骄分评价结果从高到低依次为:诚信模范、诚信优秀、诚信较优秀、诚信良好、诚信较好、诚信、轻微失、诚信较差	(1)受到刑事判决的;(2)被相关部门列入“黑名单”的;(3)被相关部门列为失信联合惩戒对象的
濮阳	采取评价指标得分定级和直接判级方式	在积分基础上分为A、B、C、D 4个级别和AAA、AA、A+、A、A-、B、C、D 8个等次	(1)严重危害人民群众身体健康和生命安全行为的;(2)严重破坏市场公平竞争秩序和社会正常秩序行为的;(3)拒不履行法定义务,严重影响司法机关、行政机关公信力行为的;(4)拒不履行国防义务,拒绝、逃避兵役,拒绝、拖延民用资源征用或阻碍对被征用的民用资源进行改造,危害国防利益,破坏国防设施等行为的;(5)被开除党籍、开除公职的;(6)被列入失信“黑名单”的;(7)造成恶劣社会影响的其他严重失信情形的;(8)未通过组织人事规定程序评比表彰,采用虚构自然人荣誉、表彰等信息的方式增加信用积分的;(9)法律、行政法规规定的其他严重失信行为的

续表

城市	评价方式	分级分类	直接降为惩戒类情形
荣成	采取信息指标得分和直接判级方式	分为A、B、C、D 4类信用等级。A类信用等级按积分不同,分为A、AA、AAA 3类	细分了很多直接判定为B、C、D的清晰
江阴	采取评价指标得分定级和直接降级方式	在积分基础上确定A、B、C、D 4个级别和AAA、AA、A+、A、A-、B、C、D 8个等次	(1)被列为失信被执行人;(2)受到刑事案件判决;(3)被开除(党籍)的;(4)被列入失信"黑名单";(5)应予直接降级的造成恶劣社会影响的其他严重失信情形
榆林	评价指标得分累计	分为基本素质、遵规守法、履约践诺、崇德向善、奉献社会、守信自律6个维度	—
郑州	—	—	—

(三)信用评价应用场景的算法歧视

作为个人信用管理最核心、最关键的内容就是其应用场景。在什么情况应当联合给予奖励,在什么情况应当采取惩戒措施,本身就是制度信用的根本落脚点。在信用积分评定之后,将信用等级与对应的奖惩措施关联起来,不仅依赖算法模型还依赖具体的结果应用。从算法模型来看,当前的算法规则极为简单明了,加、减分之后算出信用积分,对应相应信用等级的奖惩措施即可。但需要说明的是,几个城市的部分应用场景,特别是惩戒的应用场景,与信用积分之间的关联性、适当性仍然存在较大疑问。这背后就是算法模型的歧视性问题。比如,榆林市规定,信用积分在50分以下的个人将被建议限制参加保险活动,[①]但购买重大疾病保险已经成为人民群众加强个人基本保障的一种选择方式。在基础分仅有100分,且《榆林市个人信用评分指标》(2019年版)中一个减分事项动辄就减几十分的情况下,仅仅因为几项失信行为就可能限制个人参加保险,可能就违反了行政法上的禁止不当联结原则与比例原则。至于宿迁市将个人信用积分的惩戒措施及于全市有关实施联合惩戒措施的合作备忘录,在信用积分评定尚不科学合理的情况下,就如此扩大个人信用惩戒的范围,不仅会造成“泛道德化”的困境,还会因为结构性的算法歧视影响个人信用制度的权威性。从终端应用来看,目前的个人信用奖惩过多地依赖人工,尚未实现算法自动嵌入奖惩场景。比如,禁止列入各类荣誉表彰名单的惩戒措施,是否惩戒仍然依赖荣誉表彰评选单位的人工决策。在其他竞争者不知悉竞争对象信用信息详情的情况下,荣誉表彰评选单位的主观意志格外突出。这种随意性的背后也隐藏算法歧视。

三、个人信用管理算法歧视的规制路径

有着“伟大抱负”的社会信用体系建设已经在路上。在一片喧嚷、嘈杂和无序之中,蹚出一条既规范又有效的大道,将是非常艰难的。[②] 对于个人信用积分制度来说,也是如此。作为一种规制手段,信用规制在影响的广泛性与长远性等方面更巨大,稍微有所偏差可能影响甚大。如果不能慎重对待个人信用规制过程中的算法歧视问题,等负作用呈现之后再试图解决,可能要付出百倍努力。毕竟,信用体系更加需要制度的信用,信用体系更多

① 参见《榆林市个人信用管理暂行办法》第21条。

② 参见沈岿:《社会信用体系建设的法治之道》,载《中国法学》2019年第5期。

的在于内心自觉，其公正性才是体系得以构建的基石。

(一)算法歧视的内在约束

算法并非绝对无涉主观的一种手段，在算法发挥作用的各个阶段都可能存在歧视和偏见。这种歧视和偏见的控制首先还是需要诉诸实施主体本身。尤其是在探索信用体系构建的初级阶段，作为主要推动力量的政府的自我约束尤为重要。这种自我约束既有价值观上的约束，也有规范层面的约束；既有信息归集阶段的约束，也有评价应用阶段的约束。

一是算法公正的价值认同。作为一种引导性、指引性的价值观，对于算法的最终走向具有关键性作用。一个更系统的解决算法偏差的方法是在算法中输入较少的偏差数据；这意味着，在我们开始期待算法公平地评判人们之前，我们必须首先关注决策者，并仔细审视他们目前作出决策的依据。在实施个人信用积分管理时，是想通过信用这种规制工具实现传统管制工具无法有效达成的目的，还是以此为契机构建一种良性运转的公正自洽状态，在很大程度上能够决定信用规制的界限与范围。在算法的早期阶段，解决具体问题的效率性，可能会优先于体系构建的公平性。毕竟解决实际问题，才是构建个人信用体系的第一动力。前面提到的太仓市，其积分指标存在较大失衡，城市管理的篇幅明显过多地重于其他领域，故其主要目的就可能在于解决城市管理的难题，而非侧重构建一套科学合理的诚信指标体系。对此，沈岿教授指出，社会信用体系构建名为“提高诚信”，实际上是加强法律实施之意。这种做法实际上会减损信用体系的本身信用，必须从价值观层面加以纠正。在价值观层面，公平公正的理念应纳入算法的完整链条中。无论是信用信息归集，需要消除数据中不公平、不必要的因素；还是在信用评价评级，需要充分考虑每一个赋值以及评价模型的合理性;抑或是信用奖惩的结果运用,需要尊崇不当联结禁止以及比例原则,都是在将公平的法律和伦理模型应用于算法运行的过程。

二是信用规制的职权限缩。就目前而言,大部分城市的信用体系建设,都赋予了相关部门较大的自主权限。哪些行为属于失信行为或者诚信行为,哪些行为应当增减多少积分,对于某一信用等级可以采取何种奖惩手段,大部分取决于相关部门的主动申报。缺乏一个权威的机构对个人信用管理算法模型的各个因素进行合理评估。这就可能造成“九龙治水”的复杂局面,也给夹带部门利益提供了空间。比如,太仓市就规定“无故拖欠物业服务费”的可扣2分,却无视了可能因物业管理侵犯业主权利才导致产生拖欠物业服务费的情形,这反而可能加剧物业权大、业主权小的不平等状态。因此,必须对单个部门的权力进行限缩,需要成立专业的评估小组对信用信息归集范围、加减分赋值、评价评级、奖惩措施等进行充分评估,防止个人信用规制的范围泛化与功能异化。

三是奖惩应用的谨慎前行。从信用体系的全过程来看,奖惩应用是核心之核心。特别是惩戒手段的广泛实施,不仅可能减损被评价主体的权益,还可能突破法律预设的界限。聚焦信用惩戒是否是一种二次行政处罚,是否突破了行政处罚法定原则,在学界已经产生了激烈交锋,这其实就是一种警示。比如,榆林市要求对信用较差的个人采取“审慎招聘录用为国家公务人员或国有企事业单位工作人员”,这是否就是一种资格罚,是否违背了公务员法的要求,本身就存在很大的疑问。何况公务员一直都是炙手可热的就业选择,在个人信用管理制度极其不健全的探索阶段,完全可能发展出一条专门增加信用分的产业。这也就意味着,有钱的、信用低的个人完全可以通过灰色或者违法手段获取信用加分,这不仅使信用惩戒目的无法彰显,而且影响了公务员招录的公正秩序。再如,郑州市规定对存在失信行为的重点职业人群可"禁止申报相关专业技术资格或者从业资格",就违反了行政许可法的规定,等同于增设了取得专业技术资格或者从业资格的前置性条件。因此,个人信用积分的应用场景,应该以信用奖励为主、信用惩戒为辅,且主要在非直接竞争性的领域实施,同时还需要重点研究奖惩手段是否符合比例原则、禁止不当联结原则。

(二)算法歧视的外在规制

一是增强算法的透明度与可解释性。如果算法歧视的问题可能在于"暗箱"操作,那么往"黑盒子"里窥视,打开算法的"黑箱"进行检查,似乎就是解决算法弊病的办法。[①] 因此,信用信息的数据来源可查、数据内容可查、数据使用处理可查是最基本要求,且还需要有效防止黑客等对数据的攻击与篡改。但这还不够,算法的弊病不仅在于透明度的欠缺,还在于其不具有合理的可解释性。只有当一种算法的计算对受影响的人来说是透明和可理解的时,算法才会显得可信。不幸的是,众所周知,大数据算法是不透明和不可理解的,有时甚至对那些正在应用它们的人来说也是如此。[②] 因此,不仅信用规则的制订者必须对为什么这些信息、为什么这样使用进行充分解释,而且信用奖惩的实施者对为什么作出此种奖惩决策也要作出合理解释,算法决策过程、结果和意义等都需要合理恰当地公之于众。

二是增强算法的程序性与可参与性。决定一个人是否相信某一特定程序是公平的,有 4 个最重要的因素:决策者在与当局交往时是否有尊严和尊重地对待个人;决策者是否被视为中立

---

① See Anupam Chander, *The Racist Algorithm?*, 115 Mich. L. Rev., 1039 (2016 - 2017).

② See Simmons, Ric, *Big Data and Procedural Justice: Legitimizing Algorithms in the Criminal Justice System*, 15 Ohio St. J. Crim. L. 578 (2017 - 2018).

者;决策者是否被视为值得信赖;以及个人是否有机会参与该程序。[①] 但目前仅有义乌、鄂尔多斯、郑州、榆林4个城市明确规定了"个人对激励和惩戒的处理决定有异议的,可提出异议申请,也可以依法申请行政复议或者提起行政诉讼",其他5市都未对程序救济权利加以明确,且义乌、郑州、榆林3市都规定了异议期间不停止执行(见表4)。对于算法歧视的过程控制,应由行业、政府、社会、个人协同实施。它不仅仅局限于个人信用积分规制制订过程中充分征集意见,还包括在个人遭受信用低分评价、被实施信用惩戒时,需要以正当程序保障个人的合法权益。

表4 个人信用积分异议及救济

城市	异议处理	其他救济	异议期处理
太仓	自然人对个人信用积分有异议的,可向市公共信用信息中心提出异议申请,并就异议内容提交相关材料。市公共信用信息中心自收到异议申请之日起5个工作日内将异议申请转交原信息提供单位进行核查。该单位自收到核实申请之日起15个工作日内进行核实,并向市公共信用信息中心提交书面处理意见。市公共信用信息中心应当自收到异议申请之日起30个工作日内对自然人给予回复并说明理由。经核查,异议信息确实有误的,应当予以更正;异议信息核实无误的,维持原数据	—	—

① See Simmons, Ric, *Big Data and Procedural Justice: Legitimizing Algorithms in the Criminal Justice System*, 15 Ohio St. J. Crim. L. 575 – 576(2017 – 2018).

续表

城市	异议处理	其他救济	异议期处理
宿迁	自然人认为个人信用积分或信用等级有错误的，有权向市信用办和信息提供者书面提出异议申请，要求信用办予以更正，并就异议内容提供相关证据。市信用办收到异议，自收到异议之日起 15 日内进行核查和处理	—	暂不披露和使用
义乌	个人对市信用信息共享平台发布的信用信息有异议的，自信息公示或知晓之日起 15 个工作日内，可向市信用办或信用信息提供者提出异议申请，并提供有关材料。市信用办受理个人信用信息异议申请后，应对已发布的异议信用信息予以标注，并在 10 个工作日内向提出异议申请的个人作出书面答复，需要信用信息提供者进行信息核对的，市信用办应当及时通知信用信息提供者，由信用信息提供者自接到复核通知之日起 5 个工作日内出具书面意见，并附证明材料	个人对激励和惩戒的处理决定有异议的，自接到书面答复之日起 15 个工作日内，可向实施激励和惩戒的部门和组织提出异议申请，也可以依法申请行政复议或者提起行政诉讼。相关部门和组织应当自受理异议申请之日起 10 个工作日内向提出异议申请的个人作出书面答复	暂不予停止

续表

城市	异议处理	其他救济	异议期处理
鄂尔多斯	若本人对自身天骄分和信用评价结果存在异议的,可以通过“信用鄂尔多斯”App 或设立在市政务服务中心的信用服务窗口提出异议申请,并提供相关证明材料。市发展和改革委员会按照《内蒙古自治区公共信用信息管理办法》等相关法律法规进行受理核查;并在 20 个工作日内向申请人反馈处理结果。申请人对异议处理结果不服的;可以向自治区发展和改革部门申请复核	个人对影响其天骄分评价结果的评价指标项信息存在异议的,可向评价指标项信息来源单位提出异议申请,也可依法申请行政复议或者提起行政诉讼	—
濮阳	自然人认为公共信用信息平台披露的信用信息与事实不符,或依照有关法律、法规不得披露的,影响个人信用积分和信用评价的,有权向市信用办和信息提供的单位和组织书面提出异议申请,并提交相关证明材料。市信用办应当在收到书面异议申请后,经核查不属于信用平台技术错误的,应在收到书面异议申请 3 日内,将异议信息转交有关单位和组织进行核查。有关单位和组织应在 5 日内以书面形式告知市信用办核查结果。有关单位和组织在收到异议申请人提出的异议申请之日起巧日内进行核查,并将结果书面反馈异议申请人,同时书面告知市信用办。市信用办接到有关单位和组织书面核查意见后,应在 3 日内依规处理异议信息	—	暂不披露和使用

续表

城市	异议处理	其他救济	异议期处理
荣成	—	—	—
江阴	自然人认为个人信用积分或信用等级有错误的,有权向市经信委(信用办)和信息提供者书面提出异议申请,要求市经信委(信用办)予以更正,并就异议内容提供相关证据。市经信委(信用办)收到异议,自收到异议之日起 15 日内进行核查和处理	—	暂不披露和使用
榆林	个人对市社会信用体系服务平台发布的信用信息有异议的,自信息公示或知晓之日起 15 个工作日内,可向市信用办或信用信息提供者提出异议申请,并提供有关材料。市信用办受理个人信用信息异议申请后,应对已发布的异议信用信息予以标注,并在 10 个工作日内向提出异议申请的个人作出书面答复	个人对激励或惩戒的处理决定有异议的,自接到书面答复之日起 15 个工作日内,可向实施激励或惩戒的部门和组织提出异议申请,也可以依法申请行政复议或者提起行政诉讼。相关部门和组织应当自受理异议申请之日起 10 个工作日内向提出异议申请的个人作出书面答复。守信行为与失信行为认定不符合本办法规定的,应当及时纠正信用信息并调整激励惩戒措施	不予停止

续表

城市	异议处理	其他救济	异议期处理
郑州	个人对市信用平台发布的公共信用信息有异议的,可向市信用中心或公共信用信息提供者提出异议申请,并提供有关材料。市信用中心受理个人公共信用信息异议申请后,应对已发布的异议信用信息予以标注,并在10个工作日内向提出异议申请的个人作出书面答复。需要公共信用信息提供者进行信息核对的,应当及时通知信用信息提供者,由信用信息提供者自接到复核通知之日起5个工作日内出具书面意见,并附证明材料	个人对激励和惩戒的处理决定有异议的,自接到书面答复之日起15个工作日内,可向实施激励和惩戒的部门和组织提出异议申请,也可以依法申请行政复议或者提起行政诉讼。相关部门和组织应当自受理异议申请之日起10个工作日内向提出异议申请的个人作出书面答复。守信行为与失信行为认定不符合本办法规定的,应当及时纠正信用信息并调整激励惩戒措施	不予停止

三是增强算法的规范性与可问责性。在商业竞争中,算法就是抖音、百度、谷歌等公司赖以生存的条件,也是核心的商业秘密。价格歧视、“大数据杀熟”治理难的关键也在于算法的责任难以界定,但这种困难在个人信用积分体系构建中并不那么明显。即信用规制算法的制订者,必须负有充分解释信用规则的义务,对算法决策造成的损害负有承担行政责任的义务。比如,剥夺某人报考公务员的资格,就需要通过公务员法的审视;不予颁发某种资格证书,就可能需要受到《行政许可法》的约束。相关个人可以通过行政复议或诉讼的方式,去寻求对信用惩戒的救济与制约。信用规则的制订者与使用者,故意或恶意设计、使用信用规则,滥用归集到的信用信息,都需要按客观情形承担相应的责任。

失信联合惩戒的地方立法实践及反思

汪亚枫*

内容摘要　作为一种核心机制，失信联合惩戒在社会信用体系的构建中具有不可替代的功能，对于营造诚信的社会经济环境意义重大。基于实证分析，发现囿于全国性法律的暂时缺失，地方立法在先行先试过程中出现对失信联合惩戒制度本身的规制缺位、失信行为的种类划分标准参差不齐、失信主体的救济措施缺失以及失信联合惩戒体系互异等现实难题。对此，应当以合法原则、后果与行为相当、必要限度以及责任自负为基本遵循，通过明确区分

* 河南信阳人，中南财经政法大学宪法学与行政法学硕士研究生。

标准，将失信行为分门别类，完善立法设计，建立失信主体救济机制以及加强法律控制，对相关法律文件进行合法性审查，推进社会信用法律出台，构建统一的失信联合惩戒体系等举措，完善社会信用体系建设，助推国家治理法治化进程。

关键词　社会信用体系；失信联合惩戒；地方立法

失信联合惩戒发端于人民法院执行环节，在破解“执行难”的问题上取得了显著效果。失信联合惩戒因而被广泛借鉴并应用于经济社会的其他领域，一跃成为社会信用体系建设的重要支撑和核心机制，为社会主义市场经济的发展保驾护航。近些年，国家出台大量的文件，映射出失信联合惩戒制度从产生到发展的重要过程，原本只是应用于司法领域的失信联合惩戒制度，逐渐向行政领域渗透蔓延，为失信联合惩戒制度开辟了新的发展阶段。[①] 失信联合惩戒制度方兴未艾，在社会信用体系建设的方方面面正在发挥积极有效的作用，有关社会信用方面的全国性立法虽然尚未出台，但是已经纳入了第十三届全国人大常委会立法规划。目前，很多地方已经有了地方立法先行先试的实践，出台了多部涉及失信联合惩戒的地方性法规和政府规章，但这些地方性法规和政府规章之间差异性较大，立法技术参差不齐，导致在实

---

① 2014年，国务院发布《社会信用体系建设规划纲要(2014—2020)》，我国社会信用体系建设全面展开。2015年，国务院常务会议提出建立失信联合惩戒制度。2016年，国务院下发《关于建立完善守信联合激励和失信联合惩戒制度加快推进社会诚信建设的指导意见》，失信联合惩戒制度正式在国家层面形成。2018年，中共中央在《社会主义核心价值观融入法治建设立法修法规划》中指出，要建立健全失信联合惩戒制度。党的十九届四中全会也指出要加强失信惩戒。2019年，国务院办公厅发布的《关于加快推进社会信用体系建设构建以信用为基础的新型监管机制的指导意见》对失信联合惩戒提出了具体要求。

践中出现操作标准异化等问题，对相关立法进行实证分析，希冀为失信联合惩戒地方立法的完善和全国性法律的出台提供参考，加快推进国家治理法治化进程。

一、失信联合惩戒的地方立法现状

全国性社会信用立法正在研究论证阶段，虽尚未出台，但在地方立法先行先试的过程中，已经出台了大量的地方性法规和地方政府规章，并且有关失信联合惩戒的规范性文件也铺天盖地，囊括的社会领域十分广泛，这为其发展奠定了坚实良好的现实基础。

（一）省级地方立法

据不完全统计，已有北京、上海、河北、河南等省级地方立法14部（见表1），出台时间主要集中在2015～2020年，由此可见，2014年国务院出台的《社会信用体系建设规划纲要（2014—2020）》对失信联合惩戒的地方立法起到了积极的促进和指导作用。在这14部社会信用省级地方性法规和政府规章中，河南、辽宁、山东以及浙江4个省份的地方性法规中对失信联合惩戒有专章规定，且篇幅占比大。例如，《河南省社会信用条例》共有70个条文，涉及失信联合惩戒制度的有14条，占比达20%，失信联合惩戒制度的重要性可见一斑。其中，河南、辽宁、山东3省的地方性法规的施行日期均为2020年，浙江省则为2018年，可以说，这4部地方性法规在一定程度上代表地方立法最新动态和立法水平，也能间接看出失信联合惩戒独立成章，使用大量法律条文进行专门规定有重要的现实意义和立法需求。

表1　涉及失信联合惩戒的省级地方立法统计

地区	立法名称	"失信联合惩戒"是否独立成章	施行日期
北京	《北京市公共信用信息管理办法》	否	2018年5月1日
上海	《上海市社会信用条例》	否	2017年10月1日
河北	《河北省社会信用条例》	否	2018年1月1日
河南	《河南省社会信用条例》	是	2020年5月1日
辽宁	《辽宁省公共信用信息管理条例》	是	2020年2月1日
山东	《山东省社会信用条例》	是	2020年10月1日
山西	《山西省公共信用信息管理办法(试行)》	否	2015年6月12日
江苏	《江苏省公共信用信息管理办法(试行)》	否	2018年3月9日
吉林	《吉林省公共信用信息管理暂行办法》	否	2015年11月1日
浙江	《浙江省公共信用信息管理条例》	是	2018年1月1日
湖北	《湖北省社会信用信息管理条例》	否	2017年7月1日
内蒙古	《内蒙古自治区公共信用信息管理办法》	否	2018年8月1日
陕西	《陕西省公共信用信息条例》	否	2012年1月1日
广西	《广西壮族自治区公共信用信息管理暂行办法》	否	2019年2月11日

(二)设区的市地方立法

除省级地方性法规和政府规章外,还有许多设区的市也相继出台有关失信联合惩戒的社会信用地方性法规与政府规章,如《宿迁市社会信用条例》《南京市社会信用条例》《福州市社会信用管理办法》等,因数量庞大,在此不一一列举。自《立法法》修改,授予设区的市以立法权以来,地方立法活动火热开展,开启了地方立法的新阶段,失信联合惩戒的地方立法也迎来了发展新机遇。截至 2020 年 8 月 8 日,使用北大法宝数据库,以"社会信用"为关键词,检索地方性法规 1077 部(含尚未生效),除去省级地方立法,设区的市地方立法数量也有 1000 多部。[①] 设区的市失信联合惩戒地方立法在很大程度上能够因地制宜,结合本地区实际情况开展失信联合惩戒,既是对上位法的进一步实施,也是一种重要补充。

(三)规范性文件

规范性文件在行政领域具有法定效力,是实施失信联合惩戒制度的重要载体。以"失信联合惩戒"为关键词,检索出地方规范性文件 2408 部,检索结果显示,关于失信联合惩戒的现行规范性文件主要分布于 2016 ~ 2020 年。另外,国家有关部门还联合签署了 46 部联合惩戒备忘录。[②] 从中央到地方,都发布了大量的失信联合惩戒规范性文件,这说明失信联合惩戒制度进入了发展热潮,同时也在一定程度上反映出地方立法也需要有规范性文件作为补充和细化。

---

① 如无特殊说明,本文数据均源于北大法宝数据库。

② 数据源于信用中国官网,http://credit.qj.gov.cn/staticPage/c6c43495 - 2ba1 - 4ec5 - a195 - 00de51ebbe40.html。

失信联合惩戒地方立法已然呈蓬勃发展之势，将会有更多拥有地方立法权的地方出台相关地方性法规和规章。健全失信联合惩戒制度对于信用中国的建设至关重要。从长久来看，失信联合惩戒制度必将更加成熟，社会信用体系亦将更加完善；从短期来看，目前失信联合惩戒地方立法依然面临诸多困难，地方立法难度相当大，如重庆市自 2017 年将社会信用立法纳入立法调研项目以来，立法草案历经 40 余次修改。[①] 失信联合惩戒是信用体系的核心机制和本质特征，[②]失信联合惩戒的地方立法实践所积累的成功经验需要推广，存在的问题也亟待解决，如此才能完善社会信用体系和失信联合惩戒地方立法体系，并为国家层面的社会信用法律的出台奠定根基。

二、失信联合惩戒的地方立法检视

上文列举的 14 部省级地方性法规和政府规章基本可以描绘出目前失信联合惩戒的地方立法现状，通过对这 14 部法律文本中有关失信联合惩戒的条款进行比较研究，不难发现当前失信联合惩戒存在的问题。

（一）对失信联合惩戒制度本身的规制问题

法治体系是国家治理体系的重要依托，[③]只有对失信联合惩戒制度进行法律规制，社会信用体系才能朝着法治化方向健康发展。在社会信用体系建设中，给予失信主体一定的惩罚措施十分

---

① 参见《重庆拟立法出台社会信用条例，草案已修改 40 余次》，载腾讯网，https://new. qq. com/omn/20200412/20200412A0HOB600. html。

② 参见韩家平、许获迪、关媛媛：《失信联合惩戒规范化问题研究》，载《征信》2020 年第 3 期。

③ 参见张文显：《治国理政的法治理念和法治思维》，载《中国社会科学》2017 年第 4 期。

必要,而更重要的是,对失信联合惩戒制度本身的监督和规制。伴随行政权力的扩张,失信联合惩戒制度在行政领域的发展亦呈井喷之势,对社会信用体系的发展和失信主体的权利义务产生了十分重要的影响,但是对该制度的法律规制却处于缺位状态。地方对失信联合惩戒的制订主体有不同的规定,各级行政机关都能够成为制订主体,实施主体涵盖行政机关、市场主体、群团组织、社会组织等;关于失信联合惩戒的地方性法规、规章、规范性文件多达上千部,涉及领域之广,如此庞大的一个制度尚无机制对其进行法律规制和监管,失信主体的合法权益如何能够得到源头上的保障?在实践中,对失信主体产生最直接影响的应当是数量庞大的地方规范性文件,这些规范性文件在出台之前是否进行专门的合法性审查值得深究。此外,失信联合惩戒中的"联合"该作何理解,"联合"的范围和边界是什么?对此尚无定论。对于失信联合惩戒制度本身,无论其是否违反"一事不再罚",还是"一事多罚",[①]无疑都增加了失信主体的实体负担。因此,对该制度本身的规制不可或缺。

(二)失信行为的种类划分标准参差不齐

对失信行为进行划分是适用何种惩戒措施的先决条件,将某一失信行为准确归类,影响失信主体的实体权利,对失信主体所要承担的后果产生实质性影响。在实践中,有些地方依据行政处罚的结果,将失信行为划分为 3 类,即一般(较轻)失信行为、较重失信行为和较重失信行为。[②] 而在地方立法实践中,一般对失

① 胡建淼教授认为,失信联合惩戒违反"一事不再罚"原则;而王伟教授则认为,对失信主体的惩戒是"多罚"而不是"再罚",是一种"事后评价"。

② 参见兴化市统计局《关于做好统计失信行为分类工作的通知》(兴统〔2014〕23号)、《清远市重点人群守信激励、失信惩戒管理暂行办法(试行)》等。

信行为作两类区分,即一般失信行为和严重失信行为。即便如此,在上述14部地方性法规和地方政府规章中,鲜有条款对一般失信行为作出详细规定,对严重失信行为有具体规定的也只有河南、山东和湖北3省。并且,这3个省份在立法中均是以列举式的方式规定何种行为属于严重失信行为,且标准各异。《河南省社会信用条例》第33条第1款列举了10类严重失信行为,《湖北省社会信用信息管理条例》第29条规定了5种行为属于严重失信行为,且均被河南省列举的10种严重失信行为所涵盖。而《山东省社会信用条例》第29条规定的5种失信行为,其中有4种与河南省、湖北省的标准一致,但不同的是,山东省将“拒不履行法定义务,严重影响司法机关、行政机关公信力的行为”也作为严重失信行为。此外,在这3部地方性法规的条文中,还有一个极为重要的表述,河南、山东两省在认定失信主体不履行生效法律文书时,表述为“拒不履行”,而湖北省的表述为“有能力履行但拒不履行”,二者表述不同,结果千差万别,是两个完全不一样的概念。

地方性法规作为地方立法中具有最高效力的法律文件,应当对失信行为的种类作出明确和一致的区分。在实践中,有诸多较低位阶的法律文件对失信行为作具体归类,但如果仅以规范性文件或地方政府规章的形式来加以规定,容易出现因法律位阶低而引发同一失信行为面临不同惩戒措施的局面。

(三)失信主体的救济措施欠缺

没有救济的权利不是真正的权利。为失信主体开拓救济渠道是失信联合惩戒制度的一体两面,二者不可偏废,缺一不可。失信联合惩戒的一般表现形式为取消或限制优惠待遇、重点督察、禁止进入特定领域、禁止特定任职资格、增加交易成本等,但无论是何种形式，其实质都是对失信主体合法权利的克减。因此，对失信主体进行法律救济尤为必要。在社会信用体系的建构中，失信联合惩戒是能够发挥积极功效的核心机制，同时它也是社会信用体系建设中迄今为止颇具威慑力，亦具侵害性的手段之一。[①] 然而惩戒只是建设社会信用体系的一个重要抓手，而并不是最终目的。从地方立法实践中可以看到，对失信主体的救济措施仅是一个模糊性表达，实施难度大，缺乏实际意义；更有甚者，在一些地方的信用立法中没有对失信主体的救济条款。比如，《湖北省社会信用信息管理条例》第 31 条规定："国家机关决定对失信信用主体采取惩戒措施的，应当告知实施理由、依据和救济途径以及解除惩戒措施的条件。"该条款虽然提到了"救济途径"，但对于救济途径究竟为何？其使用程序、具体方式却没有明确说明。内蒙古自治区、浙江省和河南省等少数地方的信用立法也是类似的模糊性表达和概括性条款。当然，这还是比较乐观的现象，尚有更多地方的信用立法对"救济途径"只字未提。

（四）地方失信联合惩戒体系互异

虽然有关失信联合惩戒的法规、规章以及规范性文件数量庞大，覆盖范围很广，但没能形成体系。以表 1 中所列举的 14 部地方性法规与政府规章为研究基础，进一步分析失信联合惩戒制度之具体内容（见表 2）。在这 14 部法律文本中，没有发现有关失信联合惩戒定义的条款，目前理论界和信用信息主管部门亦没有对失信联合惩戒进行正式的定义，其概念、特征以及本质等要素有待进一步探索。在这些基础问题没有廓清之前，失信联合惩戒

① 参见沈毅龙：《论失信的行政联合惩戒及其法律控制》，载《法学家》2019 年第 4 期。

制度的发展就会出现很多问题,其体系便难以完备,各地便难以做到制度的有机统一。如表2所示,有关失信联合惩戒的14部法律规范中,法律位阶不同,有6部属于地方政府规章,有8部属于地方性法规。具体来看,该14个地方中,有山东、湖北以及内蒙古3个地方在立法中规定省、自治区人民政府为失信联合惩戒的制定主体,其余11个地方对失信联合惩戒制定主体的规定各异,而《浙江省公共信用信息管理条例》中未明确规定失信联合惩戒制度的制订主体。此外,对于失信联合惩戒的实施主体亦有不同规定。从北京市和内蒙古自治区的立法中可以看出,行政机关是失信联合惩戒的实施主体,而上海市则规定实施主体为行业协会、行政机关,山东省则规定有关部门和单位是实施主体等。此外,不同地方对于惩戒措施的设置也有不同的规定。以河北省与河南省的立法为例,《河北省社会信用条例》规定,对于失信主体应当采取6种惩戒措施。而《河南省社会信用条例》规定的惩戒措施则是在河北省6种惩戒措施的基础之上,增加了一种,即“在实施行政许可等工作中,列为重点审查对象,不适用告知承诺等简化程序”。此外,河南省还规定对于严重失信行为,可以采取限制高消费等9种惩戒措施。各地对于失信联合惩戒的不同规定,造成了制度制定与实施的差异化,实际上还会引发失信行为认定与惩戒措施执行的多重标准,这将会极大限制该制度的发展。

表2　地方立法中失信联合惩戒制度概况

地区	法律位阶	制定主体	实施主体
北京	地方政府规章	市经济信息化部门	行政机关
上海	地方性法规	市社会信用管理部门	行业协会、行政机关

续表

地区	法律位阶	制定主体	实施主体
河北	地方性法规	县级以上人民政府	行业协会、市场主体等
河南	地方性法规	县级以上人民政府会同同级监察机关、审判机关、检察机关	县级以上国家机关、法律法规授权具有管理公共事务职能的组织以及群团组织
辽宁	地方性法规	省公共信用信息主管部门	行政机关、法律法规授权的具有管理公共事务职能的组织
山东	地方性法规	省人民政府	有关部门和单位
山西	地方政府规章	县级以上人民政府、有关机关和组织	—
江苏	地方政府规章	各级人民政府及其有关部门	信息使用单位
吉林	地方政府规章	省金融办、省发展改革委、中国人民银行长春中心支行	—
浙江	地方性法规	—	国家机关
湖北	地方性法规	省人民政府	国家机关
内蒙古	地方政府规章	自治区人民政府	行政机关
陕西	地方性法规	各级人民政府及其有关部门	行政机关、行使管理公共事务职能的组织
广西	地方政府规章	自治区、设区市、县(市、区)人民政府及其有关部门	信息使用单位

三、失信联合惩戒地方立法的基本遵循

通过立法建立健全失信联合惩戒制度，推进诚信建设，优化

社会环境,是实现法治中国的必由之路。完善以失信联合惩戒为核心制度的社会信用体系,是国家治理法治化的有机组成部分。就此而言,失信联合惩戒制度应当受到依法治国原则的规范和约束。具言之,失信联合惩戒的地方立法要以合法原则、后果与行为相当、必要限度以及责任自负为基本遵循。

(一)合法原则

合法原则,是指失信联合惩戒制度从立法到实施的整个过程均应当符合法律的规定。失信联合惩戒制度的立法权限、制订主体、实施主体、惩戒措施的设定等各环节都应当在法律框架之下进行。

第一,失信联合惩戒的立法权限要符合法律规定,既不能越位立法,也不能抵触上位法。根据《立法法》第72条的规定,设区的市立法权限仅限于“城乡建设与管理”、“环境保护”和“历史文化保护”3个事项,设区的市立法机关可以对这3个事项进行相关的失信联合惩戒立法。此外,设区的市立法机关不得越位立法。另外,地方立法机关在失信联合惩戒立法时还要遵循上位法的规定,设区的市在进行立法时除要维护法制统一外,还要获得省级立法机关的立法批准。第二,失信联合惩戒制度的制订主体与实施主体要符合法律规定,没有获得授权的单位和组织不得进行制订和实施。现行的地方社会信用立法应当遵守省级地方性法规、政府规章对于失信联合惩戒制度制订主体与实施主体的规定(见表2)。第三,惩戒措施的设定要合法合规。惩戒措施主要表现为对失信主体权利的克减和义务的增加,对于地方立法机关无权设定的惩戒措施则不得设定;同时,惩戒措施的设定要充分尊重与保障公民基本权利。根据《立法法》第8条的规定,对于国家保留事项地方不得立法,如对“税率的确定”,地方在设定失信联合惩戒措施时，不得提高税率，增加失信主体应缴纳的税费等。随着失信联合惩戒制度在行政领域的应用，许多惩戒措施呈现行政处罚性，因此还要依照《行政处罚法》的相关规定，对于地方无权设定的惩戒措施，不得违反法律、行政法规的强制性规定而设定。

（二）后果与行为相当

后果与行为相当即采取失信联合惩戒措施要考虑失信行为的严重程度，既不能过轻也不能过重，充分考虑违法、违约行为的性质及其后果，避免过罚失当。[①] 正如刑法中的罪责刑相适应原则和行政法领域的比例原则一样，失信联合惩戒领域中的惩戒措施与失信行为也要相适应、成比例。后果与行为相当应当至少包含以下 3 种含义：一是失信主体的失信行为显著轻微，所产生的消极影响可以轻易消除，则不必要采取联合惩戒措施对失信主体进行惩罚；二是惩戒措施的轻重应与失信行为的严重程度相适应，对于一般失信行为应采取较轻程度的惩戒措施，对于严重失信行为应采取较重程度的惩戒措施；三是惩戒措施的实施主体应当在自由裁量范围内理性地作出惩戒决定，把握好惩罚幅度，依法依规、合情合理行使自由裁量权。特别是在对严重失信行为的处理当中，地方立法实践中的做法较宽泛，对此应当作出限缩解释。《河南省社会信用条例》第 32 条与第 34 条规定的是对一般失信行为与严重失信行为的惩戒措施，但是第 32 条还规定了对待严重失信主体，不仅要采取第 32 条规定的 7 种惩戒措施，还应当采取第 34 条规定的 9 种惩戒措施。失信联合惩戒本身就是对

① 参见罗培新：《遏制公权与保护私益——社会信用立法论略》，载《政法论坛》2018 年第 6 期。

失信主体的额外处罚,所以严重失信主体面临的惩戒措施力度很大,接受的负担更重。基于此,对于该条例第 32 条和第 34 条所列举的兜底条款“国家和本省规定的其他惩戒措施”,务必要作限缩解释,对相关条款也应当作狭义上的理解。

(三)必要限度

必要限度,是指对失信主体实施的惩戒措施与失信行为之间不仅具有必要的关联,还应当遵循一定的限度,“必要”限定的是惩戒措施的种类,“限度”限定的是惩戒措施的实施程度。在惩戒措施的制订和实施过程中,都应当遵循必要限度,保障失信主体的合法权益,实现良法善治。必要限度与公法领域中的不当联结禁止原则有一定的重合但又不完全等同,不当联结禁止原则,是指行政机关的行政行为与人民的付出之间,若无实质的内在关联,不得互相结合,禁止“与事件无关之考虑”。[①] 而失信联合惩戒制度下的必要限度则包含了两点内容:其一,决定对失信主体实施惩戒措施的单位或组织想要实现的目的或效果与采取的惩戒措施之间应当有必要的关联,对于“此领域”的失信行为则不宜科以“彼领域”的惩戒措施;其二,失信联合惩戒中想要“联合”的范围不是无边界的,“处处受限”也应当是有边界的,而“处处”的范围有多大,领域有多广,都涉及“限度”的问题。例如,曾经一度在网络上引发热议的高铁“霸座”现象,某地方对失信主体的惩戒措施之一为“限制高消费”,假使该地方有人在高铁上“霸座”被记录为失信主体,那么对其进行高消费的限制就存在合理性争议。

---

① 参见沈岿:《社会信用体系建设的法治之道》,载《中国法学》2019 年第 5 期。

（四）责任自负

责任自负，是指对失信主体的惩罚只能限定于失信主体自身，而不能波及与失信行为无关的其他单位或者个人。如果说，合法原则、后果与行为相当以及必要限度是对失信主体合法权益的保障，责任自负则是对与失信主体有一定社会关系的其他单位或者个人合法权益的保障。责任自负也包含了两点内容：其一，要保证失信主体承担失信责任，接受惩罚；其二，要保证与失信行为无关的单位或者个人不受牵连。在现代社会中，每一个人都是独立的自然人，行为人对自己的行为负责，并且无须对他人的行为负责，此乃法治的体现，失信联合惩戒制度自然应当秉承责任自负的原则。《公务员法》第 26 条虽然规定了"被依法列为失信联合惩戒对象的"不得录用为公务员，但却没有规定其亲属也不得被录用为公务员，然而在实践中出现很多父母被列为失信被执行人而子女报考公务员、转学等却屡屡受限的案例。这种做法虽然在一定程度上可以促使失信被执行人履行相关义务，但是对第三人的合法权利造成了侵害，不符合现代法治的基本原则。《南京市社会信用条例》第 42 条第 4 款规定了"不得对失信主体以外的第三人实施社会信用惩戒措施"，这一规定很好地践行了现代法治原则，明确了失信主体应当责任自负而不牵连他人。

四、失信联合惩戒地方立法的完善路径

失信联合惩戒是当前社会信用立法中的关键制度设计，[①]其制度的完善将影响整个社会信用体系功能的运转。要想从根本上解决实践中出现的问题，就需要从制度本身寻求答案。失信联

---

① 参见郭秉贵：《失信联合惩戒的正当性及其立法限度》，载《征信》2020 年第 2 期。

合惩戒所面临的困境，需要在立法中建立规范，完善规范，使问题在源头上得以有效解决。

（一）加强法律控制，对相关法律文件进行合法性审查

法律规范是失信联合惩戒制度运转的根基，法律法规、规章以及规范性文件对失信联合惩戒的设计直接决定了制度未来的实施形态。在制度实施过程中出现侵害失信主体权利的问题，对其进行救济，这属于实施环节的救济，是信用体系建设的次生问题。而对涉及失信联合惩戒制度的法律法规、规章以及规范性文件进行法律控制，在制定环节最大限度地保障合法权利，这是信用体系建设的原生问题，其重要程度不亚于救济机制的设定。当然，二者都是不可或缺的。

对于法律法规和规章的合法性审查，在实践中已有成型的解决机制，而更容易出现合法性风险的是诸多规范性文件。近年来，每年都会撤销、纠正大量的违法规范性文件，①如何解决失信联合惩戒规范性文件的“不规范”问题，是当务之急。一般事项的规范性文件管辖范围多是单一领域，而失信联合惩戒的特殊性在于“联合”的多领域，“联合”的广泛性提高了合法性审查的难度。应当开通专门的合法性审查渠道，并涵盖事前审查和事后审查。第一，事前审查。制定失信联合惩戒规范性文件的牵头单位应当联合其他相关的部门，组成合法性审查联合工作组，根据信用法律、法规和规章，以及上级部门的规范性文件，逐一对照，对于违反上位法的规定，要及时删除或修改。制定机关自我审查之

---

① 参见《减数量严制定强监督确保合法有效可操作　规范性文件合法性审核机制全面推行》，载司法部官网，http://www.moj.gov.cn/Department/content/2019－08/28/609_3230501.html。

后，还应报同级人大常委会或政府备案。第二，事后审查。对于已经生效的规范性文件，造成失信主体权利受损的，失信主体有权向制定机关的上级部门提起复议或向人民法院提起诉讼，并附带审查规范性文件。若规范性文件制定机关主动发现该规范性文件存在违法之处或因法律环境的变化已经不合时宜，应当及时作出修改、撤销或是废止。

（二）明确区分标准，将失信行为分门别类

在地方现行的社会信用立法中，普遍将失信行为分为一般失信行为和严重失信行为，然而对于二者的区分标准却难以统一。目前，在地方立法实践中已经出现了不对轻微失信行为予以信用惩戒的人性化趋势，如《江苏省社会信用条例（草案）》（征求意见稿）第 26 条规定："信用主体的轻微失信行为记入失信行为记录，不进行披露和信用惩戒。"重要的是，要对纳入信用惩戒范围的失信行为进行类型化整合和精细化区分。而失信联合惩戒是一个庞大的系统，既有违反社会治安的失信行为，也有破坏民商事法律关系的失信行为，更有进行刑事犯罪的失信行为，故此对失信行为的划分不能一概而论，笼统划分。

失信界定是失信联合惩戒的基础，①直接关系失信主体的权利义务变化，失信行为划分"一刀切"的乱象应当极力避免，仅区分失信轻重程度还不足以称为精细化管理，②建议从横纵两个维度确定区分标准，即横向上先将失信行为按照不同的社会领域分门别类，纵向上按照不同领域分类后再将失信行为按程度进行划

① 参见周海源：《失信联合惩戒的泛道德化倾向及其矫正——以法教义学为视角的分析》，载《行政法学研究》2020 年第 3 期。

② 参见孙日华：《信用联合惩戒的检视与制度优化》，载《河北法学》2020 年第 3 期。

分。具体而言,在失信联合惩戒立法中规定,由失信联合惩戒制订主体或者社会信息主管部门将失信行为按照行政领域、经济领域、刑事领域以及社会生活等领域标准分级归类。再由前述各个领域的省级主管部门对该领域内的失信行为作程度划分,即一般失信行为和严重失信行为。在作程度划分时,应按照惩戒法定性的要求,考察信用主体违法行为的严重性和主观故意性。[①] 一方面,信用惩戒的覆盖面广,对失信主体的影响较大,应当确保遵循后果与行为相当原则,若失信主体的失信行为显著轻微,能够及时纠正或已经纠正的,则不宜纳入惩戒范围;另一方面,要重点关注失信主体的主观方面,若失信主体的主观心理状态为过失,也不应当纳入惩戒范围。这是因为对于失信主体来说,其已经为违法失信行为承担过法律责任(民事、行政或刑事责任),而过失行为并不是出于其真正意愿,与诚实信用原则联系不大,因此不宜对过失失信主体实施信用惩戒。

(三)完善立法设计,建立失信主体救济机制

有权利,必有救济。对失信主体进行法律救济是现代法治的必然要求和应有之义。在失信联合惩戒体系尚不完善的情况下,失信主体的合法权利较容易受到公权力的侵犯,即使是在法律规范完备的情况下,也难免存在违法执行的情形。在“联合”领域不断扩张的背景下,亟待立法建立完善的失信主体救济机制,在顶层设计上保障失信主体合法权益。

复议和诉讼是传统的救济方式,不足以完全保障失信主体的合法权利,应当构建新型的救济机制,给予失信主体与惩戒实施

---

① 参见王伟:《失信惩戒的类型化规制研究(下)——兼论社会信用法的规则设计》,载《中国信用》2019年第9期。

主体之间更多的自主解决争议的法律空间。这种新型的救济机制应当包括以下几个环节：异议、申诉、信息更正与删除、信用修复。第一，异议。失信主体对被列入失信联合惩戒名单有异议的，可以书面或者口头形式向实施机关提出，有事实依据的还应当提交相应的事实材料。实施机关在收到材料后应当记录在案，并在一定的合理期限内进行异议审查，以书面形式告知异议申请人处理进度和结果。在异议期间，对异议申请人的信用惩戒应当暂停，第二，申诉。申诉是对异议的一道保障，若异议申请人对异议的处理结果不认可，可以向实施机关的上级部门提出申诉，上级部门在一定的合理期限内对事实展开调查，并以书面形式将处理结果告知申请人。申诉期间，对异议申请人的信用惩戒应当暂停。但异议和申诉的期限，不计入失信主体的失信信息保存期限。第三，信息更正与删除。在对失信主体的惩戒期间，若实施机关主动发现事实有误，应当及时撤销惩戒决定，立即将失信主体的失信信息予以删除；对失信主体造成一定负面社会影响的，实施机关还应当公开致歉，帮助失信主体消除影响。此外，对于已经经过失信信息保存期限的，亦应当及时删除不良记录。第四，信用修复。在惩戒期间，失信主体主动履行义务或者改正失信行为，可以向实施机关提出信用修复申请，实施机关经过审查后可以删除失信主体的失信信息，解除对失信主体的惩戒措施。

（四）推进社会信用法律出台，构建统一的失信联合惩戒体系

地方立法应当与上位法保持协同性，地方立法的先行先试，对推动地方立法的完善有重要意义，但维护法制统一原则，与上位法相协调，不越权不抵触，是地方立法的“底线”。在没有出台失信联合惩戒的全国性法律的情况下，地方立法工作应当以较高

法律位阶的行政法规为蓝本,避免出现失信联合惩戒标准的异化。虽然社会信用立法已经纳入立法规划,但是立法条件不成熟,仍需要进一步论证,所以短期内仍无望出台。因此,构建统一的失信联合惩戒体系,可以分为两步走,根据《立法法》第65条的相关规定,先由全国人大及其常委会授权国务院,在地方立法实践中总结经验,尽早制定出失信联合惩戒具体实施细则,待立法条件成熟后,再由国务院提请全国人大及其常委会制定法律。

当前,跨地区、跨部门、跨领域的失信联合惩戒已经在全国各地如火如荼地开展,却因为缺少统一的上位法依据而标准各异。在完善全国性立法的前提下,构建统一的失信联合惩戒体系应当具体从制定主体、实施主体、失信行为的认定、惩戒程序以及惩戒措施的设定等方面出发。第一,制定主体。"联合"决定了该制度无法由单独的某个单位或者部门来实施,而应当由多方合作共同完成,考虑到各个地方的地方特色、立法水平等实际情况,应当由设区的市人大或人民政府统一制定。第二,实施主体。实施主体的确定应当严格按照法律规定进行授权,对于有权实施惩戒的单位应当明确在立法中予以明确,对于无权实施惩戒的单位则坚决不得违法授权。第三,失信行为的认定。对失信行为的认定应当有明确统一的标准,既要考虑失信主体的主观方面,也要兼顾该行为是否具有社会影响力,是否限制了他人合法权利的行使等因素,避免出现"一刀切"的情况。第四,惩戒程序。形式正义是看得见的正义,在行政法领域,行政行为合法有效要求程序合法。惩戒程序要根据国家和省级关于失信联合惩戒的相关文件来设定,使失信信息的采集、报送、公示、清除等环节更加规范、透明。第五,惩戒措施的设定。惩戒措施涉及失信主体的权利义务变动,应当严格按照《立法法》第82条的规定,在无上位法依据的情况下,地方政府规章不得作出增加失信主体义务和减损权利的规定;同时,还应当依据《行政处罚法》《行政强制法》的相关规定,合法设定惩戒措施。

结 语

社会信用体系建设不仅关乎诚信建设,更关乎国家治理。[①]作为国家治理的一个组成部分,应当将失信联合惩戒制度的发展置于国家治理的框架下考量。改革开放以来,市场活力得到充分释放,市场经济得以快速发展,但是市场经济赖以生存的诚信根基却遭到了一定程度的侵蚀,失信联合惩戒不得不承担起惩罚失信行为,肩负起诚实守信的历史使命。实际上,失信联合惩戒的开展也是为了应对复杂多变的社会环境而必须作出的重要改革抉择,构建统一、有效的失信联合惩戒体系迫在眉睫。强化失信联合惩戒的制度实施,在法律层面精准定位失信联合惩戒责任,同样是现阶段的重要任务;而失信联合惩戒责任往往夹杂于传统法律责任之中,建立在传统法律责任之上,这就产生了失信联合惩戒责任是"再罚"还是"多罚"的思考,可将失信联合惩戒责任作为一种新型法律责任,与传统的民事、刑事和行政责任并列,[②]作为一种路径选择。社会信用体系作为国家治理体系的重要环节,要在地方立法的实践中找到最佳路径,实现社会信用体系的法治化和规范化。

---

① 参见孟融:《国家治理体系下社会信用体系建设的内在逻辑基调》,载《法制与社会发展》2020 年第 4 期。

② 参见刘俊海:《信用责任——正在生长中的第四大法律责任》,载《法学论坛》2019 年第 6 期。

文明行为立法中的诚信治理条款研究

——基于84份文明行为促进条例的分析

王　蒙*

内容摘要　近年来,不少设区的市尝试出台《文明行为促进条例》以提高社会诚信水平。其中,诚信提倡条款多是"鼓励诚信"的一般条款,缺乏足够的法律明确性。诚信奖惩条款,则有将地方社会信用档案误用为"道德档案"之嫌,将文明行为等同守信信息,将不文明行为视作失信信息,均难以通过比例原则的检验。文明行为立法中的诚信提倡条款应采用一般加列举的立法技术,以提高条例对公民行为的导向性。为遏制诚信惩戒的泛道德化,

* 华东政法大学硕士研究生。

地方权力机关应回归提高社会诚信水平的立法目的，完善公民参与的民主立法机制，实现社会诚信治理的现代化。

关键词 社会信用；守信激励；公民参与

2014 年国务院《关于印发社会信用体系建设规划纲要(2014—2020)的通知》，明确要求在 2020 年基本建成社会信用基础性法律法规和标准体系。社会信用方面的立法项目，亦已纳入第十三届全国人大常委会立法规划。截至 2020 年 8 月，已有 84 个设区的市以“倡导文明行为，制止不文明行为，推进社会诚信文化建设”为目的颁布了自己的《文明行为促进条例》。从每年相应条例的颁布数量来看(见图 1)，越来越多的城市期冀将文明行为条例作为解决诚信危机的举措之一。

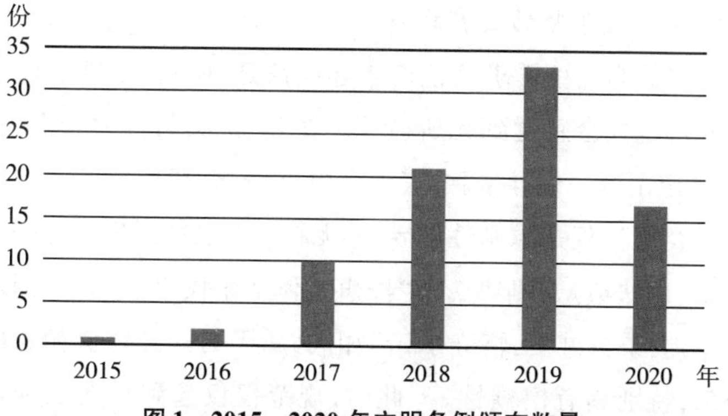

图 1 2015～2020 年文明条例颁布数量

其中，诚信治理条款主要包括 3 个部分：其一，在文明行为基本规范中，要求市民明礼诚信、诚信经营，并有意识地将诚信与守法相挂钩；其二，将因不文明行为受到行政处罚，或受到行政处罚拒不执行的信息纳入当地的社会信用平台；其三，实施文明行为受到表彰或获得“道德模范”“身边好人”“最美人物”“优秀志愿者”等市级以上荣誉称号的可以录入个人信用档案，作为守信激励的依据。从这些条款中能够看出，各地在缺乏相关上位法的前提下，进行了“发挥法治在解决道德领域突出问题中的作用”[①]的有益尝试。将文明行为奖惩与信用档案挂钩的模式，在城市治理中也初见成效，以《舟山市文明行为促进条例》为依据，舟山市在2019年1~8月“清理、处罚占道经营、流动设摊8000余起……违法捕鱼、钓鱼133起，收捕流浪犬4000余只；开展禁烟执法集中行动165次，处罚违禁吸烟277人次，劝阻3000余人次，罚款7800元”。[②] 但是，一方面，这些诚信治理条款在提高诚信水平上效果不显；另一方面，将文明行为纳入征信档案管理似乎又有“征信泛化”之嫌，构成对公民基本权利的不正当限制。

一、诚信倡导条款缺乏明确性

（一）一般条款的固有缺陷

法律的明确性要求规范的表述应清楚、明晰，否则公民面对模糊的规范只会感觉到无所适从。在84份文明行为条例中，有67份规定了诚信倡导条款，表述多为“公民应当诚实守信”或“应当诚信经营”，仅是原则性倡导，亦无相应的法律后果。这一表述与我国《民法典》总则第7条“民事主体从事民事活动，应当遵循诚信原则，秉持诚实，恪守承诺”相同，属于与社会评价相关的一般条款，特别具有模糊性。[③] 此时，规范仅仅起到宣扬及强调诚

---

① 参见《中共中央关于全面推进依法治国若干重大问题的决定》，载《人民日报》2014年10月29日，第1版。

② 《〈舟山市文明行为促进条例〉实施一年半　我市文明程度大幅提升》，载定海新闻网，http://dhnews.zjol.com.cn/xinwenzonglan/zhoushanxinwen/201911/t20191119_785651.shtml。

③ 参见[奥]恩斯特·A. 克莱默：《法律方法论》，周万里译，法律出版社2019年版，第37页。

信的作用，其对公众的教育、评价、指引等作用较弱，影响法律实施过程中的可操作性。

这种模糊处理的立法技术，源于我国目前仍无法律明确界定何谓“失信”，地方立法者对失信的实质性标准把握不准。诚然，一般条款有其“法律续造功能”，能够接纳社会评价以提高法的“社会接受度”；但高度原则化的倡导条款既缺乏对公民的必要的指引作用，也给权力机关解释相应规范留了较大的弹性空间。

（二）将违法与失信相联系的错误导向

有 14 份条例将诚信倡导条款写作“公民应当诚实守信，自觉履行法定和约定义务”，反映了地方治理过程中将“违法违规”与失信惩戒相挂钩的现象。履行约定义务自然是守信的表现，可履行法定义务却并不一定合乎人们通常所理解的“诚信”概念。制假售假等弄虚作假的违法行为确实可以视作“失信”，但故意伤害、盗窃及抢劫等违法行为，实难与失信联系在一起。加之，有些罪犯的犯罪动机恰恰是为了履行自己的约定义务，如偿还赌债。[①] 违法行为当然值得道德上的非难，却不一定就是“失信”行为，不加区分地进行联系反而会使倡导性条款产生误导的效果。

认为违法、违规便是失信的观点，事实上是将法律、法规视为公民之间的契约，从而得出违法即是失信的错误结论。然而，社会契约仅是假设性的主张，在实践中并不存在全民一致通过的法律，自然也就没有所谓公民共同缔结的契约。[②] 宪法作为人民权利的保障书，可以说是最理想的全民公约。我国 1954 年《宪法》

---

① 参见《抢劫还钱，警方追回赃款》，载基南新闻网，http://www.cncn.gov.cn/art/2017/9/25/art_1255453_11073174.html。

② 参见沈毅龙：《公共信用立法的合宪性考察与调整》，载《行政法学研究》2019 年第 1 期。

制定时,全国范围内有1.5亿名民众参与了宪法大讨论,[①]也并未完全覆盖当时的6亿多人口。宪法尚且如此,更何况普通的法律法规。

对何谓"诚信"本就缺乏上位法的清晰界定,而模糊的诚信倡导条款甚至反过来影响了民众对"诚信"及"失信"的理解。不少城市甚至开始将"文明与否"作为诚信奖惩的判断依据,对公民的基本权益造成不当限制。

二、守信激励机制的缺陷

有37个地方将获得"道德模范""劳动模范"这样的荣誉称号及受到表彰的文明行为作为守信激励信息录入公共信用信息平台,占样本总量的44.05%。参加慈善活动、志愿活动表现突出或文明行为受表彰,在道德上固然是值得赞许的良好信息,却未必是信用信息方面的良好信息。以见义勇为为例,因为跳江救人获得"见义勇为先进"荣誉称号,就明显与"诚信"无关,也不宜作为守信信息。相较对失信联合惩戒泛化的关注,守信激励信息的泛化并未得到足够重视。这可能是因为守信激励作为行政奖励的一种形式,并未直接减损相对人权益,而是通过赋予相对人额外权益的方式达成道德教化的目的。而失信惩戒则因直接减损相对人权利或增加其义务,需要受到法律保留原则的严格限制,各地方在《立法法》框架下难有大的操作空间,也更容易遭受批评与质疑。[②]

正因如此,地方立法在守信激励机制的构建上,享有远超失

① 参见蔡定剑:《宪法精解》(第2版),法律出版社2006年版,第40页。

② 参见王伟:《企业信用促进立法的"地方实验"——对〈台州市企业信用促进条例〉的观察与评价》,载《中国信用》2020年第5期。

信惩戒立法的裁量权。权力若不受规制，则必然导致权力滥用，使激励机制失去应有的公正性。而只有公正的奖励机制才具有权威性和可期待性，才符合行政相对人的心理预期，进而调动相对人活动的积极性。实施无关诚信的行为却能得到原本计划使“诚信者处处便利”的行政奖励，势必会弱化守信激励制度所应有的导向作用。[①] 比例原则作为审查判断行政机关是否滥用裁量权的公法基本原则，不应局限于审查侵益行政行为，在授益行政行为领域也应适用。因此，文明行为立法中的守信激励条款也应经受比例原则的检验，以保护相对人的合法权益，合理配置公共资源。[②]

比例原则的3项子原则为适当性原则、必要性原则及均衡性原则。适当性原则要求激励措施能够达成其法定目的，这也合乎部分学者对行政奖励的定义，即“通过赋予行政相对人权益，引导、激励和支持行政相对人实施一定的符合政府施政意图行为的非强制行政行为”。[③] 而守信激励的目的自然是引导相对人诚实守信，提高社会诚信水平。而个体作为一个“经济人”是理性而自利的，会本能地选择使自己利益最大化的行为模式。一方面，文明行为条例中的守信激励条款所明确提及的奖励行为无关诚信；另一方面，未明确的“等荣誉称号”虽然涵盖了“诚信模范”，但相较“见义勇为”等对道德标准要求较高的行为而言，守信作为一种相对低标准的文明行为，获颁荣誉称号的标准也较模糊。因此，这样的守信激励条款对激励相对人诚信行事，实现提高诚

① 参见傅红伟：《行政奖励研究》，北京大学出版社2003年版，第183页。
② 参见梅扬：《比例原则的适用范围与限度》，载《法学研究》2020年第2期。
③ 傅红伟：《行政奖励研究》，北京大学出版社2003年版，第35页。

信水平的立法目的来说，助益有限。

与最小侵害的要求相对，必要性原则在守信激励中的体现应为激励措施不过度，尽可能减少不必要的财政负担。而如前所述，文明行为条例的激励条款实际上存在“激励不足”的问题。就均衡性而言，考虑到激励措施在使相对人受益时会同时损害其他主体（如公职岗位竞争者）的利益。故均衡性原则要求政府的激励成本与激励收益相均衡，激励收益与受激励影响的第三人损失相均衡。

条例中所规定的激励措施主要是指对获得荣誉称号及表彰的个人，给予积分落户、公职单位优先聘用及困难者优先帮扶等。有学者主张，这些举措实质上构成对所谓“不文明者”甚至普通社会成员的歧视，难以通过差别对待的合宪性审查，有违宪之嫌。① 然而，在强调政务诚信的当下，公务部门在同等条件下优先招录信用状况良好的应聘者是有必要的，也能通过平等原则“合理差别对待”公式的检验。只是诚信与否恐怕与是否值得困难帮扶并无关联性。我国《宪法》第45条规定了公民有从国家和社会获得物质帮助的权利，按照基本权利客观价值秩序的要求，国家相应地负有保障公民基本权利的义务。因此，在满足帮扶条件的前提下，政府应当平等地对生活困难者予以帮助。加之条款本身激励效果不显，恐怕无法与未获帮扶者所遭受的损失衡平。综上所述，文明行为条例中的激励条款难以实现提高社会诚信水平的立法目的，有违适当性及均衡性原则的嫌疑。权力机关在激励条款立法上的裁量权过宽，已经影响了相应条款本应实现的引导效果。

---

① 参见蔡金荣：《文明行为立法的可能与限度——以六部地方性法规文本为中心》，载《北方法学》2018年第3期。

三、失信惩戒的泛道德化

有48个城市将不文明行为纳入个人信用档案或当地社会信用信息平台,占样本总量的53.57%。主要分为两种纳入模式:一种是记录因不文明行为受到行政处罚的信息;另一种是记录包括不履行相应行政处罚在内的情节严重的处罚信息。纳入信用档案的不文明行为(见表1)主要包括:公共场所吸烟,随地吐痰、便溺,乱涂、乱画、乱刻等影响公共卫生环境的行为;驾驶机动车随意变道、穿插,违反规定停车,违反交通信号灯指示通行等影响交通文明的行为;携犬出行未及时清理粪便,在室内装修或娱乐干扰周边居民等影响社区公共文明的行为。将道德模范等道德上的良好信息作为激励依据,而本应只在道德上受谴责的不文明信息却被列入失信惩戒名单。这也就使采用信用积分制的地方社会信用平台有了道德档案的意味。

表1　纳入信用档案的不文明行为

类型	具体行为
影响公共卫生环境	公共场所吸烟,随地吐痰、便溺,乱涂、乱画、乱刻等
影响交通文明	驾驶机动车随意变道、穿插,违反规定停车,违反交通信号灯指示通行等
影响社区公共文明	携犬出行未及时清理粪便,在室内装修或娱乐干扰周边居民

虽然没有明确定义,但国务院《关于建立完善守信联合激励和失信联合惩戒制度加快推进社会诚信建设的指导意见》(以下简称《指导意见》),对何谓严重失信行为作出了指导。① 按照《指

① 一是严重危害人民群众身体健康和生命安全的行为;二是严重破坏市场公平竞争秩序和社会正常秩序的行为;三是拒不履行法定义务,严重影响司法机关、行政机关公信力的行为;四是拒不履行国防义务,拒绝、逃避兵役,拒绝、拖延民用资源征用或者阻碍对被征用的民用资源进行改造,危害国防利益,破坏国防设施等行为。

导意见》,若行为人不履行行政处罚严重影响行政机关公信力的可以纳入信用档案。但将不文明行为直接与失信相联系的举措难以通过比例原则的检验。

首先,就适当性原则而言,信用档案的设立目的应是提高社会诚信水平。运用信用档案惩戒无关诚信的不文明行为,恐怕难以起到促进诚信的作用。其次,在必要性方面,纳入个人信用记录后,往往意味着多部门的重点监管及行政限制。跨部门的信息共享加大了个人信息泄露的风险,将与信用无关的信息纳入信用档案造成对公民名誉权的不当限制,相较一般的行政处罚,其对公民的权益损害更甚。况且,在大量社会危害性远高于不文明行为的违法行为都未纳入失信记录的情形下,此种方式恐怕也并非必要。这种用“大炮打蚊子”的举措,自然也无法通过均衡性审查。①

在信用体系立法者的眼中,法律体系多维度的价值观被缩减为单一的价值,即信用,这将导致“公共信用”无所不在、无所不能,公共信用档案最终沦为“违法垃圾桶”。② 与其以信用档案之名,行道德档案之实,不如干脆实行文明积分制或文明诚信积分体系。毕竟“诚信”本身就是文明素养的重要组成部分,相较将各种文明行为统一以信用评价,不如将诚信还原文明素质评价标准的一部分。以深圳为例,深圳市文明诚信积分评价指标按照社会对个体从低到高的道德要求分为遵纪守法、诚信守约、崇德向善、尚智崇文及社会贡献 5 个一级指标。诚信守约又包括欠税骗保、信贷违约等 14 个二级指标。这样做,一是能做到名正言顺;

---

① 参见沈岿:《社会信用体系建设的法治之道》,载《中国法学》2019 年第 5 期。

② 参见沈毅龙:《公共信用立法的合宪性考察与调整》,载《行政法学研究》2019 年第 1 期。

二是明确的指标定义及内容也不会使公民对何种行为符合诚信要求产生困惑,以充分发挥诚信体系的导向性作用。

信用档案本身应当慎用,应只收集与诚信评价有关的信息。如果表彰结果或行政处罚不涉及行政相对人的诚信问题,就不应被录入信用档案。征集范围过宽,不仅造成对征集对象权利的不必要侵害,而且极易造成信用信息的泛滥,反而不利于规制失信行为。[①] 一方面,将公共场所吸烟等不文明行为,视为"失信",与公众关于诚信的一般认识不符,容易引起认同性危机,影响"良法善治"目标的实现;另一方面,信用档案的使用目的已经转变为解决普遍存在的违法违规行为得不到有力追究或屡禁不止的问题,偏离了提高社会诚信水平的立法初衷。

四、落实诚信倡导条款的正确导向

追求全民诚信,渴望形成"完人"社会注定是个"乌托邦"式的理想化目标。就我国目前涉及信用的法律法规来看,潜在的"加强法律实施"的目的几乎已成共识,但信用体系的构建仍应以诚信概念[②]为基础,而不是简单地将所有违法违规行为直接等同于失信。《指导意见》对失信行为的指导,也反映出惩治重点领域的与失信相关的违法行为,借以提高社会诚信水平的立法思路。各地方在努力建设诚信社会时,应适时引入诚信价值观作为立法基础,将社会信用体系构建的可行性目标纠偏为减少食品药品安全、环境资源保护等重点领域的重大违法事件,或者减少较

---

① 参见王青斌:《社会诚信危机的治理——行政法视角的分析》,载《中国法学》2012 年第 5 期。

② "诚信"在伦理学语境中,意指一个人在心意、言语和行动上对自身、对他人、对社会真诚无妄、信实无欺、信任无疑。参见杨方:《诚信内涵解析》,载《道德与文明》2005 年第 3 期。

严重的损害他人利益或损害共同体声誉的失信行为(包括商业欺诈、制假售假等常人认可的与失信相关的违法行为),实现社会诚信水平的提高。[①]

将诚信价值作为诚信治理法规的宗旨,在条款的制定和适用方面都有重要的现实意义。首先,诚信价值观的融入能为立法创新奠定观念基础。其次,诚信价值可以为诚信治理提供统一的指导思想和制度范式。再次,诚信价值有助于法律的正确解释与适用。最后,可以将是否有违"诚信"价值作为评估相应条款的合理标准。[②] 诚信倡导条款作为文明行为条例中诚信治理的原则性条款,通常位于"文明行为基本规范"部分,有提纲挈领的作用,提高倡导性条款的明确性既能为公众提供必要的指引,也能约束国家机关在诚信奖惩机制上的不合理裁量,改善当前备受争议的"征信泛化"现象。

法律的明确性是有限的,但追求明确性应是依法治国的首要义务。如前所述,并非所有的违法行为都可以被"失信"所涵盖,诚信倡导条款应对满足诚信要求的法定义务加以限定。目前,我国尚无法律对失信行为作出明确界定,但是不少法律和行政法规已经规定了应当纳入信用记录的行为。综合我国当前涉及信用信息的法律法规来看,应当纳入信用档案的主要是偷税漏税、制假售假、商业欺诈、虚报冒领、传播谣言、考试作弊等违法、违规行为。深圳市文明诚信积分体系也正是在总结现有法规规定的基础上,结合深圳市归集的个人信用信息数据编制了自己的诚信评价指标体系(见表2)。这些指标大体上符合公众对"诚信"概念

---

① 参见沈岿:《社会信用体系建设的法治之道》,载《中国法学》2019年第5期。

② 参见吴弘:《诚信价值观融入信用立法研究》,载《东方法学》2018年第1期。

的合理期待，也完全可以被文明行为基本规范中的“诚实信用”、“诚信经营”及“文明上网”等原则性条款所涵盖，各地在提高相应条款的明确性时可作适当参考。

表 2　深圳市诚信守约积分评价指标

一级指标	二级指标	指标定义及内容
诚信守约	欠税	被税务部门认定为欠税的
	欠社保	企业被社保部门认定为处于欠缴社保状态的
	骗取国家补贴	提供虚假材料骗取国家补贴，被有关部门认定的
	作弊行为	考试作弊被有关政府部门、事业单位、协会组织认定的
	行业失信行为	各行业主管部门或行业协会认定的个人失信行为
	失信被执行人	被人民法院纳入失信被执行人名单的
	被执行人	败诉后不按时履行判决，被申请强制执行立案的
	诚信经营	企业连续正常经营，按时年报，无行政处罚记录的
	企业荣誉	被市场监管部门评为守合同重信用企业的
		获得市场监督管理部门颁发的质量奖
	企业资质	获得政府主管部门或行业组织颁发的企业资质的，如 ISO、高新技术企业等
	欠水电气费	长期拖欠水费、燃气费或电费被纳入信用记录的
	安全生产黑名单	被安监部门列入安全生产“黑名单”的
	欠薪	被有关部门认定为恶意拖欠工人工资的
	信贷违约	在银行或其他金融机构有严重贷款违约记录的

法律规范的明确性不仅要求明确何种行为应当予以处罚,亦要求明确规定所科处的处罚的种类及幅度。然而基于法律位阶及"一事不再罚"原则的考量,地方文明行为立法不宜再对上位法已经规定了的违法事项再科以罚款等行政处罚。为了避免重复性规定浪费立法资源,除规定准用型规范即"参照相关法律、法规处罚"外,地方文明行为立法可以设定"纳入地方信用平台"并重点监管、"定量的社会服务"及适当的媒体曝光等否定性的法律后果。

相较仅采用一般条款的立法模式,反向列举与一般条款相结合的立法技术更值得各地借鉴。因为这种方式最能满足法治国家对法律确定性的要求,也避免了法律僵化而无法适应外在条件变迁的尴尬局面。《营口市文明行为促进条例》就以"正面概括+反面列举"的形式规定了文明行为基本规范,[①]在一定程度上保证了规范的明确性(见表3)。作为"先行先试"的制度经验,各地方文明条例在立法过程中可在文明行为规范部分,效仿营口市的做法,在原有原则性条款下列举有违诚信的违法行为,并设置社会服务、媒体曝光等必要的否定性法律后果,实现倡导性条款所应有的正确导向作用。

表3　倡导性规范的合理表述结构

<table>
<tr><th>原则性规定</th><th>否定性列举</th><th>法律后果</th></tr>
<tr><td>诚实信用</td><td>违约、考试作弊、偷税漏税、虚报冒领等</td><td rowspan="3">参照相关法律、法规处罚
1. 纳入地方社会信用平台
2. 定量的社会服务
3. 违法信息按法律规定予以公示,影响恶劣的联合媒体进行曝光</td></tr>
<tr><td>诚信经营</td><td>制假售假、以次充好、商业欺诈等</td></tr>
<tr><td>文明上网</td><td>编造、传播虚假信息及谣言</td></tr>
</table>

① 参见《营口市文明行为促进条例》第2章第10~19条。

五、完善公民参与下的惩戒机制

如果公民不能参与法律的订立过程，那将是对人理性的漠视。文明行为立法将“加强法律实施”凌驾于“建设诚信社会”的立法目的之上，不合理地使用信用档案，纳入与诚信无关的数据及信息等问题的根源，在一定程度上是立法者在立法过程中忽视了公民、法人和其他社会团体的利益需求，将施政意图强加于公民之上。当代城市治理已经成为一种必须容纳公民与利害关系人更多参与决策过程、充分表达意见的参与式治理模式。惩戒措施及奖励措施的设置，应在公众意见的基础上进行探讨与实证，保障决策的科学性。公民对政府的监督及批判得到政府的积极回应，满足了人民自我统治这一基础性的自治要求，①也有助于钝化社会矛盾，维持社会稳定。尤其是诚信治理条款这样需要吸纳社会评价的“道德法律化”尝试，更需要全面而合理地吸纳公众意见。

公民参与的意义，不仅在于能够通过意见交互合理地限制权力机关在诚信奖惩机制设置上的裁量权，还在于公民合理的利益诉求能够提高权力机关最终决策的认可度与执行效益。以守信激励措施为例，激励性理论表明个体的内在需要是有差异的，即使是同一个体在不同时期也可能会有不同的利益需求。同一奖励形式对不同个体的激励效果是不同的。② 比如，经济条件较差的相对人就更想要获得物质奖励而不是单纯的精神奖励；企事业单位则可能更青睐税费减免上的激励或诚信企业的表彰；对渴望

---

① 参见[美]亚历山大·米克尔约翰：《表达自由的法律限度》，侯建译，贵州人民出版社2003年版，第2页。

② 参见傅红伟：《行政奖励研究》，北京大学出版社2003年版，第121页。

在大城市落户的相对人来说,政府帮其解决户口问题的激励效果可能远甚于其他激励措施。为此,守信激励机制的设计者理应充分了解不同社会主体的利益需求,因人而异地设置不同的奖励形式。不同的激励措施,可以使更多的行政相对人受到激励,其内在需求得以满足,提高了为实现“建设诚信社会”的施政目标而积极作为的兴趣。这种“为利而为”可能有悖于传统道德教化的理念,产生“为善而善,为利为善”的伪善式行为,但不可否认的是,此种激励机制能够提高政府诚信治理的效能,尽快达成施政目的。并且,“为利为善”的外在表现仍是“善举”不应遭受过分的非难。

经过长期探索,我国初步形成了“党委领导、政府负责、社会协同、公众参与”的多元治理格局。[①] 地方在文明行为立法中也广泛采取了问卷调查、公布征求意见稿、开展群众座谈会等形式了解民意,这是提高立法质量,保障地方立法民主性的有益尝试。但在实践中,地方文明行为立法的群众座谈会往往由市文明办,市城管执法人员、公安局相关负责人、司法局负责人员及市民代表参加。[②] 从直观上看,此类座谈会的与会人员多数是地方机关负责人,少量的市民代表是否能够代表足够的民意?实质性的公民参与需要满足正当程序的要求,首先,在主体上需要能够对应多元社会不同利益集团的代表;其次,针对焦点问题的辩论及说理,最后经论证通过投票以多数决的方式制定决策。诚信治理中一些涉及道德判断的问题本就难有定论,以多数决的方式通过,

---

① 参见罗豪才、苗志江:《社会管理创新中的软法之治》,载《法学杂志》2011年第12期。

② 参见《〈宣城市文明行为促进条例(征求意见稿)〉征求意见座谈会召开》,载宣城文明网,xc.wenming.cn/wmjj/201802/t20180211_5037071.shtml。

能够提高决策效率,避免久争不决。

要创造合理有序的公民参与机制,除需要公民的参政议政能力外,政府也承担为公民参与提供制度保障及程序保障的重要义务。首先,政府工作人员应转变观念,充分理解公民参与社会治理的意义与价值,创造一种开放性的对话氛围,确保信用立法的各阶段均能有效回应公民诉求。其次,要在公民参与机制的设计与运作上,回归公民治理本质,促进公民实质有效参与。诚信治理效能的现代化需要国家机关的依宪履责和公民的依宪作为。在经过调查问卷等前期实证之后,地方应在文明行为条例的立法过程中邀请能够代表多方利益的代表参与,邀请法学专家提供专业性的意见。相关负责人需确保市民代表有发声的权利,并就代表提出的意见予以正面回应。我国宪法规定,人民法院有其独立地位,为确保整个过程的公平公正,必要时可邀请当地法院派出代表主持会议。为此,公民也应学习如何正确议事,不应一味地将个人利益置于公共利益之上,在参与诚信治理条款制定时,应事先对社会环境和政府职能有所认识。

结　语

地方文明行为立法的规制作用在城市管理领域已经初见成效,但在诚信治理方面,应正确把握立法定位及治理目标。不文明行为对社会的危害性显著小于违法行为,不宜一概纳入社会信用档案。在无先例可循的情况下,切不可操之过急,体系构建仍应以“诚信”内涵为基础。诚信治理体系效能的现代化有赖每一个社会主体的依宪履责,应当基于我国国情,充分发挥社会主义协商民主的制度优势,建设中国特色的信用体系。

志愿服务在个人信用修复中的适用研究*

孔鼎仟**

内容摘要 在我国,因失信受到惩戒的人数颇具规模,失信人群对信用修复有强烈的需求。志愿服务是个人贡献社会的重要途径,能够反映个人的精神追求,亦是体现个人道德素养的重要指标,与社会信用建设的初衷不谋而合。将志愿服务作为个人信用修复的方式之一,不仅存在理论基础,也符合社会需要。然而,如何将志愿服务进行量化并最终实现信用修复,面临法律供给不足、可修复范围窄和修

* 本文系湖南省哲学社会科学基金青年项目"社会信用法基本理论的体系建构"(项目编号 19YBQ098)的阶段性研究成果。

** 湘潭大学硕士研究生。

复时间滞后等问题。要发展志愿服务在个人信用修复领域的应用,需要完善立法,整合信用修复职能,充分利用社会资源,尤其是社区资源与志愿服务平台的资源。

关键词 信用修复;志愿服务;社会信用立法

"信用修复,是以降低对失信主体的惩罚力度或终止惩罚为目的,对其实施的一套法律救济措施。"[①]当前,失信人群规模庞大,国家公共信用信息中心统计的数据显示,签署联合奖惩备忘录的各相关部门在2018年向全国信用信息共享平台推送的失信"黑名单"信息为359.4万个。[②] 中国执行信息公开网显示,截至2020年5月,正在被公示的失信被执行人达到580万余人次。[③] 2020年3月17日,中国人民银行发布的《2019年第四季度支付体系运行总体情况》显示,信用卡逾期半年未偿信贷总额742.66亿元,占信用卡应偿信贷余额的0.98%。可见,失信人数之多。而随着社会信用体系建设工作的展开,"一处失信,处处受限"的失信惩戒格局逐渐构建,形成了对失信人群的高压态势。信用修复的社会需求巨大,各类失信主体要求修复信用的呼声越发强烈,信用修复制度的建设刻不容缓。

国务院《关于建立完善守信联合激励和失信联合惩戒制度加快推进社会诚信建设的指导意见》(国发〔2016〕33号)指出,要建立健全信用修复机制。建立有利于自我纠错、主动自新的社会鼓励与关爱机制,支持有失信行为的个人通过社会公益服务等方

① 林钧跃:《信用修复的标准化浅析》,载《中国信用》2019年第8期。

② 参见《2018年失信黑名单年度分析报告》,载中国政府网,http://www.gov.cn/fuwu/2019-02/19/content_5366674.htm。

③ 参见中国执行信息公开网,http://zxgk.court.gov.cn/。

式修复个人信用。志愿服务作为社会公益服务的重要方式,加强其在个人信用修复方面的制度建设,既满足了失信主体的修复信用要求,也是推广社会志愿服务的重要途径。

一、志愿服务作为个人信用修复方式合理性探析

"志愿服务是志愿者不以获取物质报酬为目的,自愿贡献时间、能力和财富,为社会和他人提供的公益服务。"①志愿服务作为个人对一般失信行为和较重失信行为的修复信用方式,是具有合理性的。以下将从志愿服务的正面作用与破解理论争议两个方面进行论证。

(一)志愿服务修复个人信用的正当性论证

1. 壮大我国志愿服务事业的要求

志愿服务对我国社会发展有巨大的作用,尤其是在抗击新冠肺炎疫情中,志愿者对控制疫情起到了至关重要的作用。每一条街道几乎都可以看到小红帽、红马甲的身影,积极配合进行体温检测、信息登记、疫情排查、人员隔离、秩序维护等工作,成为基层防疫情的中坚力量。据新华社报道,中宣部、中央文明办在武汉启动实施志愿服务关爱行动,组织 2 万多名志愿者,帮助全市 800 万居家市民代购代送生活必需品,打通了民生保障"最后一百米"。② 有学者归结志愿服务的作用主要体现在以下几个方面:第一,青年志愿者行动可有效弥补因现阶段社会保障制度和社会保障体系不够健全而产生的市场机制和政府机制中的内在缺陷。第二,志愿服务能够缓解由于社会群体分化所带来的矛

---

① 魏娜:《我国志愿服务发展——成就、问题与展望》,载《中国行政管理》2013 年第 7 期。

② 参见《推动新时代志愿服务事业持续健康发展》,载新华网,http://www.xinhuanet.com/mrdx/2020-06/06/c_139118231.htm。

盾。第三,志愿服务对于补救或预防某些社会问题的发生和恶化,能够发挥积极作用。[①] 志愿服务是传统美德与时代精神的完美融合,是现代精神文明建设与提升人民思想道德高度的新载体。在"办实事、解忧愁、献爱心"活动之中,实现个人价值、促进社会文明进步。尽管志愿服务已经有了长足发展,但依然有很长远的路要走。民政部社会组织管理局关于中国志愿服务参与状况调查报告显示,我国志愿服务供给与需求存在差距,尤其是老年关怀、医疗护理、扶贫济困3类志愿服务缺口最大。[②] 将志愿服务作为个人信用修复的方式,一方面可以激励失信者投身志愿服务之中,弥补志愿服务的空缺;另一方面可以将社会大众的目光引向志愿服务。这是由于,信用生活是每一个身处在社会中的人都不可避免的,维护自己良好的信用则是其享受信用红利的前提条件,而将志愿服务纳入信用修复,就可以引导社会大众从对自我的审视中注意到志愿服务的身影,潜移默化地影响大众投身于志愿服务之中。最终提升志愿服务的参与率,推动我国志愿服务事业的发展。

2. 失信者重拾信用的重要途径

前文已经提到,当前失信人群规模庞大,失信惩戒制度又对失信者产生了巨大压力,失信者无法享受健康的信用生活,在出行、住宿、买房、旅游、入党、担任高级职务等方面都受到极大的影响。另外,我国的社会信用体系建设的目的并不是单纯惩戒失信者。《社会信用体系建设规划纲要(2014—2020年)》指出,我国

---

① 参见安国启、曹凯:《论青年志愿服务对我国社会发展的作用》,载《中国青年研究》2002年第1期。

② 参见《中国志愿服务参与状况调查成果发布》,载民政部官网,http://www.mca.gov.cn/article/xw/ywdt/201812/20181200013977.shtml。

社会信用体系建设“以树立诚信文化理念、弘扬诚信传统美德为内在要求,以守信激励和失信约束为奖惩机制,目的是提高全社会的诚信意识和信用水平”。如果没有信用修复的渠道,只是增加失信成本,容易造成失信者自暴自弃,反而不利于其自身诚信意识的培养,甚至起到反作用。正如张贵峰所说:“一次失信不等于终身失信,不能将失信者一棒子彻底打死,社会信用体系的目的并非在于为了处罚失信者而进行惩戒,而是为了敦促教育人们认真对待自身信用、珍视信用记录。”①

而志愿服务非常贴合信用修复对失信者建立诚信意识的要求。第一,志愿服务的特点较好地契合了信用修复的要求。首先,志愿服务是开放性的,没有准入门槛的限制,理论上,每个人都可以进行志愿服务。其次,志愿服务的形式多样,且需求量大,不受时间、地域的限制,也能够完全满足所有愿意加入志愿服务的失信者的需求。最后,志愿服务作为一种行为,具有客观性,方便记录与量化,失信者通过完成一定量或者一定时间的志愿服务,来取消失信信息的公示,完成信用修复具有可操作性。第二,志愿服务的精神能够包容社会信用体系追求的精神,是教育失信者的“良药”。而从历史源流的角度看,诚信精神与志愿精神都是中华民族的传统美德,儒家思想以“仁义礼智信”为个人品质的标志,“仁者爱人”就体现在当今的志愿精神中,信即为诚信精神,两者亦是社会主义核心价值观的内在要求。诚信自不必说,志愿精神是社会主义时代精神的弘扬和“雷锋精神”在新时期的新体现。有学者提到,志愿精神的最深层次是将公平、道义和爱

① 张贵峰:《“污点”可修复,有助信用体系完善》,载《人民法院报》2019年2月13日,第2版。

心内化到全社会每个成员的心灵，成为一种面对人生、社会和生命的个体态度，是“奉献服务”、“自助助人”、“公民参与”、“互助友爱”和“共同进步”等精神内涵在个人人生态度之中的升华。[①]失信行为，即为一己私利而放弃约定，忽视他人，缺乏社会责任。而志愿精神则能够从失信的源头教育失信者重新认识世界，寻求自我价值的实现。

（二）与反对观点之商榷

1. 对志愿服务替代信用义务质疑的回应

徐志明等认为：“信用修复的实施也可能带来一些争议性问题。”[②]志愿服务作为个人信用修复方式确实受到了一定程度的质疑。有人提出问题：“失信可以通过志愿服务进行修复，是不是以后就不用履行合同和法律义务，以志愿服务代替？”也有人疑惑：“志愿服务怎么能够弥补偷税漏税等严重的违法行为？”这其实是一种对于信用修复的误解，信用修复并不能抵消失信者的信用义务和法律义务。正如国家发展改革委副主任连维良所讲：“信用修复不是简单的‘洗白记录’，也不是简单的‘退出惩戒’，而是有前提、有程序、有限度的失信整改过程。”[③]信用修复要努力实现“浪子回头”，造就一种动力机制，推动失信行为人持续不断地检点自己的行为，在社会交往中信守承诺，树立和保持自己

① 参见穆青：《如何理解志愿服务与志愿精神》，载《北京青年政治学院学报》2005 年第 3 期。

② 徐志明、熊光明：《对完善我国信用修复制度的思考》，载《征信》2019 年第 3 期。

③ 《发改委——信用修复机制不是简单的“洗白记录”》，载中国新闻网，http://www.chinanews.com/cj/2019/07-18/8899730.shtml。

的社会交往信誉。[①] 志愿服务作为个人信用修复的途径之一,并不能取代个人履行信用义务和法律义务,亦不能成为所有失信行为的“万能药”。程友华也认为:“只有一般失信行为和较重失信行为可以进行信用修复,而涉及严重失信行为的行政处罚,例如在食品药品、生态工程、工程质量、安全生产、消防安全、强制性产品认证等领域被处以责令停产停业,或吊销许可证、吊销执照的行政处罚信息等则不可以进行修复。”[②]另外,鼓励个人通过信用服务的方式进行信用修复,能够令失信者更加积极履行信用义务与法律义务。吴晶妹认为:“信用修复为失信主体提供了自我纠错、改过自新的机会,一方面,弱化了失信主体‘永无翻身之日’的恐慌感和消极心态;另一方面,通过修复过程中的时间成本和经济成本的付出让失信主体更加珍惜修复的机会,从而强化主体的诚信意识。”[③]最后,通过志愿服务实现信用修复有量的要求,使之达到能够触及失信者身心的程度,较重失信行为所需要的志愿服务量也要高于一般失信行为。在志愿服务中,也需要对失信者予以监督,不能给失信者“蒙混过关”的机会。总而言之,志愿服务作为个人信用修复方式绝非一些误解者理解的那样,可以通过志愿服务替代还款义务,或者其他信用义务、法律义务;而是在有前提、有条件、有程序、有限度的基础上,通过使失信主体贡献社会的方式,提高其对失信成本的认知,以社会贡献提高自身的正面评价,缩短失信信息的公示时限,进而帮助其早日享有积极健康的信用生活,增强

---

① 参见顾敏康、谢勇、王伟、石新中:《我国诚信建设法治化核心命题笔谈》,载《求索》2020年第3期。

② 程友华:《建立规范的信用修复程序》,载《中国信用》2019年第9期。

③ 吴晶妹:《开展信用修复工作的现实意义与路径》,载《中国信用》2019年第8期。

其诚信意识。

2. 对于作为信用修复方式污染了志愿服务纯洁性的回应

还有人提出质疑,认为志愿服务的特点在于自愿性、无偿性。将志愿服务作为信用修复方式违反了以上两个特点,将志愿服务变成了一场交易,使志愿服务失去纯洁性。这种观点,笔者不能苟同。这种特点的归纳只是将志愿服务的外在表现形式机械化地总结,将自愿性、无偿性等同志愿服务是形而上学的,而缺乏对志愿服务深层次的理解。志愿服务的根本是对需要者的帮助和志愿者的自我实现两个层面,对于服务对象来说,帮助是他们真实需要的,如向生命垂危者献血、对孤寡老人的陪伴、对不懂垃圾分类的市民进行引导。而对于志愿者来说,在这个帮助的过程中,自身也得到了完善,精神和心灵得到了满足,自我价值得到了实现。正如穆青所说,志愿服务是"自助助人"和"自乐乐他",是达成"双赢"。[①] 将志愿服务作为个人信用修复的方式之一,同样是"自助助人""自乐乐他"。志愿服务是失信者可选择的方式,失信者有选择的权利,也有放弃的权利,在志愿服务中除却精神的升华,道德的洗礼之外再无其他,给予其信用修复的机会既是奖励,亦是其在经过洗礼,增加社会责任感之后的信用真实情况的反映。

二、规范分析:志愿服务修复个人信用的立法现状与问题

(一)制度样态:志愿服务在信用修复中的制度梳理

国务院于 2016 年 6 月 12 日发布的《关于建立完善守信联合激励和失信联合惩戒制度加快推进社会诚信建设的指导意见》指出,要建立健全信用修复机制,建立有利于自我纠错、主动自新的

---

① 参见穆青:《如何理解志愿服务与志愿精神》,载《北京青年政治学院学报》2005 年第 3 期。

社会鼓励与关爱机制,支持有失信行为的个人通过社会公益服务等方式修复个人信用。在2019年7月16日,国务院办公厅又发布了《关于加快推进社会信用体系建设构建以信用为基础的新型监管机制的指导意见》(国办发〔2019〕35号),明确指出要探索建立信用修复机制。失信市场主体通过参加公益慈善活动等方式开展信用修复。

在地方层面,对比各省一级社会信用立法,可以发现,对志愿服务的规定基本可以分为4类。第一类是指导性的规范性文件,这类文件为国务院《关于建立完善守信联合激励和失信联合惩戒制度加快推进社会诚信建设的指导意见》具体在每个省适用的立法文件,提倡鼓励将志愿服务作为信用修复方式,但由于是指导性文件,并没有具体的规定,例如,黑龙江省人民政府《关于建立完善守信联合激励和失信联合惩戒制度加快推进社会诚信建设的实施意见》第11条[①]、山西省人民政府《关于印发山西省建立完善守信联合激励和失信联合惩戒制度加快推进社会诚信建设实施方案的通知》第46条[②]等。第二类是虽然有志愿服务的规

---

①　黑龙江省人民政府《关于建立完善守信联合激励和失信联合惩戒制度加快推进社会诚信建设的实施意见》第11条规定:“建立健全信用修复机制。联合惩戒措施的发起部门和实施部门应按照法律法规和政策规定明确各类失信行为的联合惩戒期限。在规定期限内纠正失信行为、消除不良影响的,不再作为联合惩戒对象。建立有利于自我纠错、主动自新的社会鼓励与关爱机制,支持有失信行为的个人通过社会公益服务等方式修复个人信用。”

②　山西省人民政府《关于印发山西省建立完善守信联合激励和失信联合惩戒制度加快推进社会诚信建设实施方案的通知》第46条规定:“联合惩戒措施的发起部门和实施部门应按照法律法规及政策规定明确各类失信行为的联合惩戒期限。在规定期限内纠正失信行为、消除不良影响的,不再作为联合惩戒对象。建立有利于自我纠错、主动自新的社会鼓励与关爱机制,支持有失信行为的个人通过社会公益服务等方式修复个人信用。”

定，但只规定了可以自愿删除该信息，而非作为信用修复的方式，例如，《湖北省社会信用信息管理条例》第37条[①]、《河北省社会信用信息条例》第47条。[②] 而第三类是将志愿服务信息作为信用信息，例如，《山东省社会信用条例》第14条将志愿服务信息列为应当纳入信用主体信用记录的“其他信息”，[③]《辽宁省公共信用信息管理条例》第11条将志愿服务信息列为其他信息。[④] 第四类是将志愿服务列为信用修复的方式之一，这个条款出现在《辽宁省公共信用信息管理条例》第40条。[⑤] 而大多数的省一级信用立法完全没有规定志愿服务的相关内容，例如，《上海市信用条例》《湖南省信用信息管理办法》《江西公共信用信息归集和使用暂行办法》《北京市公共信用信息管理办法》《海南省征信和信用评估管理暂行规定》《浙江省公共信用信息管理条例》《山西省公共信用信息管理办法（试行）》《吉林省公共信用信息管理暂行

---

① 《湖北省社会信用信息管理条例》第37条规定：“信用主体向省信用信息中心申请删除其表彰奖励、志愿服务和慈善捐赠等信息的，省信用信息中心应当及时删除并归档管理。”

② 《河北省社会信用信息条例》第47条规定：“信用主体向省社会信用信息管理机构申请删除其表彰奖励、志愿服务和慈善捐赠等信息的，省社会信用信息管理机构应当及时删除。”

③ 《山东省社会信用条例》第14条规定：“公共信用信息提供单位在履行职责过程中产生或者获取的信用主体的下列信息，应当作为其他信息纳入信用主体信用记录：（一）表彰、奖励等信息；（二）参加社会公益、志愿服务等信息；（三）国家和省规定的其他信息。”

④ 《辽宁省公共信用信息管理条例》第11条规定：“其他信息主要包括下列内容：……（二）参与志愿服务、慈善捐赠活动等信息……”

⑤ 《辽宁省公共信用信息管理条例》第40条规定：“失信信息主体在规定期限内纠正失信行为、消除不良影响的，可以通过作出信用承诺、完成信用整改、通过信用核查、接受专题培训、提交信用报告、参加公益慈善活动等方式开展信用修复。修复完成后，公共信用信息主管部门、信息提供主体和公共信用信息工作机构应当按照程序及时停止披露，终止实施联合惩戒措施。”

办法》《陕西省公共信用信息条例》等省一级地方管理条例。

在市一级信用立法中,对志愿服务的规定可以分为4类。第一类为指导性文件,是国务院《关于建立完善守信联合激励和失信联合惩戒制度加快推进社会诚信建设的指导意见》在地级市一级适用的指导性文件,表述形式与国务院和省级政府的文件基本相似,例如,《黑河市建立完善守信联合激励和失信联合惩戒制度加快推进社会诚信建设实施方案》中,在第二部分目标任务(三)"构建守信联合激励和失信联合惩戒协同机制"第4条。[①] 第二类是将志愿服务信息作为信用信息,例如,《济南市个人诚信积分管理办法(试行)》第9条将志愿服务认定为社会贡献信息;[②]在《福州市公共信用信息管理暂行办法》中,虽然没有直接使用"志愿服务"的文字表述,但是使用了"公益服务"描述,在该文件第14条将公益活动中的优良等级评价作为信用主体的"良好信息"。[③] 而第三类文件将志愿服务列为信用修复的方式之一,例

---

① 《黑河市建立完善守信联合激励和失信联合惩戒制度加快推进社会诚信建设实施方案》第二部分"目标任务"第三类"构建守信联合激励和失信联合惩戒协同机制"第4点规定:"建立健全信用修复机制。联合惩戒措施的发起单位和实施单位应按照法律法规和政策规定明确各类失信行为的联合惩戒期限。在规定期限内纠正失信行为、消除不良影响的,不再作为联合惩戒对象。建立有利于自我纠错、主动自新的社会鼓励与关爱机制,支持有失信行为的个人通过社会公益服务等方式修复个人信用。"

② 《济南市个人诚信积分管理办法(试行)》第9条规定:"公共信用信息主要包括以下信息:……(三)社会贡献信息:志愿服务、慈善捐赠、无偿捐献、应急救援、文明实践等信息……"

③ 《福州市公共信用信息管理暂行办法》第14条规定:"市信用信息中心可以依法从信息提供主体征集自然人的信用信息,其内容主要包括:……(二)良好信息,包括:市级以上政府或部门授予的荣誉、在公益慈善事业中做出贡献信息以及在分类管理中的优良等级评价等……"

如,《昆明市公共信用信息修复管理办法(试行)》第11条,[①]《济南市个人诚信积分管理办法(试行)》第21条。[②] 第四类文件则具体规定了通过志愿服务修复个人信用的程序与标准,例如《厦门市生活垃圾违法行为信用修复办法》文件规定,违反《厦门经济特区生活垃圾分类管理办法》被行政管理部门纳入本市社会信用信息共享平台的违法行为人,可通过自愿参加生活垃圾分类志愿服务活动进行信用修复,生活垃圾志愿服务活动包括但不限于生活垃圾分类督导与生活垃圾分类宣传;违法行为人为个人的,其参加生活垃圾分类志愿服务活动每小时可以抵扣30天。昆山市发布的《昆山市城市管理领域失信行为惩戒管理办法(试行)》规定,志愿服务活动可以抵扣失信分数。一年内志愿服务满30个小时的,可以修复一般失信等级;一年内满60个小时的,可以修复较重失信等级。[③]《常熟市城市管理失信行为管理办法(试行)》规定,一年以内参加百姓城管志愿服务活动满30小时,可以进行一般失信等级的信用修复,一般失信分数清零;一年以内参加百姓城管志愿服务活动满60小时,可以进行较重失信等级

---

① 《昆明市公共信用信息修复管理办法(试行)》第11条规定:"鼓励失信主体通过以下方式修复信用,并作为信用修复佐证材料:……(三)参与社会公益服务。失信主体可通过开展志愿者服务、参与公众服务、慈善捐助等方式修复信用,重塑诚信形象,信用修复机构可依法依规将其作为信用修复的重要参考。"

② 《济南市个人诚信积分管理办法(试行)》第21条规定:"畅通信用修复渠道,丰富信用修复方式,探索通过事后主动履约、申请延期、文明实践、志愿服务、慈善捐助等方式修复信用,建立健全市民文明行为数据库,逐步实现与市信用平台互联互通。"

③ 《昆山市城市管理领域失信行为惩戒管理办法(试行)》第24条规定:"社会法人和自然人有下列情形之一的,可以按照一定条件和程序实施信用修复:……(二)实施管理及处罚的城管部门认为可以进行信用修复的。一年以内参加志愿服务活动,每满1小时,计1分,可以抵扣失信分数。一年内满30个小时的,可以直接进行一般失信等级的信用修复清零;一年内满60个小时的,可以直接进行较重失信等级的信用修复清零……"

的信用修复,较重失信分数清零。[①] 太原市《交通信用信息修复管理办法(试行)》没有直接使用志愿服务的表述,而是使用"体验教育",体验教育形式包括文明交通劝导、交通安全宣传、接受群众求助等。[②] 服务量原则上不少于3日,每日不少于2小时,[③] 并要在开始前、结束后核对身份。[④] 体验教育结束后,经认定合格的,申请人系自然人的,减免失信分值10分。[⑤]

更多的信用文件则完全没有志愿服务的相关规定,例如,《苏州市自然人失信惩戒办法(试行)》《宿迁市企业失信惩戒和守信激励实施办法(试行)》《厦门市公共信用信息管理办法(试行)》《清远市重点人群守信激励、失信惩戒管理暂行办法(试行)》《深圳市公共信用信息管理办法》《成都市公共信用信息管理暂行办法》等。

(二)制度问题:志愿服务在信用修复规定中的问题检视

通过对我国3个层面信用立法的分析,在信用修复领域对志愿服务的规定呈现出以下4个问题。

1. 制度供给不足

首先,虽然在大量的指导性文件中都鼓励将志愿服务作为信用修复方式,但在各级的信用信息管理办法、失信惩戒和信用修复中对此作出规定的却寥寥无几。在国家层面,只有指导性文件,缺乏专门的信用法律,志愿服务成为信用修复方式依据不足。在省一级文件中,除指导性文件外,只有个别省份将志愿服务作

① 参见《常熟市城市管理失信行为管理办法(试行)》第24条第1、2款。
② 参见《太原市交通信用信息修复管理办法(试行)》第29条。
③ 参见《太原市交通信用信息修复管理办法(试行)》第30条。
④ 参见《太原市交通信用信息修复管理办法(试行)》第31条。
⑤ 参见《太原市交通信用信息修复管理办法(试行)》第32条。

为信用修复方式在法律文件中作出规定。可喜的是,在市一级中,一些城市已经开始了将志愿服务作为信用修复方式的具体探索,只是数量依旧较少。总体来看,从上而下的立法都显示出立法不足的问题。

其次,立法简单,可操作性不足。在有关信用修复的法律中,对志愿服务的规定呈现出 4 类,在指导性文件中,表述只有“支持有失信行为的个人通过社会公益服务等方式修复个人信用”,无法起到实质的规范作用;将志愿服务信息认定为信用信息,虽然有利于他人对信用主体的正面评价,但缺乏将志愿服务转化实质权益的能力;《辽宁省公共信用信息管理条例》等法律文件虽然直接正面认可了志愿服务在信用修复领域的合法性,但是规定还是难以实际操作。只有个别城市对以志愿服务修复个人信用进行了具体规定。总体来讲,关于志愿服务修复个人信用的规定,呈现过于简单和笼统的问题。

2. 标准分歧,规定碎片化、分散化

我国立法法要求法律、法规的规定之间也需要衔接协调,不能相互矛盾。然而,关于志愿服务修复个人信用的规定各不相同,《厦门市生活垃圾违法行为信用修复办法》规定参加生活垃圾分类志愿服务活动每小时可以抵扣 30 天,太原市《交通信用信息修复管理办法(试行)》则规定至少需要 6 小时可以修复 10 分失信分值,而常熟市和昆山市的相关规定则为一年中志愿服务 30 个小时可以修复一般失信行为。从法律文本可以看出,各地、各单位对以志愿服务修复个人信用的规定并不相同,不同领域的理解不一致,不同地域的要求也不一样,破坏了法律之间的统一性。

3. 志愿服务可修复信用的范围过窄

太原市只将志愿服务作为交通领域失信的信用修复方式,而厦门市则只规定了因垃圾分类失信可以用志愿服务修复个人信用,都将范围限缩得过于狭隘。失信行为的认定种类繁多,因各类失信行为而导致的信用修复需求庞大,不能顾此失彼。

4. 志愿服务可修复信用的时间滞后

目前,有法律文件没有将失信行为之前做的志愿服务作为修复信用的来源。例如,太原市《交通信用信息修复管理办法(试行)》,正如其名称“体验教育”,用于修复信用的志愿服务实质上是一种“教育”,如此规定会给此类志愿服务者带来负面评价,即该志愿服务是一种“惩罚”,因而削弱人们的热情,甚至造成普通人群对志愿服务的偏见。惩罚具有滞后性,不应因志愿服务成为修复信用的方式而将其理解为一种惩罚,正如前文所言,修复信用只是“形式意义上”表现为修复失信分值,终止失信行为的公示等;但实质上,其是信用主体社会信用的真实情况反映。因此,应该将失信行为之前做的志愿服务也纳入修复信用的来源。

(三)原因透视:志愿服务修复个人信用制度发展滞后的分析

以志愿服务修复个人信用作为新事物,它的发展不是一蹴而就的,需要通过充分的理论钻研和充足的社会实践进行探索;而当前理论研究不足,制度的探索时间也很短暂,社会实践不够丰富,志愿服务修复个人信用制度化还有很大的发展空间。出现上述4个问题的原因,可以归结为两个方面,即信用修复的社会信用体系现状与缺乏志愿服务信息。

1. 对信用修复不够重视

社会信用制度奖惩失衡。例如,我国已经发布了51部联合奖惩备忘录,其中有43部失信联合惩戒备忘录,仅仅只有5部守信联合激励备忘录与3部综合备忘录。石珍、张琴通过对全国各省51分有关失信管理文件的实证研究发现,信用修复制度欠缺,未对信用修复作制度安排的文件超过了样本总量的1/4,对信用修复方式的规定则更加缺失,只有个别文件规定了信用修复方式。[①] 这体现出对信用修复重视不够。

2.信用修复管理不够统一

信用修复缺乏统一机关的管理,缺乏专门的信用修复机关居中统筹、协调,使志愿服务修复个人信用的范围过窄,给失信群体的信用修复造成不便。

3.志愿服务信息不足

志愿服务可修复信用范围窄和修复时间滞后,原因在于实施失信惩戒的各部门机关缺乏信用主体的志愿服务信息,政府机关不是社会志愿服务的组织者,也并不共享社会志愿服务平台的信息记录。因而只能通过要求信用主体再次进行志愿服务,或者要求其参加政府部门组织的志愿活动,才能记录志愿服务信息。

三、完善通过志愿服务修复个人信用的建议

当前理论研究与社会实践不足,难以确认志愿服务修复个人信用最科学的标准。为积攒我国信用修复经验以夯实立法实践基础,开展多层次、宽领域的实践是非常必要的。

(一)增加法律供给,支持以志愿服务修复个人信用

在国家层面,在未来的社会信用法中明确以志愿服务修复个人信用的方式。一些指导性文件的鼓励是远远不够的。顾敏康认为:“在国家立法层面,我国目前与信用相关的法律有很多,但都不是直接的社会信用立法,无法真正体现社会信用体系建设核

---

① 参见谭曼、顾敏康主编:《首届“信用法治·韶山论坛”优秀论文集》,法律出版社2019年版,第150~152页。

心内容。”[①]因此，以志愿服务修复个人信用，只有国家立法的直接确认，才能够提供根本性的法律支持，也才会对各地方的立法中增加与之相关的内容起到示范和指导作用。

在省一级的信用立法中，增加信用修复的专门立法，或者在原有信用法律中以专章的形式充实信用修复的相关内容，并在其中明确志愿服务作为信用修复方式的合法性。

在市一级信用立法中，不仅要明确志愿服务修复个人信用的合法性，还要列明志愿服务修复个人信用具体的条件、标准和流程。首先，需要明确，以志愿服务或者其他方式修复信用先决条件为失信主体彻底纠正失信行为和履行、承担相应法律责任，不能以信用修复代履行信用、法律义务。其次，要区分失信行为的失信程度，“科学判定和区分失信程度是启动信用修复程序的重要条件”。[②] 只有对一般失信行为或者较重的失信行为才可以志愿服务修复个人信用，而严重的失信行为不得修复。再次，应对不同程度的失信行为要形成不同的信用修复标准，为修复较重失信行为而进行的志愿服务时间要多于修复一般失信行为付出的志愿服务时间。最后，要建立规范的操作流程。明确申请机关或者在线申请网站地址，及时安排信用修复主体完成志愿服务或者要求其提供已完成的志愿服务记录，在规定时限内审批，符合信用修复条件的要及时取消失信行为的公示，恢复失信者信用。

（二）统筹各方机关，信用信息中心集中行使信用修复权

目前，我国信用方式主要采用“谁惩戒，谁修复”的模式，这

① 顾敏康：《探索有中国特色的社会信用体系建设规律》，载《中国市场监管报》2019年7月23日，第4版。

② 程友华：《建立规范的信用修复程序》，载《中国信用》2019年第9期。

种模式将信用修复职能分散至各个部门，各部门之间缺乏沟通和交流，导致修复办法差异、标准林立，对失信群众修复信用带来“麻烦”，偏离了高效便民的行政方针。目前，我国已在国家、省、市三级设立信用信息中心，是信用信息的“枢纽”。将信用修复职能集中于信用信息中心，可以解决当前信用修复分散化产生的弊端。信用信息中心统筹各个部门，协调管理，成为各部门统一办理信用修复的“门户”，可以提升行政效率，方便民众办理信用修复业务。另外，信用信息中心具有制订公共信用信息归集、共享、公开与服务等标准规范的职能，信用信息中心成为信用修复的主管机关，方便其统筹各方意见，出台涵盖多部门、多领域的信用修复法律文件，取代现今各部门分别制订信用修复规定，解决了一个城市内信用修复标准不一的问题。

（三）统筹社区资源，开展信用修复工作

党的十八大报告提出：“完善基层民主制度。在城乡社区治理、基层公共事务和公益事业中实行群众自我管理、自我服务、自我教育、自我监督，是人民依法直接行使民主权利的重要方式。”“社区自治既是社会治理的重要方向，也是社会主义基层民主的生长点。”①社区作为人口聚集的基本单位，会产生大量的志愿服务需求，例如，帮助有需要的孤寡老人、宣传禁毒防疫知识、指导社区人员使用公共产品等。而失信者在社区履行志愿服务，既方便其自身就近开展志愿复活工作，也减小了对失信者的监督压力，又便于记录信息并最终修复失信者信用。另外，社区因刑事领域社区矫正工作已经积攒了大量经验，对于一般失信行为和较

① 叶敏：《社区自治能力培育中的国家介入——以上海嘉定区外冈镇“老大人”社区自治创新为例》，载《南京农业大学学报（社会科学版）》2015年第3期。

重失信行为而言,社区组织配合相关部门展开信用修复工作,调配失信者参与志愿服务活动是有优势的。因此,应该鼓励信用修复部门,加强与社区组织的联络,统筹社区资源,开展信用修复工作。

(四)充分利用志愿服务平台信息进行信用修复

志愿服务平台组织志愿者参与志愿服务,是记录志愿服务信息的主要主体。除“中国志愿服务网”这个国家级平台外,各省都存在地方志愿服务平台,如广东省的志愿服务平台“i 志愿”,涵盖了从注册志愿者、认证志愿者身份,到组织志愿服务、宣传、记录和监督,以及给志愿者颁发证书等全部流程。

以志愿服务修复个人信用,需要及时更新志愿服务信息,这就需要联通政府信用修复机关,实现其与志愿服务平台的对接,打通信息壁垒。对接方式有两种:第一,允许失信者以参加志愿服务平台的志愿服务记录作为申请信用修复的材料,此种方式要警惕失信者的同一志愿服务信息多次使用,修复在不同领域的失信行为;第二,允许由志愿服务平台接受信用修复申请,根据信用修复机关的要求收集资料,交信用修复机关审批,完成信用修复。此种方法便于志愿服务平台对志愿服务的记录进行管理,但需要相应的授权。

结　语

我国现今已经构建了较全面的信用惩罚体系。“一处失信,处处受限”,给予失信者极大的威慑力,但也意味着信用修复的紧迫性。信用修复绝不是失信者的“漂白剂”,而是信用主体努力弥补失信影响,树立诚信意识的“认证书”。鼓励志愿服务修复个人信用,正是顺应了时代的要求。统筹社会资源,加强社会自治,既给了失信者一条重新踏入正常信用生活的途径,也是对志愿服务事业的支持,实现了“自助助人”的追求。志愿服务修复个人信用处在建设初期,固然存在规定不足、不统一、不合理等问题,但通过对前路的实践与探索,信用修复规定的科学化、便民化未来可期。但是,徒法不足以自行,立法的完善并不等于信用社会的成熟,信用社会的成熟在于社会中每一个信用主体都信守承诺,立信于人,这需要的是信用建设的持久性,实践的延续性,从而最终实现社会信用体系建设的目标。

我国个人破产制度中“债务人重生”理念的限度

——以相对、有限、附条件的破产免债为中心

熊中文[*]　黄水根[**]

内容摘要　自最高人民法院于2018年提出推动建立个人破产制度以来，个人破产立法再度进入公众视野，引发社会的广泛关注。或许是为了给新制度合理性“背书”，在我国个人破产立法的研究、实践和宣传中，呈现明显的盲目追求重生主义倾向，将个人破产与余债免责混同，导致“债务人重生”理念泛化。实

---

* 江西宁都人，现任清流县人民法院审判委员会委员、执行局局长。

** 福建清流人，现任清流县人民法院审判委员会专职委员。

际上尽管经历几千年的发展,现代社会中个人破产制度才开始包含了债务人利益的考虑,但也仅限于保障债务人基本生存权和发展权,“人格减等”仍是其本质。基于债务清出与信用公平双层理论,适当的破产免债有其正当性,但破产免债应定位为“人格减等”本质下具有调整意义的次生工具。立足于人道主义价值观和激励债务人配合的需要,在我国的个人破产制度设计中应允许债务人“重生”,但切不可将破产免债作为个人破产制度的出发点和落脚点,我国的个人破产免责应是相对、有限、附条件的。虽说破产有免债的希望,但破产并不必然免债,更不能让“重生”成为逃债的合法渠道。慎重对待破产免债,坚守“人格减等”本质,让个人破产成为债权人手中的利器,而不是债务人逃债的工具,才能让债务人心中有戒、行之有界。

关键词 个人破产;债务人重生;破产免责;诚实守信

自20世纪90年代以来,个人破产立法在我国就是一项极具争议的提议,由于当时个人“既无产可破,亦无破产之需”的主张占据主导地位,该提议一直被搁置。随着个人消费、投资的膨胀扩张,我国居民部门杠杆率从2008年的19%突升至2019年的55.8%,[①]无力偿还债务的案例爆炸式增长。据统计,近年来全国无财产可供执行案件约占全部执行案件的40%~50%,其中个人债务占比达70%。为畅通个人“执行不能”案件退出路径,最高人民法院自2018年以来着力推动建立个人破产制度,个人

① 参见国家金融与发展实验室国家资源负债表研究中心、中国社会科学院经济研究所:《2020年杠杆率或将有限攀升——2019年中国杠杆率报告》,载中国网2020年2月18日,http://house.china.com.cn/newscenter/view/1628384.htm。

破产立法再度进入公众视野,引发社会广泛关注。不仅如此,如今社会各界对此多持肯定态度,且在立法讨论中多将促进债务人"重生"作为个人破产的目标追求,其热切投入"重生主义"的怀抱倾向明显。然而在个人破产制度的探索起步阶段,盲目追求破产重生主义,忽视个人破产"人格减等"的惩戒本性,既与社会的一般认识相矛盾,也将带偏研究和实践的重心。鉴于此,有必要对设立个人破产制度的出发点和落脚点进行正本清源,理清破产和免债的关系,合理界定债务免除在个人破产制度中的定位,进而建立契合我国实际的破产免债制度。

一、问题提出:"债务人重生"理念的泛化

破产主要工作是将债务人财产进行处置,并分配给债权人。个人破产与企业破产不同的是,企业破产后主体便不复存在,而个人破产却始终面临破产后如何对待债务人的问题。回溯破产历史的演进,如何对待债务人问题经历了3种处理模式:一是人身剥夺模式。根据公元前5世纪的《十二铜表法》,若债务人不能偿还到期债务,各债权人可贩卖债务人,并共享贩卖的价金,甚至可将债务人杀死,并分割债务人的尸体。[①] 二是自由剥夺模式。到了16世纪,人身剥夺模式逐渐被自由剥夺模式取代。此种模式下,债权人仍可通过监禁方式对债务人进行逼债或者处罚。如法国于1538年颁布的破产法令明确破产有罪,常对破产债务人处以监禁刑罚。[②] 三是"人格减等"模式。在现代社会,基于保障公民生命、身体权,人身剥夺、人身自由限制模式已基本落

---

① 参见周枏:《罗马法原论》,商务印书馆1994年版,第869页。

② 参见文秀峰:《个人破产法律制度研究》,中国人民公安大学出版社2006年版,第200页。

幕，取而代之的是“人格减等”模式。“人格减等”不仅包括经济人格“减等”，即除允许保留生活必需财产以维持最低生活标准外，其财产应被处置分配，其日常收入、消费等均受到监管，还包括政治人格和伦理人格的“减等”，即破产后债务人的权利、资格等方面也受到有关限制。经历了几千年的发展，个人破产制度才开始包含了债务人利益的考虑，且也仅限于保障债务人基本生存权和发展权，“人格减等”仍是其本质。或许是为了给新制度的合理性“背书”，在我国个人破产立法的研究、实践和宣传中，往往忽视个人破产制度惩戒、剥夺的本质，盲目追求“重生主义”，导致“债务人重生”理念泛化。

（一）实践层面：以“促进重生”为价值追求

自最高人民法院周强院长提出推动建立个人破产制度以来，各地法院积极探索，先后制定了一系列的规范性文件（见表1）。虽然这些法院先行先试，努力推进个人破产制度落地生根的做法值得肯定，但这些文件无不将“债务人重生”作为个人破产的价值追求，甚至有的法院更是完全站在债务人的视角，以“重生”理念作为出发点和落脚点，将促进“债务人重生”作为个人破产立法的唯一目标和追求。如高青县人民法院出台《关于企业破产中对有关个人债务一并集中处理的意见（试行）》的目标为给“诚实而不幸且守法的自然人债务人依法合理免责，进一步优化高青县营商环境”。个人破产或许有利于“债务人复活”，但不代表破产本身就追求促进“债务人复活”，只有完全忽视债权人利益，才可能将促进“债务人重生”作为个人破产的价值追求。个人破产“人格减等”的本旨是最容易理解的，突出的是防范债务人逃避债务履行、促使债务人以最大限度清偿债权，但上述文件中仅有温州市中级人民法院出台的《关于个人债务集中清理的实施意见

(试行)》将“防范打击逃废债行为”作为追求目标之一,其余文件对防范债务人逃避履行之目标完全避而不谈。

表1 部分地方法院出台的关于个人破产的规范性文件

序号	时间	法院名称	文件名称	立法目的
1	2019年8月13日	温州市中级人民法院	《关于个人债务集中清理的实施意见(试行)》	(1)保障全体债权人公平受偿;(2)防范打击“逃废债”行为;(3)给诚信而不幸的被执行人以重生机会
2	2019年4月26日	台州市中级人民法院	《执行程序转个人债务清理程序审理规程(暂行)》	(1)适当调整个人债务人与债权人之间的债权债务关系;(2)保障债权人公平受偿;(3)给予诚信债务人基本经济生活保障及重生机会
3	2020年3月5日	高青县人民法院	《关于企业破产中对有关个人债务一并集中处理的意见(试行)》	(1)诚实而不幸且守法的自然人债务人依法合理免责;(2)进一步优化营商环境
4	2019年10月21日	吴江区人民法院	《关于个人债务清理的若干规定(试行)》	(1)公平处理个人债务;(2)给予债务人重生的机会

(二)理论层面:从强调惩戒转向凸显保护

与司法实践中将“债务人重生”作为目标追求一脉相承,理论研究中也有不少学者回避个人破产制度的“人格减等”本意,而强调个人破产已从“严苛型”转向“友好型”,在立法思想上从保护债权人转向保护债务人,从惩戒主义转向不惩戒主义。甚至有的文献完全摒弃个人破产制度的消极色彩,主张在我国立法中应建立中性的个人债务清理制度,从源头上避免债务人被烙以道德缺失的刻板印象,从而不仅让债务人在破产后实现“经济上的康复”,更要实现“人格上的康复”。不可否认,在现代社会中债务人的生存权和发展权已经进入个人破产立法的视野,但仅强调对债务人的保护,而忽视其与债权人的利益平衡,显然是对早期个人破产制度的“矫枉过正”。刻意不讨论惩罚性内容和破产制度的消极本色,将“人格减等”内涵边缘化,无疑是反逻辑的:欠债还钱、恪守信用的公理即便存在例外,但破坏规则为何就不应被谴责、惩戒,反而得到更多的保护和关照?而且在信用环境仍未完全改观的当下,理论学说从强调惩戒转向凸显保护,将干扰个人破产立法的推进,基于该理念设计出的个人破产制度,将可能会被多数人滥用为逃避债务履行的优选项。

(三)宣传层面:“破产免债”观念盲目传播

就广义而言,个人破产制度包括3个层面的内容:一是和解、重整等预防破产机制,旨在通过债务先行处理机制,防止债务人进入破产状态;二是个人破产制度本身,主要是对债务人财产进行处置和分配,在法律上确定债务人的破产身份;三是宣告破产后,对债务人的监管及对未偿还债务的处理,如是否进行免债、确定免债比例等。预防破产机制和个人破产制度本体具有天然排斥关系,而破产本体和破产免债有逻辑的先后之分。破产与免债虽然存在密切关联,但本质上是两种完全不同的机制,两者在运行理念、适用对象和产生效果方面均存在实质上的差异。然而,在当前我国个人破产制度的宣传方面,常将破产与免债混为一体,“破产免债”“余债免责”“破产不惩戒”“破产积极”等误导性理念盛行。建立个人破产制度让债务人“复活”“重生”“重头再来”等鼓吹促进“债务人重生”理念的报道屡见不鲜,在其字里行间，好像一旦债务人破产，就当然获得债务免除，未清偿债务也就不用偿还，企业家就可以无所顾忌地创业，债务人就可以重新再来，且不需要受到惩戒，也无论债务人申请破产主观上是善意还是恶意。① 在这些误导性宣传下，不少公众特别是大多数被执行人，理所当然地认为破产后债务就可以不清偿，因此迫不及待地要申请破产。②

二、正本清源：破产免债的定位与机理

“从基本理念上看，破产只管‘触底’，不管‘反弹’，免债却承载着债务人重生主义的精神。”③尽管不以“重生主义”为目标，但现代社会中的个人破产制度已经蕴含了允许“债务人重生”的理念，只是这种理念应是有限度的。而合理界定此种限度的前提，是明确免债在个人破产中的定位和运行机理。

（一）定位：具有调整意义的次生工具

关于破产与免债的关系，前文已有论述，既然破产的原旨在于“人格减等”，那免债在个人破产制度中又扮演何种角色？就发展历程和经验逻辑而言，余债免除并不是个人破产制度的固有内容。即使个人被宣布破产后，原则上仍应对剩余债务承担清偿责任。在个人破产制度发展的早期，并没有余债免责的概念，直

---

① 类似的宣传报道非常多，在此仅以几个例子进行说明，如《北京青年报》2019年2月28日A3版刊载的《建立个人破产制度有利“负翁”从头再来》通篇不谈免责的条件，《经济参考报》2019年10月18日第1版刊载的《以个人破产制度激发企业家奋发创新》只谈个人破产制度对企业家创业的意义。

② 笔者在2019年的执行工作中，大多数债务人均想申请个人破产，在其观念中，普遍认为只要法院宣告了其破产就可以不用清偿债务，甚至在对债务人进行拘留时，有的债务人直言，债务不是必须清偿，个人破产立法后就可以免除了。

③ 欧元捷：《论个人破产构建的中国逻辑——以破产与免债的界分为起点》，载《山东社会科学》2020年第3期。

到18世纪初,为鼓励债务人配合破产,并积极取得收入偿还债务,英国才首次试行“债务宽恕”规范,允许债务人在履行一定债务后,根据履行情况,“宽恕”部分或者全部剩余债务,让部分债务人从长期负债中解脱出来。[①] 其后,美国、法国等国家先后打开个人破产免债的通道,确立了“大棒＋胡萝卜”式惩戒与激励并立的个人破产制度,给予部分配合履行的债务人“重生”的机会。尽管如此,个人破产制度的目标仍然是最大限度地实现债权,只是为了激励债务人配合,让债权更好地得到实现,债务免除制度才得以确立。由此可见,就免债与破产而言,属于“人格减等”本质下具有调整意义的次生工具。其包含以下内容:一是免债与破产存在逻辑先后关系,只有先破产惩戒,才有可能免除债务。二是破产与免债并不相互捆绑,实际上一些国家和地区的立法设立个人破产制度,却无债务免除的规定。即便立法上允许,个人破产也并不必然通向债务免除,更不必然得到债务免除。三是免债与破产之间存在张力,免债的调整力可以反作用于破产。免债越快对债务人的限制越宽松,债务人失权时间越短,其破产积极性越高,但越容易导致逃债;相反,则越难得到债务人的配合。因此,免债制度的设计在很大程度上影响个人破产制度作用的发挥。

(二)机理:债务清出与信用公平双层理论

关于破产免债的正当性基础,英国、美国、日本等国家所阐明的“人格尊严说”“社会效用说”“消费者更生理念说”“社会福利说”“金融风险说”“人道主义说”从不同角度对其进行了论证,[②]

① 参见许德风:《论个人破产免责制度》,载《中外法学》2011年第4期。

② 参见陈根发:《破产免责制度的现代理论》,载《求是学刊》2003年第1期。

都具有一定的说服力，但均未从整体上对破产免债的运行机理进行系统论证。在现代社会，个人债务困境从来就不是一个孤立的小群体现象，其发生原因和产生后果是系统而复杂的社会问题，否则也没必要专门建立破产制度来帮助债务人消除困境，当然也不是所有陷入困境的债务人都可以得到“宽恕”。基于此，有必要从宏观和微观两个层面论述破产免债的机理。

1.宏观运行：债务出清理论。关于需求和供给的关系，在经济学中有一项重要的理论，就是市场出清理论，其是指从整体上而言，经济市场中没有超额供给，也没有资源闲置，在价格机制的作用下，需求和供给都能迅速得以均衡。在个人破产法领域，借鉴市场出清理论的机理，有学者提出了债务出清理论。① 该理论追求类似供给与需求均衡的理想状态，通过适当的破产免债，消除类似“僵尸企业”遗留的超额个人债务，使个人债务在社会经济这个大系统中达到均衡。根据债务清除理论，个人破产免债制度在市场经济活动起到两个作用：一是作为“调节器”。我国已经形成比较成熟的市场经济体制，并成为世界第二大经济体，但对于市场经济中爆炸式增长的个人债务却仍然只能依靠传统民商事规则和民间习惯来处理，显然无法满足市场经济发展的需要。“有进无出”的个人债务调节模式，只能让众多“穷追不舍”的债权人与“无力偿还”的债务人在市场经济中无休无止地纠缠下去，甚至可能引发严重的社会性问题。② 面对日益严重的个人债务问题，只能希冀个人破产免债制度，让过剩的个人债务退

---

① 参见刘冰：《论我国个人破产制度的构建》，载《中国法学》2019年第4期。

② 因债务引发的社会性问题，包括放弃就业、以卡养卡、不增加收入等情形，严重的会出现债务人因无力还债而跳楼等自杀性事件。参见周伟：《台湾的“卡债”危机》，载《两岸关系》2006年第4期。

出市场,使堵塞的个人债务问题得以解决。二是作为“平衡器”。经济社会良性发展,需要市场中的债务能够保持合理平衡。在过去的10余年间,我国居民部门杠杆率上升了36.8%,增速远超美国、日本等国家发生经济危机前的最高值。[①] 个人债务问题就像是一个“跷跷板”,适度地增加个人债务,可以带动消费,促进经济发展,而过度负债,则会造成债务人“破罐子破摔”,个人收入、消费和投资减少,从而抑制经济发展。出现过度负债问题时,就需要个人破产免债制度发挥“平衡器”的作用,使市场中的个人债务达到均衡状态,从而刺激消费,促进经济发展。

2. 微观运行:信用公平理论。个人破产制度为“债务人重生”开通了渠道,但并不是所有的债务人都值得被“宽恕”。因企业法人是虚拟人格,在企业法人陷入困境时完全可以通过消灭人格从而退出市场,因此在企业破产中只需合理处理、分配企业法人的财产对债权人来说就是公平的。而个人破产则不同,即使债务人破产了,其主体还继续存续,其未来收入还存在。无论如何处理分配债务人的财产,只要债权未全部清偿完毕,债权人对个人破产所能感受到的公平感都只是有限的。参考亚当·斯密提出的以如何调整当事人因认知原因而导致的不公平感为核心内容的公平理论,[②]在个人破产领域形成了以恢复、弥补债权人因债

---

① 参见国家金融与发展实验室国家资源负债表研究中心、中国社会科学院经济研究所:《2020年杠杆率或将有限攀升——2019年中国杠杆率报告》,载中国网2020年2月18日,http://house.china.com.cn/newscenter/view/1628384.htm。

② 亚当·斯密提出的公平理论主要针对当事人因为认知失调而形成的不公平感,通过某种行为进行恢复、修补,以激励当事人的行为。参见高梅:《基于亚当斯密公平理论的企业薪酬设计研究》,载《现代商业》2013年第32期。

务人破产而导致不公平感为核心的信用公平理论。该理论是指以信用为尺来衡量债务人的行为,并决定是否对债务人进行“宽恕”,从而平衡债权人的失落感、不公平感,以激励债权人、债务人在破产制度中的积极行为。申言之,信用公平理论旨在通过中立、客观的个人信用来判断债务人是否允许被免债,从而避免债务人因欺诈行为而获得免债,进而增强债权人的相对公平感。在个人破产领域信用公平理论得以普遍适用,各国的个人破产免债制度都对破产债务人提出了诚信的要求,不诚信的债务人无法通过破产或者债务免除。美国《联邦破产法》第707条(b)规定,债务人通过破产程序以免除债务,其行为须符合诚信要求,若有不诚信行为,其破产申请无法获得准许。[①] 德国《破产法》第295条第1款明确,债务人在破产程序违反告知、协助义务的,有过度举债和挥霍财产等6种不诚信的情形下不能申请免除剩余债务。[②]

三、构建路径:以相对、有限、附条件的免债为中心

破产与免债虽是运行原理截然不同的两套机制,但在个人破产制度中往往是相伴相随的,在制度设计中,需要两者兼顾。怎样协调两者关系,如何发挥免债机制的调整力,在很大程度上取决于对待“债务人重生”的态度。而这个问题受政治、经济和文化等外在因素的影响,且随着外部因素的变化而调整。立足于人道主义价值观和激励债务人配合的需要,在我国个人破产制度设计中应允许“债务人重生”,但切不可将免债作为个人破产的出发点和落脚点,我国的个人破产免债应是相对、有限、附条件的。

---

① 参见[美]小戴维·A. 斯基尔:《债务的世界:美国破产法史》,赵炳昊译,中国法制出版社2010年版,第71页。

② 参见许德风:《论个人破产免责制度》,载《中外法学》2011年第4期。

（一）相对：债务免除许可模式

关于个人破产免债的模式，在域外立法中有当然免债、许可免债和混合模式3种模式。当然免债，指在破产程序终结时，若无破产法明确规定的拒绝债务豁免情形的，不需要法院或者债权人同意，债务人自动获得债务免除。许可免债，是指破产与免债分开的两种程序，在破产程序终结后，债务人还需另外提起申请，在经法院审查符合条件的基础上宣布免除债务人一定数额之剩余债务。美国的个人破产立法，采用的是当然免责模式，破产程序终结时，未受清偿债权自动消灭，债权人不得申请进行追偿。长期以来，德国《破产法》只有个人破产程序，而并没有破产免债程序，直到1999年才新增个人破产免债的规定，新增的破产免债制度采取许可免债模式，在破产终结时债务人并不能获得债务免除，而须债务人另行提出免债申请，并经法院审查作出许可裁判后，才可获得债务免除。澳大利亚《破产法》采取的则是当然免债、许可免债并存的混合模式，债务人自行选择相应的免债方式。[1]

当然免债与许可免债，各有利弊。就理论分析而言，当然免债模式能给债务人一个提前的预判，从而激励其积极配合、主动履行，债务人获得免债的机会将更轻松，可以最大限度地促进“债务人重生”，且一次性解决破产和免债问题可以节约司法资源，但由于缺乏有效监督，极易引发滥用和“逃债”的风险。[2] 许可免债

---

① 两种免责模式的申请时限不同，当然免责的时限为3年，许可免责的时限为6个月。参见王斐民、乔星：《个人债务清理基本法律制度的中国塑造》，载《贸大法律评论》2017年第2卷。

② 实际上，在选择当然免债模式的美国，由于显而易见的利益倾斜和缺乏有效监管，个人破产免债制度长期处于被过度利用的状态，为此2005年美国引入了收入测试，只有评估表明未来收入结余低于一定数额的债务人才能免债。

模式则需要法院对债务人的申请和履行情况进行审查,进而作出是否免责的决定,更能防止债务人借破产逃债,其缺点是对债务人吸引力有限,且整个破产程序复杂,会耗费较多的司法资源。

免债模式的选择,难有有一个标准或者标杆,应是属于一种“本土观”。鉴于目前信用建设状况和社会公众接受程度,我国个人破产立法应选择许可免债模式,理由如下:其一,除有助于防止破产免债被滥用外,许可免除模式还可以根据债务人的履行、诚信情况等因素有弹性地确定免债期限和比例,能够在更大范围内实现公平正义。受传统“欠债还钱”观念的影响,许可免债模式更容易被我国民众接受和理解。其二,目前我国的财产登记制度仍不完善,信用体系不完善,诚信环境和意识堪忧,如果选择缺乏法院监管的当然免债模式,可以预见,利用个人破产逃避债务履行的现象将很有可能泛滥。其三,个人破产理念应采取平衡主义。如前所述,只要债权未得到足额清偿,对债权人来说如何都难言公平。在个人破产制度中,只有从严掌握免债标准,才有可能最大限度地平衡债权人和债务人的利益。

(二)有限:个人破产免债的例外

个人破产免除债务的范围是有限的,并不是所有类型的债务均可免除,即使是“债务人友好型”国家的立法也会基于社会政策、公平原则的考量,将某些特殊债务作为免债的例外。这些特殊类型债权不受债务免除制度的影响,不会因个人破产而免除。具体类型如表2所示:

表2 部分国家规定的不可免债类型

立法例	不可免除债务类型
美国《联邦破产法》	税收债务;欺诈债务;没有列入债权人清册的债务;因信义欺诈、侵占或盗窃产生的债务;家庭抚养、扶养费债务;故意侵占所致债务;罚金、罚款或罚没的债务;学生教育贷款;债务人醉酒驾车所致债务
英国《破产法》	欺骗或者诈骗性债务;罚款、其他惩罚;关于赔偿金的债务;关于个人侵害所产生的债务;在家庭诉讼中作出的任何命令而产生的债务
德国《破产法》	故意侵权行为而产生的债务;罚金和同类债权;用于融通程序费用的贷款
日本《破产法》	租税;恶意侵权行为而产生的赔偿;受雇人的报酬;债务人知悉且未记载于债权人名册的债务;罚金、罚款、形式诉讼费用、追征金;因故意或者重大过失损害他人生命及身体的侵权行为所产生的债务;抚养费及婚姻费用
俄罗斯《联邦无支付能力法》	税款、罚金、罚款;应支付的工资、解除合同的遣散费、扶养家庭成员的赡养费;对他人造成人身损害所产生的债务;故意损害他人财产而产生的债务;基于特定商事身份的债务

个人破产免债的例外,是市场经济作用的结果,是公共政策的必然要求,也是公平基本原则的体现。结合我国实际,在设计我国个人破产制度时,应考虑将以下类型债务作为破产免债的例外:一是对政府和国家的特定债务,包括但不限于收税及罚金、罚款等行政、民事、刑事等具有制裁性质的债务。税收是国家机器运转的经济基础和实现公共利益的必然需求,理应排除在免责范围之外,将行政、民事、刑事等具有制裁性质的债务禁止免债是因为这些债务源于违反公众规则、侵害公共利益,而破产免债绝不

是逃避违反公众政策、侵犯公共利益惩罚的“保护伞”。二是对相对弱势群体的债务,主要包括拖欠的工人工资、劳务报酬和家庭成员因抚养、扶养义务而形成的债务。在个人破产的财产分配中,工人工资和劳务报酬应作为优先分配的债权,且基于保护相对弱势群体的需要,在破产后仍应享有追偿权。老人或者孩子对生活费的需要与“债务人重生”的需要相比,明显前者更紧迫、重要,而且支付抚养费、赡养费不仅是法律规范的要求,更是道德教化的需要,因而家庭债务被认为是超出破产免债范围的当然领域。三是故意侵权、欺诈等产生的债务。债务人罔顾他人利益,实施欺诈、侵权行为在主观上存在恶意,显然违反公德,为维护交易安全和经济秩序,保护无辜受害者,其不应逃脱司法惩罚。四是与债权人人身密不可分的债务,如人身损害赔偿义务。此种债务并不是基于契约自由而形成的,债权人完全无法预防风险,而是在不情愿的情况下被动形成的,且受损的是债权人赖以生存、不容侵犯的人身权利,不应作为商业领域形成的债务而被豁免。

(三)附条件:失权期限与诚实守信

破产免债实质上是基于具有可“宽恕”情形而赋予债务人的特权,为阻碍借破产之名逃避债务和警醒债务人审慎开展生产经营活动,免债应受到严格的限制和制约,只有符合特定条件,才能获得此项特权。

1.失权期限。破产免债将债务人的无限偿还责任转为有限偿还责任,在债务人享有此项制度的福利时,也应承担与此相适应的财产、人身、人格等方面的惩戒,即进入失权状态。在失权状态,债务人不但权利、资格和行为受到严格限制和监管,还承担增加收入、履行债务的义务。但惩戒并不是个人破产制度的唯一目的,为鼓励债务人积极偿还债务,争取早日获得“重生”,也不能对债务人进行无限期的惩戒，而应通过相应的复权安排，即确立债务人的失权期限，给债务人一个终结失权状态的时间，以恢复其相应的资格和权利。结合各自的实际情况，各国或地区的立法相应地确立了失权期限，德国《破产法》规定，宣告债务人破产后，须经过 6 年的托管期，债务人才能提出免责申请；我国香港特别行政区的个人破产法规定，债务人经过 4 年的失权期限后，可申请复权。受财产登记制度、诚信体系建设和法治意识的影响，我国个人破产立法设计的失权期限应较其他国家或地区的期限更长，同时也应预留裁定的余地，建议设立 6 ~ 10 年的失权期限。

2. 诚实守信。无论个人破产制度如何宽泛，对“债务人重生”理念有多欢迎，免债制度只适用于“诚信而不幸”的债务人。诚信是个人破产免债的制度“红线”，是避免个人破产制度道德风险的“底线”，贯穿破产程序始终。在破产免债制度中，诚信起决定性作用，对不诚信行为应实行“零容忍”举措，体现在三个方面：在破产免债申请前，债务人拥有足够的诚信基础，才能申请破产免债，对于在诚信方面有“前科”的债务人，不能申请破产免债；在破产免债审查中，如债务人存在转移财产、规避执行、拒不申报财产等不诚信行为，将不符合免责条件，不能获得债务免除；在破产免债宣布后，即使法院已经裁定了余债免除，如发现债务人在破产过程中存在不诚信情况，其获得的债务免除权限仍将被剥夺或撤销。

结　语

我国着力推进个人破产制度的构建，是基于清理“僵尸债务”使“诚信而不幸”的债务人挣脱债务“枷锁”的考虑，但需要明确的是，我国市场经济中债权债务关系的主要矛盾还是欠债不还，其首要目的和功能还是在于最大限度地实现债权，而不是免除债务或者促进“债务人重生”。虽说破产有免债的希望，但破产并不必然免债，更不能让“重生”成为债务人“逃债”的合法渠道。慎重对待破产免债，坚守“人格减等”本质，让个人破产制度成为债权人手中的利器，而不是债务人“逃债”的工具，才能让债务人心中有戒、行之有界。

术业有专攻：中国债务催收职业化的困难与改革*

段　明**

内容摘要　职业化程度是衡量一个职业是否成熟的重要标尺。中国债务催收行业经过20余年的发展，仍然面临各式各样的发展困境，这与其职业化程度不高密切相关。推动中国债务催收行业的职业化建设，对于实现债务催收行业现代化转型、祛除债务催收行业发展弊病和提高债务催收行业的社会认同感具有重要意义。理想的债务催收职业化应当是从业者普遍具有坚定的职业信仰、规范的行为规则、专业的催收能力和高尚的职业伦理。遗

*　本文系国家社科基金重大专项“中国守信激励与失信惩戒机制立法研究”(18VHJ016)的阶段性成果。

**　法学博士，中国人民大学法学院博士后、讲师。

憾的是，债务催收职业化的进程中仍然面临社会大众的偏见与歧视，并且存在催收行业立法相对滞后，催收行业监管较不足及催收职业教育长期缺位等现实困境。为此，有必要从构建催收职业教育体系、设立催收职业资格标准、完善催收职业保障措施和厚植债务催收职业文化等方面着手，实现中国债务催收职业化的发展目标。

关键词　债务催收；职业化；职业伦理；职业保障

改革开放40余年来，国民经济的快速发展极大地提升了国民的收入和消费水平，消费信贷市场的规模也随之不断扩张，人们的美好生活需求从中不断得到满足。遗憾的是，由于“消费主义”的过度泛滥，加之国家信用体系建设的滞后和金融机构信用风险管理的不善，让不少缺乏理财能力和信用意识的消费群体陷入了债务违约的境地。[①] 消费者债务违约现象的不断增加，使银行等金融机构的个人不良资产规模持续增长。[②] 如何妥善处置规模庞大的个人不良资产，已经成为当前“坚决打好防范化解金融风险攻坚战”的关键任务。作为有效处置个人不良资产的中坚力量，中国债务催收行业正是在国内消费信贷市场迅速扩张和个人不良资产规模日益扩张的环境下应运而生的。现代债务催收行业是与崇尚暴力或软暴力的传统民间催收方式截然不同的新兴行业，一般是指专业的催收机构在接受金融机构等合法债权人的授权委托和债权转让之后，委派专业催收人员在尊重债务人合

---

① 参见王婷婷：《消费过度负债的治理对策研究》，载《河北法学》2013年第8期。

② 参见邢会强：《金融消费纠纷多元化解决机制研究》，中国金融出版社2012年版，第205页。

法权益的基础上,通过法律谈判、协商和解、心理沟通等方式,依法合规地向债务人催收合法债务。近20年来,凭借专业化、效率高、成本低、风险小等独特优势,债务催收行业在国内得以迅速发展,行业规模不断扩张,已经发展成为金融产业链条中无可替代的环节之一。

根据相关的数据报告,截至2019年6月,国内专门从事债务催收业务的公司已经多达4000余家,债务催收从业人员也已经达到40万人左右,从业人数已经与律师行业相近。规模如此庞大的债务催收行业在消解不良资产累计风险、增加就业岗位和政府税收、缓解司法资源紧张等方面作出了重要贡献。遗憾的是,与债务催收行业快速发展形成鲜明对比的是,债务催收行业的治理却较滞后,由此衍生出一些违法暴力催收的情况,影响了整个行业的健康发展。通常而言,决定一个行业能否永续发展的核心要素是“人”。因此,若要实现中国债务催收行业的行稳致远,关键是要推动中国债务催收的职业化发展,造就一批高素质的债务催收人员。鉴于此,本文拟在充分论证中国债务催收职业化必要性的基础上,描绘债务催收职业化的理想图景,认清债务催收职业化面临的现实困难,从而提出实现债务催收职业化发展的系统方案,以期为中国债务催收行业的健康发展提供助益。

一、中国债务催收何以需要职业化

美国职业社会学垄断学派代表人物理查德·L. 埃贝尔认为,职业化就是指通过一系列职业生产、准入和训练等举措来控制行业队伍从而实现这一职业目标的过程。[①] 而债务催收职业

---

① 参见[美]理查德·L. 埃贝尔:《美国律师》,张元元、张国峰译,中国政法大学出版社2009年版,第24页。

化,就是通过特定的方式,逐步使债务催收从业者形成和拥有共同的职业价值、职业技能、职业规范、职业伦理、职业认同,进而促进债务催收行业的整体发展。债务催收从业者在中国已经有数千年的历史,但其从未实现真正的职业化。现代债务催收行业在中国的发展虽然已有20余年的历史,但职业化程度不高仍然是当前债务催收行业发展面临的主要困境。面对中国债务催收行业发展遇到的问题,推动债务催收的职业化,逐渐成为理论界与实务界的共识。

（一）实现债务催收行业现代转型的需要

职业化程度是区分传统债务催收行业与现代债务催收行业的重要标准。传统的债务催收行业,也称民间讨债,主要由黑恶势力或社会闲杂人员构成,暴力或软暴力是其常用的催收方式。传统的债务催收行业给民众权益的保护和社会秩序的安定带来了极大威胁,因此长期被国家法律秩序所禁止。但是,国家法律的明令禁止,难以从根本上消灭传统催收行业,反而使讨债职业群体潜入地下,变得更加猖狂和嚣张。因为,只要有商业往来和借贷关系,就不可避免地会存在“欠债不还”的问题,由此形成大量的催收需求。正如马克思的经典论断所言:“当利润达到10%时,便有人蠢蠢欲动;当利润达到50%的时候,有人敢于铤而走险;当利润达到100%时,他们敢于践踏人间一切法律;而当利润达到300%时,甚至连上绞刑架都毫不畏惧。”由此可见,只要有债务催收需求的存在,债务催收行业就不可能消亡。

与传统的债务催收相比,现代债务催收行业的从业者都接受过专业训练,并能根据特定的法律规范和职业准则进行催收活动。因此,其并不会像传统债务催收那样对社会和民众造成较大的负面影响。自然而然地,与传统债务催收的治理方式也有所不同,现代债务催收行业治理变“堵”为“疏”,试图通过采取各种措施引导和助推债务催收行业的正常发展,而非直接禁止其存在。作为“疏”的重要方式,职业化建设能够明显提高债务催收职业群体的职业理念和执业方式的文明程度,从而符合国家秩序的治理要求。目前,中国债务催收行业正处于由传统债务催收向现代债务催收的过渡阶段,实现债务催收行业的现代化转型,关键还是要走“职业化”的道路。

(二)祛除债务催收行业发展弊病的需要

长期以来,囿于行业监管和法律治理的滞后,国内债务催收行业的发展陷入“病态”,由此衍生出了诸多弊病。具体表现为:催收行为不规范,债务人合法权益常遭侵犯;催收行业竞争失序,引发行业内部恶性竞争;催收人员素质参差不齐,影响行业整体形象;催收培训体系不健全,导致催收人员职业素养不高。[①] 以上问题的存在,严重影响了中国债务催收行业的健康发展。

若要祛除债务催收行业面临的上述弊病,还是需要从“职业化”入手,只要能够具备一支高素质的债务催收职业队伍,以上弊病最终都将迎刃而解。一方面,通过不断的职业化训练和规范,能够明显提高债务催收从业人员的法律素养、道德素养和职业素养,从而减少不规范的催收行为,改善催收行业的整体形象;另一方面,职业化的推进能够促进催收职业共同体的形成,催收职业共同体具有共同的职业追求和职业理念,可以减少行业内部的恶

---

① 参见谭曼、段明:《中国债务催收行业的机遇、挑战及其治理》,载《首都师范大学学报(社会科学版)》2019 年第 2 期。

性竞争,促进催收行业的和谐发展。因此,从中国债务催收行业的长远发展来看,职业化是避免催收行业陷入病态发展的关键因素。

（三）提升债务催收行业职业认同的需要

作为职业发展研究领域的重要概念,职业认同与个人的职业决策、职业探索、职业成功都有密切的关系。[①] 职业认同直接决定职业发展的方向与趋势,[②]也是衡量某个职业是否成熟的重要标准。职业认同又可以分为自我认同和社会认同。具体到中国债务催收行业,职业认同感低始终是困扰其健康发展的一个重要因素。甚至可以毫不夸张地说,中国债务催收行业正面临一场严重的“认同危机”。从自我认同的角度来看,国内大部分债务催收职业人员并未建立起对催收职业的自我认同,虽然实际从事催收职业,但他们往往不敢告诉周围的人自己是从事催收的,尤其是对于自己的父母亲友,更是讳莫如深;从社会认同的角度来看,由于历史文化等方面的原因,债务催收始终被“污名化”看待,备受歧视和偏见。许多社会大众并没有将债务催收视作正经的职业,认为只有不务正业的社会闲杂人员才会去从事债务催收这种职业;甚至连市场监管和行政主管部门,也在一定程度上否认债务催收职业的存在,迟迟不予明确债务催收行业的市场地位。正是由于债务催收职业认同的不足,大部分催收机构和从业人员只能隐名或者匿名存在,譬如以“资产管理公司”“金融公司”“科技公司”“咨询公司”等名义存在。

---

① 参见高艳等:《职业认同研究现状与展望》,载《北京师范大学学报(社会科学版)》2011 年第 4 期。

② 参见范慧、范和生:《破解认同困境:社会工作职业化的演进与路径拓展》,载《宁夏社会科学》2018 年第 5 期。

职业认同是中国债务催收行业发展的关键动力,长期的职业认同危机显然不利于催收行业的可持续发展。而让债务催收行业摆脱职业认同危机的有效途径,就是不断提高其职业化水平。通过持续不断的职业化建设,可以促使债务催收从业者更加认同债务催收的职业价值、职业方式和职业方法。具体来说,职业化可以让债务催收行业从业者尽快地对本职业拥有归属感,坚定其工作信心,也可以让其他行业人员全面认知债务催收从业者的价值、地位、能力等一系列综合属性,从而吸纳更多的职业外人员共同参与进来。由此可见,债务催收从业者的职业认同也将不断提升。

二、中国债务催收职业化的理想图景

既然职业化已经成为中国债务催收行业发展的目标方向,接下来需要思考的是,什么样的职业化才能契合中国债务催收行业发展的现实需要。经过考察,结合国内实际,笔者认为,中国债务催收的职业化应该包括以下 4 个主要方面:

(一)坚定的职业信仰

职业信仰是个人对于其所从事职业的意义与发展的信任与崇拜,是关于职业价值的终极关怀和最终追求;职业信仰把属于精神层面的信仰与实际的工作结合在一起,是人们在职业中的行为准则与精神力量。[①] 职业信仰对于塑造职业人格、调节职业选择、提高职业认同具有重要意义。职业信仰通常包括 3 个方面的内涵:职业使命、职业良知和职业情感,其中职业使命是决定职业人行为取向和行为能力的关键因素,职业良知是职业人员对职业

---

① 参见段朝晖、冯小卫:《社会主义核心价值观视阈下当代中国职业信仰建设探究》,载《广西社会科学》2017 年第 6 期。

责任的自觉意识,职业情感是职业信仰形成的心理基础。[1] 中国债务催收职业化的首要任务,就是要以社会主义核心价值观为指引,坚定债务催收从业者的职业信仰。具体可以从职业使命、职业良知、职业情感3个方面展开:

从职业使命来看,债务催收从业者最直接的职业使命就是帮助债权人回收债务和帮助债务人挽回信用。正所谓“受人之托,忠人之事”,一方面,债务催收者既然接受了债权人的委托,就应当勤勉尽责,努力帮助债权人回收债务,使其合法权益得到有效保障。另一方面,债务催收从业者要让债务人的信用在履行还款义务之后得以挽回和修复。长远来看,债务催收从业者的职业使命就是促进债务人守信践约,减少信用违约现象,从而推动中国社会信用水平的提升。从职业良知来看,债务催收从业者在职业活动中应当能够秉持良知,不能因为追求私欲而作出不正确、不道德的职业行为。从职业情感来看,要不断提高债务催收从业者对于债务催收职业的归属感、成就感和满足感,从而使其对债务催收职业的认同感更加坚定。总而言之,只有让债务催收从业者树立起坚定的职业信仰,债务催收职业化的进程才能顺利推进。

(二)规范的行为规则

债务催收行为不规范是中国债务催收行业存在的重要问题。统一和规范的催收行为规则是实现债务催收职业化的基本前提,同时也是债务催收行业健康发展的基本保障。债务催收的职业化建设,迫切需要构建规范的催收行为规则,从而为债务催收从业者提供明确的行为指南。一般而言,债务催收行为规则应当包

---

① 参见高永丰:《论现代高校教师职业信仰的缺失与重塑》,载《商业经济》2013年第1期。

含具体的职业礼仪、职业准则、职业义务和职业责任。一方面,通过明确上述内容,可以使债务催收从业者明确地知道,哪些催收行为是被允许的,哪些行为是被禁止的,从而有效减少债务催收活动中的违法违规行为,改变目前债务催收行为处于“灰色地带”的局面。另一方面,明确的债务催收行为规则,也可以让被催收的债务人和第三人知道,债务催收人员在实施什么催收行为的情况下可以采取救济措施。因此,推动中国债务催收的职业化,迫切需要通过将“正面清单”和“负面清单”相结合的方式,构建统一且规范的催收行为规则,并且要求债务催收的各方主体都能严格遵守这些规则。

(三)专业的催收能力

职业能力是衡量职业化水平的重要标尺。如果从业者普遍具有专业的职业技能,也就表明这个职业已经相当成熟。长期以来,国内债务催收从业者在上岗之前并不需要接受专业的技能训练,由此导致从业者的专业技能良莠不齐,常给世人留下一种“乌合之众”的印象。因此,要想提高债务催收职业的社会声誉,首先必须建设一支遵纪守法、技能娴熟的债务催收职业队伍。通常来说,培养债务催收从业者的专业技能,主要可以从以下 4 个方面进行:

1.法律知识。法律知识是债务催收从业者能力体系的重要部分。债务催收过程中涉及大量的法律问题,如债权债务的确定、逾期利息的计算、个人信息的保护、民事诉讼与执行等。债务催收从业者要想能够有效应对这些法律问题,必须先掌握足够的法律知识,如民法典、民事诉讼法、治安管理处罚法、刑法等方面的知识。此外,具备足够的法律知识也能在一定程度上避免债务催收从业者从事违法催收行为。

2. 谈判技能。债务催收的过程实际上就是催收人员与债务人之间的谈判过程，双方通过不断协商，从而达成还款协议，最终解决债权债务纠纷。债务催收从业者要想掌握谈判的技巧并非朝夕之功，需要经过专门的训练和长期的实践才能形成。因此在债务催收职业培训中需要格外注重对从业者谈判技能的培训。

3. 心理沟通。良好的心理沟通能力是顺利开展债务催收活动的关键。在债务催收过程中，大部分债务人都不愿积极配合债务催收人员的工作，常常带有抵触情绪，此时就需要债务催收人员具有较好的心理沟通能力，从而摆脱谈判僵局，促使债务人自愿归还欠款。因此，需要从业者掌握多种沟通技巧，如聆听法、移情法、认知法、移置法和暗示法等。

通常而言，债务催收从业者除具备以上三个方面的能力以外，还需要拥有丰富的社会经验和生活常识，以此有效应对那些比较“难缠”的债务人。

4. 金融知识。债务催收从业者日常工作中所催收的债务大部分是来自银行等金融机构的逾期债务。既然是来自金融机构的逾期债务，其中必然会涉及大量的金融问题，这就需要从业者掌握一定的金融知识，以此应对债务催收过程遇到的金融问题。

（四）高尚的职业伦理

职业伦理是一个职业赖以生存和发展的灵魂，其关乎特定职业的社会地位和声誉。[①] 职业伦理具有引领职业方向的重要功能。具体到债务催收行业，从业者不仅需要具备专业的职业技

---

① 参见邱吉：《培育职业精神的哲学思考——从职业规范的视角看职业伦理》，载《中国人民大学学报》2012 年第 2 期。

能,更应当拥有良好的职业伦理。职业伦理的养成是改变当前国内债务催收行业被“污名化”的关键。关于中国债务催收行业的职业伦理的具体内容,学界对此尚无专门研究。结合债务催收的行业实际,笔者认为,中国债务催收行业的职业伦理应当包含敬业、合法、诚信、保密、文明5个方面。

1. 敬业是债务催收从业者的基本伦理,也是社会主义核心价值观的基本内容。这就要求债务催收从业者能够以极其负责的态度和精神对待其所从事的职业。敬业通常包含以下内容:全神贯注地工作,严肃认真地对待职业,勤勉努力地工作,以一种畏惧谨慎之心去看待自己所从事的职业。[①] 具体到债务催收行业,就是要求债务催收行业从业者能够坚守岗位,勤奋努力,享受乐趣,精益求精,高效高质地完成每一次工作任务。

2. 合法是从事债务催收活动的基本要求。“合法”就是要求从事债务催收业务的催收机构和催收人员在执业过程中必须严格遵守与催收相关的法律法规,不得损害债务人及第三人的合法权益。[②] 合法催收是现代债务催收与传统民间催收的主要区别,也是助推债务催收职业化的必然要求。

3. 诚信是从事债务催收活动的道德准则。债务催收行业从属于信用服务行业,因此格外注重信用的维护。“诚信”要求债务催收从业者在催收过程中能够做到真诚坦荡、量力承诺、努力践约,既不欺骗自己也不欺骗他人。

4. 保密是债务催收职业的特殊要求。债务催收过程中往往

---

① 参见肖群忠:《道德与人性》,河南人民出版社2003年版,第74页。

② 参见张旭东、武坚:《债务催收中债务人权益的保护》,载《重庆社会科学》2017年第10期。

会涉及大量债务人及第三人的个人信息和隐私，因此需要从业者严格遵守保密要求。尤其是在国家法律日益重视个人信息和人格权保护的环境下，债务催收从业者要谨慎避免相关人员个人信息的泄露，以免给债务人和第三人带来权益损害。

5. 文明是债务催收职业化的最终目标。文明意味着理性、和平、妥协与公正。[①] 长期以来，债务催收都是给人以“灰色”和“不文明”的印象，因此迫切需要提高债务催收的文明程度，以此改变债务催收的社会形象。“文明”要求债务催收从业者在职业目标、职业理念、职业行为、职业责任等方面都要向着更加合法化和人性化的方向前进。具体来说，就是指债务催收从业者在职业过程中应当品行端正、作风规范、光明正大，积极维护公共利益和社会秩序。

以上只是较粗略地描绘了中国债务催收职业化的理想图景，其并不能完全涵盖债务催收职业化的应有内容，如共同的职业思维、职业文化等，其实也应当纳入债务催收职业化的范畴。从欧美各国债务催收职业化的实现历程来看，其过程并不简单和顺利，这其中必然离不开“天时、地利、人和”。因此，要想实现中国债务催收职业化的理想图景，还需协同各方力量共同克服其面临的现实困难。

三、中国债务催收职业化的现实困难

债务催收的职业化对于国内社会来说，仍是一个相当陌生的议题，甚至还有可能面临各式各样的质疑和诘难。从目前的实际情况来看，推进中国债务催收的职业化，可能面临以下几个方面

---

① 参见黎四奇：《我国债务委外催收存在的问题与解构》，载《中南大学学报（社会科学版）》2019 年第 2 期。

的现实困难:

(一)社会大众的偏见与歧视

从社会心理学的角度来看,偏见,是指在没有客观依据的情况下对事务作出预先判断;歧视则是建立在偏见基础上的行为,通常表现为对某一群体的不公平对待和排斥。[①] 从这个层面来看,债务催收无疑是当今社会最具争议性的行业之一。自从诞生之初,债务催收行业就一直受到社会大众的偏见和歧视。目前,许多民众对于债务催收行业的认知,还停留在传统的民间讨债上,或将其视为"灰色产业",或将债务催收等同于暴力和"黑社会"。长期的认知偏差和误解,使债务催收行业颇受社会大众的歧视。尤其是因为自媒体的兴起,各种负面舆论的叠加,更加使债务催收行业陷入了"罪恶"的深渊。也正是由于这种根深蒂固的偏见和歧视,极大地限制了债务催收行业的发展空间,给其阳光化和规范化发展带来了巨大的障碍。

长期的社会偏见和歧视,从多个方面阻碍了债务催收职业化的进程。首先,由于社会的偏见和歧视,致使很多人不愿意从事债务催收职业,从而导致债务催收行业无法吸引优秀人才的加入。这也就不难解释,为什么当前的债务催收从业者参差不齐,而且时常流动。其次,长期的社会偏见和歧视,导致行政部门对债务催收行业的监管常常有失偏颇,进而难以形成统一的行为规则。在实践中,某些行政监管部门对于债务催收的监管常常采取"一刀切"的做法。殊不知,现实中大部分债务催收机构和人员的催收行为都是合法合规的,只有少部分催收机构和人员可能采

---

① 参见朱力:《群体性偏见与歧视——农民工与市民的摩擦性互动》,载《江海学刊》2001年第6期。

取违法违规催收行为。最后，债务催收从业者的职业认同也因为社会偏见和歧视而难以建立。外界的偏见和歧视，常常可以摧毁一个职业的认同基础，尤其是对债务催收这样缺乏社会基础和法律基础的职业。因此，推动中国债务催收职业化的当务之急，就是要不断地向世人证明债务催收的社会价值和贡献，匡正社会大众的偏见和歧视，改善债务催收行业发展的社会环境和舆论氛围。

（二）催收行业立法相对滞后

国内债务催收行业立法的相对滞后，是其职业化进程中的另一困难。

尽管国内关于债务催收行业立法的呼声日益高涨，①但与此相关的立法行动却进展缓慢，这无疑给债务催收的职业化发展增添了困难和变数。债务催收行业立法滞后具体表现为，债务催收在法律地位、执业权利、职业资格、法律责任等问题上缺乏明确的法律依据。② 正是由于缺乏法律的明确指引和保障，一方面使债务催收职业化的发展饱受质疑，另一方面也使债务催收行业的发展裹足不前。特别值得反思的是，由于债务催收行业处于"无法可依"状态，导致其在职业化过程中面临职业定位、职业信用、职业规则、职业教育、职业责任等方面的缺失，这些都严重影响了债务催收职业化的推进。

（三）催收行业监管较为不足

行之有效的行业监管是一个行业合法运行和有序发展的基

① 参见谭曼、段明：《中国债务催收行业立法论纲》，载《湘潭大学学报（哲学社会科学版）》2019年第6期。

② 参见王锐、段明：《以法治破解债务催收行业困境》，载《中国社会科学报》2018年4月4日。

本保证。尤其是对于债务催收这样环境复杂的新兴行业,更迫切地需要行之有效的行业监管。从监管的角度来划分,行业监管主要可以分为行业外部的行政监管和行业内部的自律监管。具体到中国债务催收行业,无论是行政监管,还是自律监管,均存在监管效果不足的问题。在债务催收的行政监管方面,仍然缺乏明确的监管体系、监管主体和监管法律;在债务催收的自律监管方面,迟迟没有建立成熟的全国性行业自律组织,既有的行业自律组织在自律监管的效果方面也乏善可陈。长期的行业监管失灵,也使债务催收职业化的建设难以推进。

其中,影响最突出的就是,债务催收职业的行为规则和竞争秩序难以形成。一方面,由于行业监管的滞后和失灵,导致债务催收行业内部对于究竟可以采取什么样的催收行为难以形成统一认识,这就进一步加剧了债务催收行为的失范;另一方面,行业监管的失效也使债务催收行业内部的竞争走向失序,职业机构和职业人员之间的竞争异常混乱,机构之间恶意诬告、投诉和“挖人”的情形时常发生,致使无法形成良好的债务催收职业生态。从长远来看,构建全方位、立体化、多层次的行业监管体系,将是债务催收职业化建设的必由之路。

(四)催收职业教育长期欠缺

职业教育通常,是指让受教育者获得某种职业或生产劳动所需要的职业知识、职业技能和职业道德的教育。职业教育是职业化的基本前提,而职业教育的欠缺则是影响中国债务催收职业化进程的重要因素。长期以来,国内并未建立起专业化、标准化、多层次的债务催收职业教育体系。根据有关学者的调查,债务催收职业中的大部分从业者在执业之前,都没有接受过系统性的专业培训。[①] 目前较普遍的做法是，在从业者正式执业之前，由债务催收机构的内部人员向新进员工进行为期两天左右的业务培训，培训内容大多是公司的规章制度、平台的使用方法，以及一些简单的业务流程和法律常识。相反，债务催收机构更注重的是让从业者进入执业岗位之后，由经验丰富的老员工对新员工进行“学徒式”的训练。这种传统的培训方式，尽管能够让债务催收从业者较快地适应环境和工作要求，但仍然存在培训方式个性化、培训内容碎片化以及培训效果有限的问题。

实践证明，通过这种“短平快”和“学徒式”的职业教育方式，难以有效改善债务催收职业队伍的专业能力和规范水平。从专业能力来看，部分债务催收从业者只会一些比较传统的催收技巧，甚至不惜使用一些比较“灰色”的方式，如诱骗、威胁及软暴力等不正当催收方式，而在法律知识、心理沟通、谈判协商等方面的专业能力却极为匮乏，未能形成比较全面的职业技能；从规范水平来看，由于缺乏明确的教育指引，实践中出现了五花八门的催收方式，这些方式有不少都是不规范的，影响了债务催收职业的规范化发展。由此可见，要实现债务催收的职业化转型，必须首先构建起科学合理的职业教育体系。

四、中国债务催收职业化的实现路径

实现中国债务催收的职业化转型，不仅是一项系统工程，也是一项基础工程。从前文的分析可以看出，推进中国债务催收的职业化建设仍然面临诸多现实困境。因此，中国债务催收职业化不可能一蹴而就，而是需要久久为功。从目前的实际情况来看，

---

① 参见孙天琦：《金融业行为监管与消费者保护研究》，中国金融出版社2017年版，第292页。

实现债务催收职业化关键需要从以下几个方面着手。

(一)构建催收职业教育体系

职业教育体系是债务催收职业化的基础性工程。良好的职业教育体系是培养高素质债务催收人才的前提。结合目前国内债务催收职业的实际,笔者认为应当从专业教育和业余培训两个方面入手,构建符合债务催收行业实际需要的职业教育体系。

1. 专业教育就是在职业高中、职业中专或高等职业学校等学校,专门开设债务催收专业,以此培养高素质的债务催收专业人才。首先在课程体系设计方面,应当纳入金融学、不良资产管理学、法学、谈判学、沟通心理学、债务催收等方面的课程,同时也要增加实践教学的课时,不仅使学生能够掌握较全面的职业知识,更要培养其债务催收的实践能力;其次在教材开发方面,应当以培养应用型债务催收人才为目的,侧重实务性教材和案例教材的开发;最后在师资组建方面,既要有来自学校的专业教师,也要吸收来自债务催收实务部门的教师,共同构建"双师型"师资队伍。

2. 业余培训就是要让已经从事债务催收的工作人员,定期进行业余培训。债务催收是一个不断创新发展的职业,需要债务催收从业者及时更新自身的知识和技能,从而适应债务催收职业的发展需要。通过业余培训的方式,能够使债务催收从业者及时学习新的职业知识和专业技能,从而有效避免知识老化和思维定式。业余培训的形式可以多种多样,既可以是通过网络平台教育的方式,让债务催收从业者在网上自主学习,也可以是经验分享与互动的讲座形式。另外,债务催收行业也可以定期召开行业会议,邀请行业精英共同探讨债务催收的热点与难点问题。与此同时,还可以学习美国国际信用催收协会的经验,定期出版专门的《债务催收》杂志,从而让更多的债务催收从业者可以利用业余时间,学习新的知识和技能。

通过专业教育与业余培训的协同发力,尽快构建一支高素质的债务催收人才队伍,以此形成债务催收职业共同体。债务催收职业共同体,是指具有共同的职业知识、职业思维、职业准则、职业伦理和职业文化的债务催收职业群体。通过债务催收职业共同体的努力,可以尽快推动债务催收行业的国家立法和行业监管,从而推动债务催收行业的健康可持续发展。

(二)设立催收职业资格标准

职业准入的建立是职业化的前提条件,没有职业准入的门槛,不同人群都可以无差别地进入一个行业,则该行业的人员素质必然参差不齐,职业文化无从形成,职业技艺无从培养,高素质的职业共同体无从谈起。[①] 中国债务催收职业资格标准的设立,笔者认为可以从以下 3 个方面着手:

1. 债务催收从业者必须持证上岗。持证上岗,是指在从事债务催收职业之前,必须事先获得全国性债务催收行业协会颁发的职业证书。接受过完整的债务催收专业教育的人员,即可参加由全国性债务催收行业协会组织的债务催收职业资格考试,考试科目应当包括金融管理、法律知识、谈判协商和心理沟通四个方面,考试形式应当由笔试和面试组成。通过考核者即可获得职业资格证书,并进入债务催收机构从业。此外,还要排除以下人员从事债务催收职业:因故意犯罪或者职务过失犯罪受过刑事处罚的、被开除公职的、被吊销催收职业证书的、被纳入严重失信主体名单的,以此避免那些品行不端、作风不正的人员进入债务催收

① 参见吴洪淇:《法律人的职业化及其实现状况——以九省市实证调查数据为基础》,载《证据科学》2015 年第 1 期。

行业。

2. 设立职业资格等级。设立债务催收职业资格等级,就是根据债务催收职业范围的宽窄、职业技术复杂程度的高低以及从业者掌握职业技能所须培训时间的长短,合理地设定债务催收职业资格等级。通过这种职业资格的分级,能够使具有较高资格等级的从业人员具有更强烈的职业荣誉感,从而更加珍惜和爱护债务催收职业,同时也能鼓励从业者积极进取、精益求精,不断提高自身职业能力。

3. 建立债务催收职业淘汰机制。通过职业淘汰机制可以及时清除那些不再适合从事债务催收职业的人员,如从事违法违规催收的从业者,这样就可以不断保持债务催收职业队伍的优良性与纯洁性。

(三)完善催收职业保障措施

职业化的形成仰赖充分的职业保障措施,完备的职业保障措施是保持债务催收职业队伍稳定性和自主性的基本前提。职业保障通常可以分为 3 个层次:职业安全的保障、物质条件的保障和职业尊荣的保障。作为底线要求,职业安全保障,是指从业者在职业过程中具有免受安全威胁的保障;物质条件的保障,是指从业者有权获得相应的职业待遇,以及其他开展职业活动所需要的条件;职业尊荣的保障,是指从业者能够享有一定的职业荣誉感,从而获得社会的尊重。① 因此,完成债务催收职业保障措施应从这 3 个层次着手,具体做好以下几个方面的工作:

1. 充分保障债务催收从业者的职业安全。债务催收活动通

---

① 参见吴洪淇:《法律人的职业化及其实现状况——以九省市实证调查数据为基础》,载《证据科学》2015 年第 1 期。

常是在比较紧张的环境中进行的,债务人对于债务催收人员往往带有一定的抵触和敌视情绪。因此,只要债务催收人员稍有“得罪”,就有可能引发债务人的记恨甚至反抗。尤其是在某些上门催收的情况下,债务催收从业者的安全保障问题更加需要得到重视。为此,应当在今后的债务催收行业立法中,明确规定债务催收从业者的安全保障条款,使其能够免受安全威胁和身体损害。

2. 保障债务催收从业者的职业待遇。职业待遇的高低往往决定着某个职业的吸引力和稳定性。提高债务催收职业的薪酬待遇是吸引高素质人员加入债务催收执业的有效途径,同时也是避免债务催收从业者为了获得高额报酬而进行违法违规催收的可行方式。除提高债务催收从业者的薪酬待遇外,还要保证这些薪酬待遇能够及时、足额地发放给债务催收从业者,债务催收机构不得拖延发放或者少额发放。此外,还要充分保障债务催收从业者的休息权,适当地为其提供旅游休假的时间和条件。

3. 完善债务催收职业的心理服务体系。债务催收从业者在职业活动中面临来自四面八方的压力,比如,来自社会舆论的压力、绩效考核的压力、债务人的压力、家庭生活的压力和行业监管的压力等。因此,要想使债务催收从业者能够较心无旁骛地工作,首先需要缓解好他们的职业压力。完善的心理服务体系是纾解债务催收从业者职业压力的有效方式。具体的实施方式可以是,要求债务催收机构聘请专业心理咨询员,并设置心理咨询室,为从业员工提供心理咨询服务。与此同时,还要定期地为债务催收从业者进行心理健康状况的监测,对于存在严重心理问题的员工应当及时进行心理干预,避免其在债务催收活动中作出严重的违法犯罪行为。

4. 完善债务催收职业荣誉体系。由于债务催收从业者在社会生活中常受偏见和歧视,因此格外需要注重提升债务催收从业者的职业荣誉感和幸福感。一方面,债务催收行业协会和机构可以定期进行评比奖励,对于先进员工和单位可以给予相应的精神奖励和物质奖励;另一方面,国家应当尽快从法律和政策的层面明确承认债务催收职业的社会价值和地位,提高债务催收从业者的社会荣誉感。

(四)厚植债务催收职业文化

职业文化往往能够影响一项职业的发展前景。目前,国内尚未形成特定的债务催收职业文化,从业者的职业认同感亟待加强。职业文化的形成需要一个漫长过程,需要决策者、监管者、从业者和社会大众的共同努力。具体到债务催收行业,可以从以下几个方面厚植债务催收职业文化:

1. 进行债务催收职业伦理建设。职业伦理建设关乎债务催收职业的社会声誉和地位。这就需要不断提高债务催收从业者的思想道德修养,夯实他们的职业信仰,提高他们的职业能力,彰显他们的社会贡献。只有这样才能提高国家和社会对债务催收职业的认可程度,进而形成特有的债务催收职业文化。

2. 改善债务催收职业的舆论环境。一是提高债务催收的社会宣传力度。债务催收之所以长期受到社会的偏见和歧视,与债务催收职业的社会宣传力度不足有关。债务催收从业者往往不愿意也不太敢向社会宣传自己的职业和贡献,长此以往将不利于债务催收的“去污名化”和阳光化发展。因此,今后债务催收机构和从业者要主动宣传债务催收的正能量,不断向社会和世人展示债务催收的行业价值和社会贡献,以此获得认可和尊重。二是积极引导有关债务催收的正向媒体舆论。目前,社会上关于债务催收的媒体舆论大多数都是负面的,这非常不利于债务催收行业的发展。不少新闻媒体和自媒体,总是戴着"有色眼镜"去报道债务催收行业,甚至刻意放大债务催收行业中的违法乱纪现象。殊不知,从事违法违规催收的机构和人员毕竟是少数,过度的负面报道抹杀了整个债务催收行业的价值和贡献。因此,政府、债务催收行业协会以及债务催收机构要主动和积极地引导媒体的正向舆论,新闻媒体也必须基于客观事实去报道债务催收行业,而非基于臆测和传闻。

3. 践行债务催收企业的社会责任。企业社会责任理论认为,企业在创造利润最大化的同时,也应当积极维护社会公益。[①]习近平总书记在企业家座谈会上指出:"企业既有经济责任、法律责任,也有社会责任、道德责任。"[②]承担社会责任是提高债务催收行业的社会地位和声誉的重要方式。因此,债务催收企业在努力创造利润的同时,更应积极承担和践行自身的社会责任。债务催收企业承担社会责任的方式多种多样,譬如可以进行慈善捐赠、扶助社会弱势群体、保护生态环境、关爱员工身心健康等。尤其是在新冠肺炎疫情防控常态化的时代背景下,债务催收企业更应当在恢复经济社会发展中积极作为、主动担当,为复工复产、稳定就业作出应有贡献。

结　语

中国债务催收行业经历了不平凡的发展历程。经验和实践充分表明,债务催收行业是一国金融产业链条中不可或缺的环节,是防范和化解金融风险的有力武器。推动债务催收行业的健康发展对于稳定就业、增加税收、节约司法资源和提高社会诚信

---

① 参见卢代富:《国外企业社会责任界说述评》,载《现代法学》2001年第3期。

② 习近平:《在企业家座谈会上的讲话》,载《人民日报》2020年7月22日。

水平具有重要意义。进入新发展阶段的债务催收行业,必须走职业化道路,才能克服其发展过程中面临的各种问题。作为一个社会认可度仍有待提高的职业,债务催收职业化必然面临诸多困境和挑战。从长远来看,中国债务催收职业化建设需要国家、社会、市场、民众的共同努力,缺少其中任何一方力量的参与,债务催收职业化建设都将难以完成。因此,实现中国债务催收职业化,需要各方力量秉持精诚团结的精神,发挥久久为功的韧劲。